Veeta Wittemann

Die geheimen Bewohner der Seele

Veeta Wittemann

Die geheimen Bewohner der Seele

und wie sie unser Leben
bestimmen

Inhalt:

Für Artho

Vorwort

Johann Wolfgang von Goethe hat mit seinem Satz, »Zwei Seelen wohnen, ach, in meiner Brust«, auf eine grundlegende Gegebenheit unseres Menschseins hingewiesen: weil Menschen keine homogenen Wesen sind, kommt es zu inneren Spannungen. Denn immer da, wo zwei unterschiedliche Seelen auf engstem Raum zusammenleben, ist ein Konflikt vorprogrammiert. Goethes Seufzen lässt erahnen, dass seine zwei Seelenbewohner nicht immer im Einklang miteinander lebten und ihm dadurch so manches Unbehagen bescherten.

Novalis, ein Zeitgenosse Goethes, ist bei seiner Innenweltschau zu einem ähnlichen Ergebnis gekommen. Ihm wird der Satz zugeschrieben: »Jeder Mensch ist eine kleine Gesellschaft«. Novalis kannte also mehrere innere Bewohner, die, gleichwie die Menschen in der äußeren Welt, Strukturen des Zusammenlebens entwickeln und eine innere Gesellschaft aufbauen.

Auch in der Psychologie wurde der Gedanke der inneren Vielheit aufgegriffen und untersucht. Mittlerweile gibt es verschiedene psychotherapeutische Schulen, die sich mit der inneren Pluralität beschäftigen. Sie alle betrachten den Menschen als ein multipolares Wesen und das menschliche Ich als eine Ansammlung autonomer Kräfte, die miteinander ringen.

Dieses Menschenbild findet immer mehr Zuspruch in der Öffentlichkeit. So hört man vom inneren Kritiker, der befriedet sein will; von inneren Kindern, die versorgt werden müssen; vom Höheren Selbst, das entwickelt werden soll; vom inneren Schweinehund, der überwunden werden muss. Man liest von »Göttinnen in jeder Frau«*; vom »König, Krieger, Magier und Liebhaber«** im Mann. Nicht selten wird

* *Göttinnen in jeder Frau* von Jean Shinoda Bolen

** *König, Krieger, Magier, Liebhaber* von Robert Moore und Douglas Gillette erklärt, dass leider ein Teil die innere Führung übernommen hat und man nicht anders konnte, als ihm zu folgen. An anderer Stelle wird man aufgefordert, wie ein Vermittler zwischen den verschiedenen Teilen zu verhandeln, um für alle eine möglichst optimale Lösung zu finden. Das klingt plausibel und höchst erstrebenswert, schließlich wollen wir in einem Miteinander leben, in dem jeder Einzelne sein Bestes gibt und damit zum Wohle aller beiträgt. Die Anwesenheit der Vielen erscheint bereichernd und gewinnbringend und die Art und Weise, mit ihnen umzugehen, einfach wie ein Kinderspiel. Doch wer ehrlich ist, muss zugeben, dass dieses harmonische Miteinander nicht so leicht zu bewerkstelligen geht, weder im Außen, noch im Innen.

Warum das so ist, davon erzählt dieses Buch.

Es ist ein sehr persönliches, ja ein privates Buch, das nicht die Sachverhalte einer psychologischen Methode beschreiben will, sondern in erster Linie Geschichten erzählt: die Geschichten von drei wagemutigen Frauen, die sich aufmachen, ihre inneren Bewohner zu erforschen. Die Frauen erzählen ihre Geschichten selbst und so können Sie, liebe Leserinnen und Leser, die Begegnung mit den Inneren Personen direkt aus der subjektiv empfundenen Erlebensebene mitverfolgen.

Die Erzählerinnen sind ganz normale Frauen: sie stehen im Leben, gehen einer geregelten Arbeit nach und sind sozial gut eingebunden. So unterschiedlich ihre Biografien und Lebensweisen sind, so verschieden ihre Berufe – sie arbeiten als Pädagogin, Bankerin, Werbefachfrau – eint sie ein gleiches Bestreben: Sie engagieren sich seit Jahren für innere Entwicklung.

Die drei Frauen sind nicht persönlich miteinander bekannt. Sie leben irgendwo in Deutschland und beginnen zufällig, fast zeitgleich, mit der Erkundung ihrer inneren Bewohner. Erstaunlicherweise finden alle drei einen verborgenen Raum in ihrer Innenwelt, in den sich innere Bewohner zurückgezogen haben. Diese »Geheimen Bewohner« verbergen sich vor den Menschen. Sie wollen keinen Kontakt mehr. Sie ziehen es vor, alleine zu sein, unbemerkt vom Rest der Welt. Ihr Entschluss ist absolut. Ihr »Nein Danke, ohne mich!« unverrückbar.

Sie haben gewichtige, persönliche Gründe für ihre Entscheidung: Einige sind enttäuscht darüber, dass es für ihre Art keinen Platz in der Welt gibt und dass das, was sie zu geben haben, nicht gewollt ist. Andere sind aufgerieben von den grausamen Machtkämpfen in der Arena der Selbstbehauptung. Und wieder andere nutzen den Vorteil ihres Schattendaseins, um im Hintergrund die Fäden zu ziehen.

Keine der drei Frauen hatte zu Beginn der Forschungsreise auch nur die leiseste Ahnung davon, dass es in ihr diese Geheimen Bewohner gibt. Und keine war darauf vorbereitet, mit welch existentieller Wucht sie diese verborgene Wahrheit im eigenen Inneren treffen und bis in die Grundfeste ihres Menschseins erschüttern würde.

Es erforderte Mut und Wahrheitsliebe, sich nicht nur als Opfer der Umstände, sondern auch als Täterin in den Blick zu nehmen. Es verlangte Kraft und Ausdauer, anzuerkennen, dass das ganze Leben von einem Geheimen Bewohner bestimmt wird und andere darunter zu leiden haben. Und es wurde als ein wunderbares Geschenk erlebt, wenn die Geheimen Bewohner wieder ihre eigene Lust und ihre Liebe am Leben entdeckten und sich dadurch, wie von selbst, menschliche Begrenzungen erweiterten.

Die Erfahrung, dass die Konfrontation mit dem Nein der Geheimen Bewohner einen heilsamen Wandlungsprozess in Gang setzt, den man nicht willentlich steuern kann, lehrte alle drei Frauen Demut vor dieser inneren Realität. Das Erleben, dass im dunkelsten Nein ein leuchtendes Ja verborgen liegt und die Erkenntnis, dass in der Zustimmung zum individuellen Scheitern die Liebe zum Leben wiederzufinden ist, lassen diese abgründigen Erzählungen zu hoffnungsvollen Entwicklungsgeschichten werden.

Vielleicht fragen Sie sich: »Seltsam, warum ist nicht die Geschichte eines Mannes mit dabei?« Ja, seltsam. Auch in Männern, gibt es diesen verborgenen Raum und Geheime Bewohner. Aber es fanden sich keine Männer, die bereit waren, so weit zu gehen und ihre intime innere Welt öffentlich zu machen. Meine Hochachtung und mein Dank gelten diesen drei mutigen Frauen. Ohne sie gäbe es dieses Buch nicht.

Zu ihrem Schutz, und zur Wahrung der Persönlichkeitsrechte aller Menschen, die Teil dieser Erzählungen sind, wurden die Namen und einige biografische Gegebenheiten verändert.

Falls Sie beim Lesen der Geschichten Interesse bekommen, mehr über die Arbeit der IndividualSystemik zu erfahren, können Sie sich auf Seite 225 in dem Kapitel: *Kleine Einführung in die Welt der Individual-Systemik,* kundig machen.

Veeta Wittemann, Juni 2011

Annes Geschichte

Anne, 45, Pädagogin, zunächst Single, dann in Partnerschaft.

Serius, der Katastrophenmeister

Schön ruhig und ausgeglichen

»Du bist so schön ruhig, so zentriert, es ist angenehm, in Deiner Nähe zu sein.«

Dieser Satz ist mir so oft begegnet, dass er mich irgendwann wütend machte – natürlich nur im Stillen. Ich selbst fühlte mich gar nicht so ruhig, oder besser gesagt, ich selbst konnte meine Ruhe nicht genießen, da mir immer etwas fehlte.

Mein Leben lang bin ich auf der Suche nach diesem *Etwas*. Was fehlt mir eigentlich genau? Was brauche ich, damit ich zufrieden und glücklich sein kann? Einen erfüllenden Beruf, gute Freunde, finanzielle Unabhängigkeit, eine glückliche Partnerschaft oder eine eigene Familie? Zu manchem bin ich gekommen, zu anderem nicht. Meine Suche ist geblieben, was sich auch in meinem beruflichen Werdegang widerspiegelt. Ich mache drei verschiedene Berufsausbildungen: werde Gärtnerin, Gymnastiklehrerin und schließlich Erzieherin. Und finde letztendlich eine Arbeitsstelle, die mir Freude macht; ich arbeite mit Kindern. Aber ein Zustand bleibt immer gleich und eine Frage weiterhin offen: Warum fühle ich mich nur so distanziert, so im Abstand zu allem? Zwar habe ich einige nahe Freunde, und auch mit den Kindern komme ich gut zurecht – sie mögen mich, trotzdem verändert sich dieser innere Zustand nicht. Ich fühle mich alleine, von den Menschen getrennt, weit weg vom Rest der Welt.

Warum nur will keine Partnerschaft gelingen? Auch nicht, als ich denke, jetzt habe ich meinen Traummann gefunden! Endlich, denn nichts wünsche ich mir sehnlicher. Doch es ist immer das Gleiche: Ich erlebe eine kurze, intensive Verliebtheit, und dann löst sich die Verbindung leise aber stetig wieder auf. Keine meiner Liebesbeziehungen ist von Dauer. Bis ich eines Tages trotzig beschließe: »Dann kann ich ja gleich alleine bleiben!« Das praktiziere ich über längere Zeit, fühle mich trostlos dabei, wage es doch wieder und scheitere erneut. Ich werde immer vorsichtiger mit Menschen und vor allem mit Männern. Genau genommen war ich schon immer ziemlich misstrauisch. Das war unter anderem ein Grund, warum ich bereits mit Anfang zwanzig eine Gesprächstherapie begann – freiwillig, aus eigenem Antrieb. Irgendwie war mir klar, dass mit mir etwas nicht stimmte. Viele Jahre nahm ich an Selbsterfahrungskursen teil und bekam auch Antworten auf meine Fragen. Ich entwickelte mich, lernte dazu, wurde anpassungsfähiger, lebenstüchtiger, nur die Ruhelosigkeit blieb. Und statt mich tiefer einzulassen, arbeitete ich noch mehr und zog mich weiter, still und leise, von den Menschen zurück. Was ist nur los mit mir? Was kann ich tun, um mich endlich besser zu verstehen, um etwas an diesem Zustand zu verändern?

Dass ich keinen Partner finde, liegt ja nicht daran, dass es keine Männer gibt. Ganz offensichtlich sind sie vorhanden. In Seminaren treffe ich immer wieder interessante Männer, einige bemühen sich auch ernsthaft um mich. Schließlich bin ich eine attraktive und intelligente Frau, kann ich mittlerweile voller Selbstbewusstsein sagen. Das war nicht immer so. Es kann also nicht nur an der Welt da draußen liegen, dass ich mich so alleine fühle. Irgendetwas stimmt mit mir nicht. Vielleicht müsste ich mich einfach nur noch tiefer für eine Beziehung entscheiden. Genau so wie ich entschieden habe, welche Arbeit ich tun wollte. Oder wie ich entscheide, was ich am Wochenende unternehme und welche Freunde ich mir wählte. Grundsätzlich hatte ich keine Probleme mit meinen Entscheidungen. Warum gelingt mir das, was ich mir am meisten wünsche, nicht?

Verdammt noch mal, andere kriegen das doch auch hin mit einer Partnerschaft.

Jetzt, mit fünfundvierzig, habe ich endlich Antworten auf diese Fragen gefunden. Ich habe eine psychologische Methode kennen gelernt, mit der ich das Rätsel, das ich mir selbst war, gelöst habe. Eigentlich auf eine ganz einfache Weise. Ich musste nur meinen Blick ein wenig anders einstellen und erlebte eine völlig neue Dimension in meiner Selbstwahrnehmung. Ich beobachtete nicht nur mein Verhalten, sondern ging zusätzlich der Frage nach, *wer* in mir dieses Verhalten erzeugt. So lernte ich unterschiedliche Willensquellen in mir kennen, die dafür sorgen, dass ich so bin, wie ich bin. Meine intuitive Ahnung, dass es auch in mir einen Grund dafür gibt, warum ich alleine bin, bestätigte sich.

Für jeden Zustand, in dem wir uns befinden, für jedes Verhalten, das wir entwickeln – egal wie verrückt es erscheinen mag –, gibt es mindestens eine Innere Person, die dafür verantwortlich ist.

Ich weiß jetzt, wer es schafft, mich immer wieder zu neuen Höchstleistungen zu treiben und mich dabei völlig zu verausgaben, egal ob in meinem Beruf oder in meiner Freizeit. Ich verstehe jetzt, wer mich befähigt, mit den Männern mitzuhalten z.B. bei technischen Kniffeleien oder wenn es darum geht, die Teamsitzungen zu leiten, die Wochenpläne zu konzipieren oder die Führung zu übernehmen, sobald es schwierige Aufgaben gibt. Jetzt weiß ich, wer am Werk war, als der Kühler meines Autos kochte und ich den dreispurigen Verkehr anhielt, um von der linken auf die rechte Spur zu wechseln. Jetzt weiß ich, woher ich die Kraft habe, mit den Kindern zu arbeiten. In Ferienzeiten bin ich oft für fünfzig Kinder verantwortlich. Da kommt mir meine ruhige Art zugute. Selbst im größten Chaos bin ich gelassen und besonnen, kann klar denken und handeln. Das ist so normal und selbstverständlich für mich, dass ich mich wundere, wenn ich dafür gelobt werde.

Natürlich weiß niemand, wie es mir am Abend ergeht, wie müde und erschöpft ich bin, zu nichts mehr fähig. Und dass in meinem Kopf nach getaner Arbeit, stundenlang Gedanken um unerledigte Dinge kreisen. Manchmal gehe ich dann tanzen, um auf andere Gedanken zu kommen und mich wieder zu fühlen, wenigstens körperlich. Dann tanze ich bis zur völligen Erschöpfung. Das bringt mich wieder mehr zu mir selbst, aber es zehrt mich auch aus.

Und jetzt weiß ich auch, wer sich all die Zeit nach einem ganz anderen Leben gesehnt hat, nach einer partnerschaftlichen Beziehung, eigenen Kindern, einer großen Familie, einem lebendigen Miteinander mit Menschen.
Trotzdem habe ich mit Anfang zwanzig, als meine erste große Liebe zerbrach, geschworen, mich nie wieder auf Männer einzulassen. Tatsächlich hielt ich den Schwur dreizehn Jahre lang. Dreizehn Jahre ohne jegliche Intimität mit einem Mann. Die meisten Frauen würden das gar nicht durchhalten. Jetzt weiß ich, wer diesen Schwur geleistet hat. Diese Person hätte noch den Rest meines Lebens alleine bleiben können. Und diejenige, die sich nichts sehnlicher wünscht als eine Beziehung, hat mich zum Glück immer weiter geführt auf der Suche nach Entwicklung und Antwort.

Sie hat die Entscheidung getroffen, die Welt meiner inneren Bewohner zu erforschen.

Die verstummte Frau

Gleich in der ersten Einzelsitzung erlebe ich den Zustand, den meine Mitmenschen für Ruhe und Zentriertheit halten und der mir als Sprachlosigkeit wohlbekannt ist. Ich kenne sie nur zu gut aus meinem Leben: alle um mich herum reden munter und vergnügt, und ich bin still, bin unbeteiligt, beobachte, bin dabei, aber nicht wirklich im Geschehen. Meine ersten Jahre in der Bioenergetik, insgesamt waren es fünf, verbrachte ich ohne zu reden. Zum Glück ging es um Körperübungen, sonst hätte ich gar nichts ausdrücken können. Ich konnte nichts erzählen, alles war leer, sobald mir der Therapeut gegenüber saß. Nur noch diffuse Empfindungen, ansonsten Starre. Die Übungen wurden zu meinem Sprachrohr und so konnte ich wenigstens meine Wut in eine Matte schlagen, konnte durch Strampeln und Tönen etwas aus mir herausbringen. Das war erleichternd! Endlich konnte ich mein inneres Chaos nach außen bringen, ganz ohne Worte. Warum ich so stumm war, warum es mir auch nach fünf Jahren immer noch schwer fiel, von mir zu sprechen, ließ sich leider nicht verstehen.

Und nun, in meiner allerersten Arbeit mit den Inneren Personen, bin ich wieder in dieser altbekannten Sprachlosigkeit. Erschütternd. Hinter mir liegen 25 Jahre Bemühung, kommunikationsfähiger zu werden. Jetzt sitze ich hier, mir gegenüber sitzt Helen, die Therapeutin, und ich werde wieder stumm. Helen bittet mich, dieser Stummheit einen eigenen Platz zu geben. Sie erklärt mir, dass diese Stummheit bereits der Ausdruck einer Inneren Person ist, die auf diese Art »spricht«. Ich rutsche mit meinem Stuhl ein paar Zentimeter nach vorne und da sitze ich nun. Helen sieht mich freundlich an und ist für eine Weile ebenfalls still. Das ist sehr angenehm. Dann sagt sie einige Sätze. Ich höre ihre Worte, schaue sie weiter nur an. Dass ich nichts von mir gebe, liegt nicht daran, dass ich mich unwohl fühle mit ihr. Im Gegenteil, ich fühle mich sicher und aufgehoben. Dennoch ist es mir nicht möglich zu sprechen. Ich spüre keinen Impuls zu reden oder Helen etwas zu fragen. Ich bleibe einfach still und regungslos sitzen. Einfach so, als wäre es das Einzige, was ich kann.

Manchmal wundere ich mich über Helen, dass sie so viel Geduld hat und mir einfach freundlich, schweigend gegenüber bleibt. Kleine Ewigkeiten vergehen, dann höre ich wieder ihre Stimme. Dabei ist es für mich gar nicht wichtig, was sie sagt, sondern wie sie es sagt. Auch wenn ich keinen Ton von mir gebe, höre ich ihr gerne zu. Das erstaunt mich, denn meistens fühle ich mich in diesem stummen Zustand mit

Menschen sehr unwohl. Doch jetzt sitze ich ganz entspannt vor ihr und fühle mich verstanden. Seltsam, sie spricht Dinge aus, die ich empfinde, aber selbst nie in Worte fassen könnte. Was sie über mich sagt, berührt mich. Ich fühle mich von ihr erkannt. Ich weiß nicht, wie sie es macht, aber sie findet die richtigen Worte, die genau das ausdrücken, was ich in diesem stummen Zustand spüre. Wie eine Übersetzerin kleidet sie meine Sprachlosigkeit in Worte. Und dennoch gibt es keine Reaktion von meiner Seite. Mein Schweigen und meine Unbeweglichkeit bleiben, auch wenn ich mich von ihr gesehen und verstanden fühle.

Die Inneren Personen kommunizieren, wie wir als ganze Menschen auch, über fünf Kommunikationsebenen: die Körper-, Emotions-, Symbol-, Sprach- und Energieebene.

Auch in den nächsten Sitzungen treffen wir diese verstummte Frau, die ich einfach nur SIE nenne. Da sie nichts von sich gibt, finde ich keinen anderen Namen außer SIE. Doch SIE wird von nun an Thema in meinem Leben. Ich beobachte mich im Alltag und schaue nach, wo SIE ist. Manchmal muss ich dafür innehalten und eine Weile nichts tun. Das ist gar nicht leicht in meinem viel beschäftigten Tagesablauf. Manchmal muss ich mir richtiggehend Pausen abtrotzen, um SIE in den Blick zu nehmen und erkenne schnell, dass SIE nie viel zu sagen hatte, dass ihre Wünsche und Bedürfnisse nie wirklich gefragt waren. Das kann ich empfinden, dabei ist noch gar nicht klar, welche Bedürfnisse SIE hätte. Ich kenne diese Frau in mir eigentlich nicht. Ich kenne nur den Zustand, der von ihr ausgeht: Stummheit, Unbeweglichkeit, Impulslosigkeit, verbunden mit einer freundlichen, warmen, feinen Ausstrahlung. SIE selbst ist irgendwie wie in einem Vakuum, unerreichbar, autistisch.

Nur zu gern möchte ich SIE tiefer kennen lernen, doch es kommt nicht dazu. Als wir SIE in den weiteren Sitzungen wieder aufsuchen, bleibt der Kontakt seltsam verhalten, der Abstand verstärkt sich, das

Schweigen wird tiefer. Mehr kann auch Helen nicht übersetzen. Es scheint alles gesagt zu sein. Wir sitzen uns beide stumm, bewegungslos und leer gegenüber. Und ich frage mich, ob wir hier wohl ewig so unbewegt die Zeit verbringen werden, ohne dass das Geringste geschieht.

Doch plötzlich verändert sich mein Zustand: ich werde hart und abweisend. Der freundliche, warme Kontakt ist wie weggeblasen. In mir breitet sich kühle Ablehnung, ja kaltes Schweigen aus. Wortlos sende ich eine klare Botschaft an Helen: »Bis hierher und nicht weiter!« Dabei werde ich ganz und gar zu Stein. Wie eine Granitmauer sitze ich vor Helen. Damit habe ich nun wirklich nicht gerechnet, und ich kann nicht behaupten, dass mir diese Veränderung gefällt. Aber sie findet statt, ob ich will oder nicht. Ich erlebe das ganz real, spüre meinen erstarrten, steinernen Körper, höre den Gedanken in mir, empfinde meine abweisende Haltung und verstehe nichts.

Auch Granitmauern sprechen

Da sitze ich jetzt und schweige weiter, kühler, dunkler irgendwie, fast schon grimmig. Ich höre in mir Gedanken: »Stopp! Halt! Hier nicht weiter! Zutritt verboten! Das ist die Grenze! Bis hierher war es erlaubt, aber Achtung, keinen Schritt näher!«

Auch Helen verdunkelt sich und sieht plötzlich unfreundlicher, kantiger aus. Sie kann immer noch sprechen und übersetzt das Geschehen in einem energischen Ton. Ihre Stimme hat etwas Harsches. Über sie höre ich meine eigene Botschaft und fühle wie entschlossen, ja fast schon aggressiv sie klingt. Und ich begreife es kaum. Denn normalerweise bin ich die Letzte, die andere Menschen zurückweist. Vor allem nicht die, die ich mag. Aber zweifellos weise ich Helen mit wortloser Geste zurück, halte sie auf Abstand und gebe ihr zu verstehen: »Bleib, wo Du bist!«

Zum Glück lässt sich Helen davon nicht im Mindesten

beeindrucken. Sie bleibt mir ein unerschrockenes, machtvolles Gegenüber und nimmt sich sogar weiter die Freiheit heraus, alles im »Mauer-Ton« auszusprechen, was sie in meinem stillen Stein-Dasein wahrnimmt. »Du wirkst auf mich wie ein riesiges Bergmassiv aus grauem, undurchdringlichem Granit. Dein Fels-Sein strotzt vor Entschlossenheit und Kraft. Um Dich herum breitet sich eine karge, steinige, kalte Hochebene aus, in der nichts wächst. Und Du sitzt mittendrin und bewegst Dich nicht, gibst nichts mehr von Dir. Es ist Dir wirklich ernst damit, in Ruhe gelassen zu werden!«

Diese Bilder treffen ins Schwarze und helfen mir, mich in meiner Unbeweglichkeit zu erfassen. So setzt sich der Dialog fort, manchmal verfallen wir beide in felsiges Schweigen, dann erhebt eine Mauer aus Granit ihre harte Stimme und ich sehe in ihr die Umrisse eines Menschen, der sich kraftvoll, direkt und klar ausdrückt. Als Granitmauer bin ich in steinerner Weise machtvoll und eindeutig. Ich spüre meinen Willen, nichts mehr von mir Preis zu geben. Normalerweise bekomme ich, Anne, nichts von diesem Willen mit. Nur diese Ruhe, in der auch eine Kraft liegt. Jetzt, mit Helen als Gegenüber, wird es mir erst bewusst. Wir sind uns in unserer Unbeeindruckbarkeit und Entschlossenheit ebenbürtig. Und doch ist da dieser entscheidende Unterschied: ich drücke meinen Willen passiv, ohne Worte aus, und meine Therapeutin ihren auch aktiv, mit Worten. Nein, ich will nichts sagen. Ich will Fels sein, und ja, ich meine es ernst: »Nichts mehr fühlen, nichts mehr wollen, niemanden brauchen, keiner soll mich merken, ich bin gar nicht da!« Darin liegt eine enorme Wucht.

Natürlich bin ich kein Stein, soviel weiß ich noch. Ich bin ein Mensch, der es vorzieht, ein Granitblock zu sein, der alles menschliche Empfinden aufgegeben hat. Und nun werde ich gestört in meiner mir heiligen, steinernen Ruhe. Ich weiß noch nicht, was ich davon halten soll. Und ich weiß noch nicht, ob mir das gefällt, was ich von mir sehe.

Mir dämmert, wie sehr ich in meinem Leben dieser Wille bin. Ich bekomme nur nichts davon mit, denn Felsen denken nicht über sich nach. Sie sind Fels und damit hat sich's. So extrem wie jetzt erlebe ich das selten; so in den Blick genommen, komme ich mir noch zehnmal unlebendiger vor, als ich es von mir sowieso schon gewohnt bin. Das hat eine ganz andere Intensität, als meine vertraute Ruhe. Diese steinerne Ruhe ist alles andere als entspannt und hat nichts mit »In-seiner-goldenen-Mitte-ruhen« zu tun. So unheimlich mir das Ganze ist, empfinde ich doch, dass hier etwas Wahres vor sich geht. Das will ich tiefer verstehen.

Je weniger eine Innere Person ihren Willen über alle fünf Kommunikationsebenen bewegt, umso weniger ist sie fassbar. Leider kann sie sich dadurch auch selbst nicht mehr erfassen und vergisst mit der Zeit, wer sie ist.

Durch das, was ich in mein Tagebuch schreibe, habe ich eine Art Beweis, dass meine Granitmauer ein lebendiges Wesen ist. Da stehen plötzlich Sätze: »Hau ab! Geh weg! Ich will nicht gestört werden! Lass mich da wo ich bin! Ich will meine Ruhe! Du hast ja keine Ahnung! Es geht um Leben und Tod! Ich habe es erträglich gemacht! Geh weg, weit weg! Lass mich zufrieden!«

Es berührt mich unangenehm, sie zu lesen, und doch ziehen sie mich magisch an. Ich spüre die Kraft und die Wahrheit, die darin liegen.

Doch je mehr ich mich auf diesen Nein-Willen ausrichte, umso stärker wird meine innere Anspannung. In mir entbrennt ein Kampf zwischen den beiden Bewohnern, die anscheinend schon mein Leben lang miteinander ringen: Der eine versucht jetzt seine Chance zu ergreifen, endlich ins Leben zu treten und nahe Beziehungen zu leben, und der andere verstärkt erst recht seine Anstrengung, auf Abstand zu bleiben. Es zerreißt mich fast. Diese Zerrissenheit kenne ich gut. Ich wollte diesen Zustand immer verändern, und jetzt ist alles nur noch schlimmer. Es ist zum Verzweifeln.

Bei einer Wanderung auf der Schwäbischen Alb stehe ich an einem Abgrund und schaue hinab. Ich stelle mir vor, wie leicht es wäre, mich etwas weiter vorzubeugen, nur einen kleinen Schritt weiter, und der ganze Druck würde von mir abfallen. Ich würde einfach aus diesem Leben treten und die Sinnlosigkeit und der zermürbende Kampf hätten mit einem Schlag ein Ende. Genau an diesem Abgrund, in dem Moment, in dem ich endgültig nein sagen könnte, bemerke ich: Das ist nicht nur Verzweiflung, sondern auch Stolz. Ich spüre den entschlossenen Willen der Granitmauer. Diese Person hat die Kraft, aus dem Leben zu treten; sie hat den Mut, zu sterben. Ich spüre deutlich ihren Willen nach Selbstbestimmung und Freiheit. Sie will unter allen Umständen selbst entscheiden, was geschehen soll und was nicht. Sie folgt keinen Anweisungen, lässt sich von niemandem zwingen. Zur Not entscheidet sie sich für den Tod. Ich erschrecke über mich, über meine Selbstmordgedanken und trete vom Abgrund zurück. So wenig hänge ich also am Leben! So sehr bestehe ich auf meinen freien Willen, dass ich bereit wäre, dafür zu sterben?

Zum Glück fühle ich mich sonst nicht selbstmordgefährdet. Es gibt Nährendes und Tragendes in meinem Leben. Ich lebe in geordneten Verhältnissen, gehe zur Arbeit und habe Freunde, mit denen ich über mein Inneres reden kann. Und ich bin im regelmäßigen Austausch mit Helen. So verarbeite ich diese tiefe Erschütterung ganz gut, die die Begegnung mit meinem Granitmauer-Menschen auslöst. Es wirft mich zwar kurzzeitig aus dem Lot, gibt mir aber gleichzeitig die Gelegenheit, diesen absoluten Willen nach Selbstbestimmung so deutlich wie nie zuvor wahrzunehmen. Wer diese Granitmauer eigentlich ist und worum es ihr geht, liegen aber immer noch im Dunkeln.

Mein zerrissener Zustand geht weiter: Manchmal möchte ich am liebsten vor mir selber weglaufen und aufgeben, dann will ich wieder umso mehr verstehen, oder ich lenke mich mit allerlei Aktivitäten ab, nur um die Existenz dieser seltsamen Granitmauer vergessen zu können.

Besonders schwer fällt mir das Nicht-Wissen auszuhalten: Nicht verstehen zu können wie mir geschieht und was es zu bedeuten hat, und hilflos daneben zu stehen und nichts tun zu können. Ob ich will oder nicht, ich muss mich so annehmen wie ich bin und ich muss hinnehmen, dass ich nicht weiß, warum ich eine Granitmauer bin.

Als Helen mir sagt, dass auch sie nicht weiß, wer dieser Mauer-Mensch ist und warum er sich absolut im Kontakt verweigert, muss ich die Hoffnung auf eine schnelle Lösung endgültig begraben. Ein wenig beruhigen mich ihre Worte: »Wir müssen darauf warten, bis dieser Mensch selbst etwas von sich geben will.« Mal sehen, wie lange das dauern wird. Als ich diese Gegebenheit annehme, stellt sich eine Beruhigung in mir ein. Es tut irgendwie gut, diese Innere Person zu bemerken und mich nicht länger anzustrengen, diesen unlebendigen Zustand, der durch sie entsteht, zu verändern. Ich muss Geduld haben mit mir und mit dieser Arbeit, das wird mir klar. Und trotz aller Widrigkeiten, die meine bisherige Erkundung meiner inneren Bewohner mit sich gebracht hat, spüre ich, dass ich einer geheimen, inneren Realität auf die Spur komme, die mir gleichzeitig bekannt vorkommt. Mein Interesse, sie zu untersuchen, ist auf alle Fälle größer, als meine Angst vor dem Unbekannten. So mache ich mich zum Objekt meiner eigenen Feldforschung: Wann bin ich ganz Mauer? Wodurch komme ich in diesen Zustand? Wie fühlt sich mein Mauerdasein an? Was denke ich als Mauer? Was sage ich in ihrer wortlosen Art?

Eine aufschlussreiche Notiz aus meinem Tagebuch: »Granitmauern haben es nicht nötig ihr Nein sichtbar zu machen. Ihr Mauerdasein wirkt auch so. Die meisten Menschen halten freiwillig Abstand, wenn ich versteinere. Sie ziehen sich von selbst zurück und lassen mich in Ruhe. Keiner wagt es, mir nachzurücken. Ich erzeuge einen angenehmen Sicherheitsabstand. Er wirkt wie ein magischer Bannkreis.«

Bewegen Innere Personen ihren Willen nur über die Energieebene, werden sie unsichtbar. Sie werden wie ein Geist, der seinen Spuk treibt, ohne dass er zu sehen, zu hören oder zu greifen ist.

Der Mann, der das Überleben sichert

Helen hat eine enorme Ausdauer und ich zum Glück auch. In den nächsten Sitzungen bleiben wir bei der Granitmauer. In gewisser Weise belagern wir sie. Ich bin nichts anderes, als ein regloser Fels. Helen sitzt steinern vor mir, hartnäckig, unbeeindruckt, mit schier endloser Geduld. Sie bleibt einfach sitzen, manchmal spricht sie aus, wie sie mich erlebt, oder spricht mich harsch an, ohne dass ich ihr antworte. Dann herrscht wieder ewiges, kühles Schweigen zwischen uns. Nichts passiert. Ein Hauch von Bewunderung verspüre ich ab und an für sie, dafür, dass sie sich Mühe gibt mit mir, dass sie dableibt und nichts weiter von mir will.

Die Beharrlichkeit lohnt sich, denn wieder geschieht wie von selbst eine Veränderung: ich fühle mich auf einmal nicht mehr steinern, sondern körperlich, menschlich. Ich stehe auf und stelle mich hinter meinen Stuhl. Dort stehe ich aufrecht und stolz, wie ein Fels in der Brandung, der jedem Unwetter, jedem Sturm standhält. Nichts wirft mich um, nichts erschüttert mich. Ich habe einen sicheren Abstand zu Menschen, eine wache Aufmerksamkeit zur Welt und ich beobachte alles ganz genau. Ich weiß, was zu tun ist, damit das Leben reibungslos funktioniert. Ich bin mir meiner Handlungskraft sicher. Was für ein starker, tragender, angenehmer Zustand.

Im Gespräch mit Helen wird mir klar, dass ich diese männliche Kraft sehr gut in meinem Leben kenne. Dieser Mann sorgt für das tatkräftige Handeln in meinem Leben. Oft haben mich Freundinnen dafür bewundert, wie unerschrocken ich die schwierigsten Dinge anpacke. Ich dachte immer, ich sei eben eine starke Frau, aber jetzt weiß ich, dass diese Stärke von einem Mann ausgeht.

Ich nenne ihn den Häuptling. Als ich bei einer weiteren Begegnung an seinem Platz stehe, taucht ein Bild in mir auf: Ich befinde mich hoch oben in den Bergen; ich bin alleine. Über mir der Himmel in seiner grenzenlosen Weite, vor mir ein weites Land und Menschen, auf die ich schaue. Ich weiß in diesem Moment, dass es meine Sippe ist. Ich bin berührt von ihrem Anblick. Stille Freude steigt in mir auf.

Der Häuptling spricht wenig, aber was er sagt, hat Hand und Fuß.

»Ich stehe hier und behalte alle im Blick, keiner geht verloren.« Diese Aussage spiegelt sein großes Verantwortungsgefühl für die Menschen wider, die ihm anvertraut sind. Mir wird klar, dass der Häuptling in meiner Arbeit mit den Kindern immer mit dabei ist, z.B. im Kontakt mit Sandro, einem Jungen, der extrem viel Aufmerksamkeit fordert. Es war der Häuptling, der zu Sandro sagte: »Wenn ich nein sage, heißt es nein, wenn ich ja sage, heißt es ja.« Darauf kann sich Sandro dann hundertprozentig verlassen. Das Wort des Häuptlings gilt. Sandro hat ein Verhalten entwickelt, so lange zu quengeln, bis er bekommt, was er will. Eigentlich ist er unsicher und braucht Grenzen, die ihm Halt geben. Mit mir erlebt er freundliche, unterstützende Begrenzung. Er akzeptiert mein Nein und freut sich über mein Ja. Eigentlich ist es die Autorität und die zuverlässige Art des Häuptlings, die dem Jungen die nötige Sicherheit geben. Was der Häuptling zusagt, hält er ein, egal, ob es sich dabei um ein Kind, einen Freund oder einen Kollegen handelt.

Als ich in der nächsten Sitzung wieder auf seinem Platz stehe, taucht erneut ein Bild in mir auf: Ich befinde mich mit meinem Volk in einer aussichtslosen Situation. Eine feindliche Übermacht hat uns alle eingekreist. Es gibt kein Entkommen. Vor meinen Augen wird meine Sippe vernichtet. Alles, wofür ich lebe, wird zerstört. Alle, für die ich verantwortlich bin, werden vernichtet. Alle Frauen, Kinder und die

Alten werden ausgelöscht. Nur ich selbst scheine zu überleben. Mit aller Kraft versuche ich noch meine Würde und die Würde der anderen zu bewahren. Mein ganzer Wille konzentriert sich darauf, aufrecht stehen zu bleiben. Ich versteinere, werde zu einem Felsen, an dem sich die anderen festhalten können. Selbst im Tod können sie sich noch an mir aufrichten. Ich kann empfinden, dass ich mich von diesem Moment an nicht mehr menschlich fühle, und dass mein Lebenswille seitdem erloschen ist. Und plötzlich weiß ich auch, dass ich mich danach in die Einsamkeit der Berge zurückgezogen habe. Ich wollte nur noch weg von den Menschen, ganz weit weg. Für Anne, die ich mit im Blick habe und der ich wohl gesonnen bin, setze ich mich noch ein. Ich unterstütze sie tatkräftig, damit ihr Leben funktioniert.

Dann geschieht wieder eine Verwandlung. Ich sehe nicht nur die Bilder, sondern fühle sie auch. Ich werde überwältigt von Gefühlen: Wut, Schmerz und Trauer über diesen grausamen Verlust brechen aus mir heraus. Ich gehe zu Boden und krümme mich vor Schmerzen, wälze mich, schreie und weine. Es zerreißt mich, zu spüren, dass dieses gute Miteinander durch einen einzigen Schlag zerstört wurde. Ich schreie aus tiefster Verzweiflung: »Ich konnte nichts tun! Ich konnte nichts machen! Es waren zu viele!«

Beim nächsten Treffen mit Helen werde ich wieder von diesem Schmerz überwältigt. Helen fordert mich auf, meine Sippe in den Blick zu nehmen. Als ich das tue, spüre ich die tiefe, liebevolle Verbundenheit mit diesen Menschen. Damit habe ich nicht gerechnet. Die vertraute Verbindung ist immer noch da, so, als wäre nie etwas anderes gewesen. In meinem Körper und tief in meinem Wesen breitet sich eine angenehme Wärme aus. Ich werde weicher und ruhiger und fühle mich wieder als Mensch unter Menschen. Das tragische Geschehen dieser dramatischen Erinnerung verblasst. Ich bin erleichtert, fühle mich gereinigt, offen für das Leben, offen für die Menschen, mit denen ich lebe.

Vielleicht ist das endlich der heilsame Durchbruch. Zuversichtlich fahre ich nach Hause. Doch seltsam, Wochen später taucht trotz dieser

Befriedung wieder das bergige, kühle Klima in mir auf. Die altbekannte, unlebendige Zurückhaltung hat mich erneut erfasst. Wie kann das sein, nach allem, was der Häuptling durchlebt, durchlitten und verstanden hat? Er war doch so berührbar geworden?

Helen regt an, ihn direkt zu fragen, ob er etwas mit dieser seltsamen Klimaveränderung zu tun hat. Als wir ihn treffen, verneint er das und gibt zu verstehen, dass auch ihm die Erstarrung geschieht. »Ein starker, eisiger Sog erfasst mich von hinten und macht mich unbeweglich«, bekommen wir von ihm zu hören. »Da muss also noch jemand anderer sein«, sagt Helen. Kaum hat sie den Satz ausgesprochen, wird die Atmosphäre noch kälter, richtig arktisch, fast so, als hätten wir die Schneegrenze des Gebirges erreicht. Ein eisiger Wind weht uns entgegen. Noch ehe ich reagieren kann, spricht Helen in diese Schneelandschaft hinein, als wäre sie sich ganz sicher, dass sich darin jemand verbirgt: »Ich sehe Dich zwar nicht, aber ich kann Dich spüren in Deiner kalten Art. Du hast viel Macht und Einfluss, sonst wäre es nicht möglich, diesen starken Mann hier einzufrieren. Auch Du scheinst es vorzuziehen, für Dich zu bleiben und Dich niemandem zu zeigen. Aber wir bemerken Dich.« Während sie das sagt, huscht für den Bruchteil einer Sekunde ein verzerrtes Grinsen über mein Gesicht. Dann ist es wieder ausdruckslos und steinern. Helen ermutigt mich, dem Sog nachzugeben und mich nach hinten ziehen zu lassen. Vom Platz des Häuptlings aus gehe ich rückwärts, soweit wie es räumlich überhaupt möglich ist. Damit betreten wir das tief gefrorene Reich eines absoluten Willens, der uns sein stilles, eisiges Nein entgegenhaucht.

Mich kriegst Du nicht!

Nichts rührt sich, einfach absolut nichts. Ich stehe da, erhöht auf einem Stuhl, weggerückt vom Rest der Welt und schaue in die Weite, teilnahmslos, abgewandt.

Mir kommen Jugendliche in den Sinn und ihre »Fuck-you«-Haltung. Aber natürlich sage ich kein Wort. Denn darin würde ja schon ein Ausdruck von Ärger liegen und das wäre zu viel von mir gegeben. Hier ist nichts! Hier wird nichts gegeben!

So stehe ich da, hoch oben und empfinde mich mächtig. Ich will nichts mehr mit den Menschen unter mir zu tun haben. Nichts mehr, aber auch gar nichts mehr! Mein Blick geht über ihre Köpfe hinweg. Erhaben schaue ich nur auf den Horizont. So ist es erträglich, so ist es gut. Die Anwesenheit von Helen ist mir völlig egal und eine Anne kenne ich nicht. Hier bin ich autark; was da unten passiert, unten, auf diesem kleinen Planeten Erde, interessiert mich nicht im Geringsten. Helen lässt nicht locker. Sie spricht mich direkt an: »Du hältst wohl nicht viel von Menschen, ziehst es vor, allein zu bleiben!«

Ich höre sie; fühle, dass es stimmt, was sie sagt; aber nichts regt sich in mir, nicht mal ein Wimpernschlag. Mein Blick bleibt starr in die Ferne gerichtet. Wieder lässt Helen nicht locker. Ihre Sätze sind wie ein Rauschen von ganz weit her. Wie ein leichter Windhauch ziehen sie an mir vorbei. Mein Entschluss steht fest: Einfach keine Bewegung machen, keine Reaktion zeigen, dann geht dieses lästige Rauschen vorüber. Bislang musste ich nicht mehr tun, um mir die Menschen vom Leib zu halten. Einfach nicht hinschauen, nicht hinhören, auf nichts und niemanden reagieren, das hat allemal gereicht. Aber jetzt hört dieses unangenehme Rauschen nicht auf. Das Störfeld unter mir bleibt bestehen und macht mich ein wenig nervös. Wie kann sie es wagen, an der Tür zu meinem erhabenen Reich zu kratzen?! Okay, wenn sie darauf besteht, dann soll sie ruhig gleich kapieren: Mich kriegst Du nicht! Die Tür bleibt zu! Das sage ich natürlich nicht laut, aber ich empfinde es zutiefst und erschrecke gleichzeitig darüber, dass ich so bin.

Nur die Willensstärksten und Unabhängigsten in uns können es sich leisten, sich ganz von den Menschen und dem Leben zu verabschieden.

Hier kommen wir keinen Millimeter weiter, soviel ist klar. Von dieser Person werden wir nichts erfahren. Sie hat ihr Nein unumstößlich gesetzt. Dass es so etwas Absolutes, Entschiedenes und völlig Geheimes in mir gibt, ist erschütternd. Ich kann es fast nicht ertragen. Ich konnte mir bisher nicht vorstellen, dass es so etwas in einem normalen Menschen geben kann. Vielleicht in psychisch schwer gestörten Menschen, ja, aber auf keinen Fall in mir. Es ist mir peinlich, dass Helen das von mir sieht.

Dennoch muss ich zugeben, dass mir diese Haltung bekannt vorkommt: Jeden Morgen wache ich damit auf. Eigentlich möchte ich am liebsten liegen bleiben und nicht ins Leben hineintreten müssen. Es ist mir unangenehm, wenn morgens jemand in meiner Nähe ist. Wie oft bin ich nachts davongeschlichen, wenn ich mit einem Mann zusammen war. Irgendwann fand ich das selbst komisch und fragte meine Freunde, wie es ihnen morgens ergeht, nach einer gemeinsamen Nacht. Meistens wache ich ja allein auf und werde nach einer Weile auch einigermaßen funktionstüchtig und welttauglich. Das habe ich wohl dem Häuptling zu verdanken, der aus seiner Starre erwacht und sein Tagewerk beginnt.

Es ist nicht leicht, diese innere Realität nun so ungeschminkt zu betrachten. Und sie anzunehmen, nach so vielen anstrengenden Jahren der Bemühung um Lebensbejahung und Beziehungsfähigkeit, verlangt meine ganze Wahrheitsliebe. Mir einzugestehen, dass ich selbst der Grund für meine offensichtlichen Begrenzungen bin, unter denen ich leide, ist schwer. Anzuerkennen, dass ich ein absoluter Neinsager, Lebensverweigerer und sogar ein Menschenverächter bin, braucht all meinen Mut. Wie habe ich mich angestrengt, diese Verachtung, die immer wieder leise in mir hochstieg, zu kontrollieren. Mir war klar, dass sie nicht angemessen war, also wollte ich sie loswerden. Nein, ich will nicht, dass andere das sehen. So will ich auf keinen Fall sein. Das entspricht nicht meinem Menschenbild. Am liebsten würde ich mich jetzt davonschleichen und so tun, als wäre alles ganz normal, als wäre das, was ich soeben erlebt habe, nicht passiert. Der Gedanke steigt in mir auf, dass mein Leben bislang doch eigentlich ganz gut funktioniert hat. Aber genau das ist der springende Punkt. Nach außen habe ich funktioniert, ich habe in der Welt funktioniert, aber in mir fühlt es sich nicht gut an. Ich muss mir eingestehen: Ich bin unglücklich, einsam, unlebendig und kann das nicht verleugnen. Leider!

Nach dieser eisigen Erfahrung muss ich aufpassen, nicht ganz in dem kalten Nein-Sog zu versinken. Die Tage danach habe ich große Lust, einfach im Bett liegen zu bleiben und gar nichts mehr zu tun. Diese Person in mir könnte alles, wofür ich mich bisher angestrengt habe, auf Eis legen. Ihr ist mein persönliches Leben völlig egal. Ich, Anne, muss all meine Kraft aufbringen, um dagegenzusteuern. Kein Wunder, dass mein grundlegendes Lebensgefühl das der Anstrengung ist.

Jetzt will ich erst recht wissen, was es mit diesem Yeti in mir auf sich hat. So versuche ich mir vorzustellen, wie er leben würde. Ein Bild taucht auf: Er ist allein, hoch oben in den Bergen, dort gibt es keine Menschen, nur er, und eine kleine, graue, steinerne Hütte, hinter ihm eine Felswand aus dem gleichen grauen Stein. Wer nicht genau hinsieht, bemerkt die Hütte überhaupt nicht. Sie verschmilzt mit ihrem felsigen Hintergrund. Er lebt ein karges Leben und ist ganz einverstanden damit. Aber ich kann nicht empfinden, dass er sich zufrieden anfühlt. Er ist zu ernst, zu grau, zu leblos.

Durch dieses Bild erkenne ich wieder einen Zusammenhang mit einem Lebensgefühl, das ich schon sehr lange kenne: Dieses traurige, leblose, melancholische, karge Empfinden ist mir gut vertraut. Und wie oft habe ich mir vorgestellt, wenn es schwierig war mit den Menschen, mir einen Ort zu suchen, an dem ich alleine lebe und mich selbst versorge. Mit ein paar Tieren um mich herum und einem Hund als Freund. Diese Vorstellung war immer ein rettender und beruhigender Gedanke. Aber eigentlich wäre ich gleichzeitig todunglücklich, müsste ich derart isoliert vom Rest der Welt leben.

Es ist ernüchternd, dass so deutlich zu erkennen, und auch

erleichternd. Endlich kann ich viele meiner Zustände begreifen, mit denen ich mich schon mein Leben lang auseinandersetze. Endlich verstehe ich, dass es Nebenwirkungen dieses verborgenen Nein-Willens sind. Das ergibt mir Sinn.

Was er wohl davon hält, dass ich ihm auf die Spur komme? Begeisterung kann ich von seiner Seite nicht gerade wahrnehmen. Umso deutlicher seine eisige, todernste Entschlossenheit. Und ich kann sie übersetzen. Er gibt mir zu verstehen, dass er bleiben will wo er ist, alleine im Hochgebirge.

Die Inneren Personen, die ja sagen und am Leben teilhaben wollen, können das Problem nicht lösen, das durch die Inneren Personen entsteht, die nein sagen und für sich bleiben wollen.

Wie gut, dass ich zuvor die Erfahrung mit dem Häuptling und seinem Granitmauer-Dasein gemacht habe. Das gibt mir Zuversicht. Wenn Granitmauern zugängliche Menschen werden können, sollten wir es auf alle Fälle auch bei einem Schneemenschen versuchen. Nein, ich werde mich von seiner ablehnenden Haltung nicht beirren lassen. Und Helen anscheinend auch nicht, denn sie ermuntert mich, tiefer in seine Nein-Haltung hineinzusinken. Sie sagt: »Wenn wir mit dieser eisigen Person in Beziehung treten können, und es gelingt, sie für ihr Nein zu interessieren, haben wir den goldenen Schlüssel in die Tiefe Deiner Innenwelt gefunden. Ihr Nein verhindert das Leben. Und solange sie selbst nicht weiß, warum sie so absolut Nein sagt und wer sie eigentlich ist, gibt es keine tiefen Veränderungen in Deinem Menschsein.« Ihre Worte trösten mich ein wenig, aber sie können das mulmige Gefühl in mir nicht wegmachen. Ich bin mir nicht sicher, ob ich wirklich noch mehr von meinem Nein wissen will. Trotzdem bleibe ich dabei.

Um diesem kalten Spuk ein menschlicheres Gesicht zu geben, suche ich nach einem passenden Namen für meinen Eismenschen. Ich erinnere mich an eine Figur aus einem Jugendbuch*, das mich vor einiger Zeit in den Bann gezogen hat. Sirius Black ist ein eigenwilliger Mensch, der sich eigentlich für das Gute einsetzt, sich aber nicht immer an Gesetze hält. Eines Tages gerät er in einen Hinterhalt und viele Unschuldige werden dabei getötet. Er selbst überlebt, den Übeltätern gelingt es, ihn als den Urheber dieser grausamen Tat darzustellen und er wird von seiner eigenen Sippe verurteilt und eingesperrt. Mit letzter Kraft entkommt er der entwürdigenden Gefangenschaft. Von da an bewegt er sich als Einzelkämpfer. Er will das Unrecht aufdecken und rächen, das ihm und seinen Freunden widerfahren ist. Sirius Black, der Protagonist aus dem Buch, wird mit einem »i« geschrieben, mein Serius hingegen mit einem »e«. Ich will damit den seltsamen Ernst betonen, der von ihm ausgeht. Mein Serius ist ein »serious man«.

Serius Black

Wer ist dieser Mann, von dem ich bislang nicht einmal wusste, dass er in mir existiert? Er selbst gibt immer noch keine Auskunft. Er verweigert sich mir und meiner Therapeutin.

Ein Traum bringt etwas Licht ins Dunkel: Londons Taschendieb.

Ich fahre mit meinem Auto durch London. Ich parke es und gehe zu Fuß zum Flughafen. Ein Mann begleitet mich; er zeigt mir den Weg. Das letzte Stück gehen wir durch einen Tunnel. In der Schalterhalle angekommen, frage ich nach meinem Flug. Ich muss aber erst 40 Euro bezahlen, um überhaupt eine Auskunft zu bekommen. Das finde ich zwar seltsam, bezahle aber das geforderte Geld. Es ist noch nicht klar, ob ich ein Ticket bekomme. Dann gehe ich zum Parkplatz zurück, um mein Auto zu holen. Ich möchte es mit ins Flugzeug nehmen. Auf dem Rückweg zum Auto ist wieder dieser Mann an meiner Seite. Er geht ganz nah an meiner Seite und zieht mir

* *Harry Potter und der Gefangene von Askaban* von Joanne K. Rowling

dabei meine Geldbörse aus der Hosentasche. Ich schaue ihn direkt an, um ihm zu verstehen zu geben, dass ich es merke. Er tut so, als wäre nichts gewesen und steckt die Geldbörse wieder zurück in meine Hosentasche.

In Träumen teilen sich die Inneren Personen auf der Symbolebene mit.

Ich nehme mir vor, diesen Traum mit Helen zu betrachten. Sie wird mir sicher sagen, was der Traum zu bedeuten hat. Anstelle ihn zu deuten, fordert sie mich auf, ihn zu untersuchen und beginnt mit der Frage: »Was ist für Dich das Eindrücklichste in diesem Traum?« Ich muss keinen Moment darüber nachdenken und antworte: »Wie selbstverständlich dieser Mann die Geldbörse herauszieht und wie unberührt er bleibt und so tut, als wäre alles ganz normal.« »Und was verbindest Du mit London?«, fragt Helen weiter.

»London ist eine riesige Stadt, am Puls der Zeit, die ganze Welt aus der Film-, Pop-, Mode- und Finanzbranche trifft sich dort. Es herrscht ein reges, buntes, multikulturelles und chaotisches Treiben in der Stadt, das gefällt mir. Und ich gehe davon aus, dass in London auch dubiose Geschäfte abgewickelt werden.« Helen nickt: »Das klingt ganz nach London. Von dort aus willst Du also eine Flugreise antreten. Wo genau willst Du hin?« »Ich bin auf dem Rückweg. Ich will nach Hause fliegen. Komischerweise will ich mein Auto mit ins Flugzeug nehmen. Mein Auto ist wichtig, es muss unbedingt mit.« »Wie fühlen sich diese zwei Welten für Dich an, London und zu Hause?« »Das eine ist unbehaust, ungeschützt«, erkläre ich ihr. »Das andere geborgen und sicher. Zu Hause kann ich loslassen und mich ausruhen. In der großen Welt, in London, ist alles unberechenbar. Ich muss die ganze Zeit aufpassen und zu Recht, wie man sieht.« »Das stimmt«, bestätigt Helen mir. »Der Traum gibt zu verstehen: wenn man nicht aufpasst, wird man sofort bestohlen! Wichtig ist Dein Auto, das Du mit nach Hause nehmen willst.« »Ja, ich fahre gerne Auto. Ich habe ein kleines wendiges Auto und damit komme ich überall durch. Ich fliege eigentlich selten und auch nicht gerne. Fliegen würde ich nur, wenn ich längere

Entfernungen zurücklegen möchte. Da muss ich mich zwar in die Hände eines Flugkapitäns begeben, aber dafür komme ich sehr weit.« »Das Auto gibt Dir also die Möglichkeit, Dich leicht und unabhängig in der Welt zu bewegen und selbst zu steuern«, wiederholt Helen und fährt dann fort: »Sobald Du es parkst, um Dich um die Flugreise zu kümmern, entsteht Verwicklung. Das bedeutet: sobald Du die Kontrolle aufgeben musst, wird es unheimlich, und ehe Du Dich versiehst, wirst Du ausgenommen.« »Genau, schon am Schalter wird es schräg. Und dann ist plötzlich dieser Mann an meiner Seite. Wie aus dem Nichts taucht er auf; wie ein herrenloser, Anschluss suchender Hund trottet er neben mir und zeigt mir erst ganz hilfsbereit den Weg.« »Seine Hilfsbereitschaft hält solange an«, führt Helen meine Aussage weiter, »bis Du beim Schalter bist und diese ungereimte Situation mit Deinem Ticket erlebst. Kannst Du erahnen, was das bedeuten könnte?« »Sobald ich mich ausgeliefert fühle, bekomme ich zwar Unterstützung von einem Mann, aber komisch, auch ihm kann ich nicht wirklich trauen. Ganz schön dreist, was er sich da leistet.« Mir wird mulmig bei diesem Gedanken. »Was befindet sich denn normalerweise in Deinem Geldbeutel?«, fragt Helen weiter.

»Alles Wichtige, mein Ausweis, mein Führerschein, Kfz-Schein, Bargeld und sämtliche Geldkarten.« »Dieser Mann versucht also Dir Deine Identität zu nehmen. Er beraubt Dich der Legitimation, die Du brauchst, um Dich frei in der Welt zu bewegen.« »Richtig abgebrüht ist der!«, empöre ich mich. »Als ich ihn auf frischer Tat ertappe, zeigt er kein bisschen Schuldgefühl. Er tut eiskalt so, als wenn nichts gewesen wäre!« Sofort fällt mir das Wort eiskalt auf und ich muss unweigerlich an Serius denken. Hat er vielleicht damit zu tun? Hilft er mir und beklaut mich gleichzeitig? Ich bin wütend. »Das muss etwas mit Serius zu tun haben! Es kommt mir so vor, als ob er nicht nur zur Welt nein sagt, sondern irgendwie auch zu mir. Er nutzt meine Gutgläubigkeit aus!«, rufe ich entrüstet. Diese Aussage macht mich nervös.

»Du bemerkst das im Traum gerade noch rechtzeitig«, antwortet Helen. »Der Traum erzählt von zwei Dingen: Zum einen von Serius'

Lebensgefühl, dass die Welt kein guter Ort ist. Man muss die Kontrolle behalten. Gibt man sie auf, wird man sofort in unlautere Machenschaften verwickelt. Und zum anderen von Serius' lebensfeindlicher Haltung, die Dein Selbstverständnis als Frau, die sich in der Welt bewegt, aushöhlt.« Ich werde noch ärgerlicher, als ich Helens Zusammenfassung höre. »So gemein kann man doch nicht sein!«, rufe ich außer mir. Aber seltsam, je aufgebrachter ich werde, um so mehr versteinert mein Körper.

Auch Helen bemerkt diese Veränderung. »Merkst Du, wie sich Serius in Stellung bringt?«, fragt sie mich. Sie gibt mir ein Zeichen, auf seinen Platz zu gehen. Dieses Mal vergeht einige Zeit, bis ich die richtige Position gefunden habe. Breitbeinig, mit vor der Brust verschränkten Armen, stehe ich da, abwartend, lauernd. Es ist ganz klar, dass ich keine weitere Bewegung machen und kein Wort sagen werde. Das spricht ja wohl für sich selbst; mehr habe ich nicht zu sagen und mehr hat man von mir auch nicht zu wollen!

»Da hast Du es Dir ja gut eingerichtet, auf Deinem Posten.«

»Hmm«, gebe ich von mir. Es gefällt mir, dass sich Helen nicht von mir einschüchtern lässt, und es verunsichert mich auch ein wenig. »Irgendwie muss ich über Dich schmunzeln«, höre ich sie leicht amüsiert sagen.

»Wieso?«, rutscht es mir heraus und es ärgert mich im selben Moment, dass ich etwas von ihr wissen will. Helen setzt sich umständlich in ihrem Stuhl zurecht und sagt mit betont getragener Stimme: »Ich schmunzle über Deine gewichtige Zeremonie, mit der Du Dich in Stellung bringst. Das gefällt Dir, wie ich sehe.« »Ja, es fängt gerade wieder an, mir Spaß zu machen.« Während ich das sage, spüre ich meine Kraft und Unabhängigkeit. Es fühlt sich gut an, sicher; so kann mich nichts umwerfen. Niemand kann mir was, ich fühle mich allen überlegen.

»Diese herausragende Position ist Dir wichtig, wie ich sehe«, fährt Helen machtvoll, etwas provokant fort. »Damit hebst Du Dich von der Masse ab, die irgendwo da unten ist.« »Es gefällt mir, da habe ich alle im Blick«, bestätige ich. »Ich genieße diese Überlegenheit.

Die Menschen sind unter mir, kleiner als ich, beschäftigt, die sehen mich gar nicht.« Helen bleibt völlig unbeeindruckt: »Ja, so ein kleiner Durchschnittsmensch bist Du wirklich nicht.«

Sie hat Recht. Wieso weiß sie das alles, obwohl ich ihr nichts davon sage? Das verstärkt mein Misstrauen. Ich versinke wieder in Schweigen; auch Helen ist still. Nichts passiert. Es wird ein wenig ungemütlich für mich. »Und Anne wünscht sich nichts sehnlicher, als ein ›normales‹ Leben als Frau zu führen, mit einem netten Mann an ihrer Seite, vielleicht auf einem Biobauernhof, einige Kinder um sich herum, einem Projekt mit engagierten Menschen.« Diese Aussage pflügt sich wie ein Eisbrecher in meine ruhige, arktische Landschaft vor. Auch jetzt antworte ich nicht, denke mir aber: »Genau das will ich nicht. Auf diese Gefühlsduselei lasse ich mich nicht mehr ein.« Und ich empfinde, dass ich beschlossen habe, nichts mehr von mir zu geben, und mich auch nicht weiter auf das Leben da unten zu beziehen. Außerdem reicht mir diese Unterhaltung jetzt. Schluss damit!

Mein seismografisches Gegenüber versteht mich wenigstens, denn es antwortet: »Wie ich sehe, war's das für heute. Nun gut! Du entscheidest, das ist klar. Dann bis zum nächsten Mal.«

Wortlos, aber mit überlegenem Blick gebe ich ihr zu verstehen: »Das werden wir noch sehen!«

Bleiern, normal, abgeschmiert

Zu Hause angekommen, falle ich todmüde ins Bett und schlafe zwölf Stunden ohne Unterbrechung. Ich wache mit schweren Gliedern und einer dunklen Erinnerung an meine Mächtigkeit auf. Die Wahrheit dieser ersten längeren direkten Begegnung mit Serius sitzt mir in den Knochen. Ich spüre ihn, ich bin er: mit seinem absolutem Desinteresse gegenüber den Menschen und der Welt und dieser eisigen Entschlossenheit, dass alles so bleiben soll, wie es ist! Punkt, aus, basta, Ende der Durchsage!

Ich bin erschüttert. Wie kann ich mich so überhaupt noch unter Menschen wagen?

Die Geheimen Bewohner der Innenwelt brauchen unsere Rettungsaktionen nicht. Sie wollen nicht erlöst werden, denn sie haben ihre gute Lösung bereits gefunden. Sie brauchen ein unerschrockenes Gegenüber, das sich für ihr Nein interessiert.

Eine bleierne Schwere legt sich über mich. Mehrere Tage bleibe ich in diesem unbeweglichen Zustand. Ich bin froh, nach einigen freien Tagen wieder zur Arbeit zu gehen. Wenigstens habe ich da eine Aufgabe, kann mich an die gewohnten Abläufe halten, weiß was zu tun ist und fühle mich dabei wieder ein wenig mehr als normaler Mensch. Der Häuptling tut wenigstens seine Pflicht und hält das bekannte Gesicht der Anne aufrecht. Das fühlt sich allemal besser an, als Serius' kaltes, arrogantes Nein. Kaum bin ich wieder alleine, breitet sich diese stumpfsinnige Schwere aus. Jede Bewegung wird zur Last, so, als würde ich Tonnen vor mir herschieben. Selbst der E-Mail-Kontakt mit Helen wird zur Schwerstarbeit und Telefonieren geht überhaupt nicht.

Was für eine harte Zeit, so freudlos und elend war mir schon lange nicht mehr zumute. Mit Anfang zwanzig war mein Lebensgefühl ähnlich. Wie gerne hätte ich diesen Bio-Bauern geheiratet, den es tatsächlich gegeben hatte. Und doch habe ich ihn abgewiesen. Ich mochte ihn sehr, konnte ihn aber nicht lieben. Jetzt weiß ich warum: Serius hat ihn in den Wind geschossen und seinen Zorn auch noch gegen mich gerichtet, weil er ein für alle Mal Schluss machen wollte mit diesen unkontrollierten Gefühlsregungen. Ich hatte es gewagt, mir etwas zu wünschen und etwas zu tun, womit er nicht einverstanden war, und er ließ mich dafür büßen. Mit enormer Wucht setzte er sein stilles Nein dagegen. Das Ergebnis war eine Lähmung und meine weiblichen Beziehungsbedürfnisse fanden keinen Weg mehr in die Welt. Stattdessen habe ich jahrelang buchstäblich alles in mich hineingefressen, bis alle Gefühle abgetötet waren und ich nichts mehr spürte. Heute weiß ich, dass ich in dieser Zeit an einer Bulimie erkrankt war, von der natürlich niemand etwas wusste. Nach sechs Jahren heimlichen Leidens bezwang ich meine Krankheit.

Serius ist aber nicht der Einzige in mir, der seinen Willen behauptet. Ihm stellte sich immer wieder jemand entgegen. Ich kann diese andere Innere Person jetzt deutlich hören: »Ich werde alles tun, um Dich zu erfassen, Serius, auch wenn Du Dich nicht fassen lassen willst! Ich bin eine Frau und ich will Beziehung, auch wenn Du Dich noch so dagegenstellst. Ich gebe meine Sehnsucht nicht auf! Nein, ich habe nie aufgegeben! Mich gibt es auch, ich war auch immer da, genau wie Du!« Das sagt eine Frau. Sie spricht viel leiser als Serius, aber ich kann sie jetzt ebenso deutlich hören, wie ich Serius wahrnehmen kann. Und ich spüre ihren tiefen Herzenswunsch nach einer Beziehung mit einem Mann.

Festgenagelt und ausgenommen

Um mich noch tiefer zu verstehen und die inneren Zusammenhänge noch besser zu begreifen, nehme ich an einem Training in der systemischen Arbeit mit Inneren Personen teil. Es ist eine ganz besondere Art zu lernen, da ich Schülerin und Forschungsobjekt in einem bin. Uns Teilnehmern wird schnell klar, dass das Lernen davon abhängt, wie weit sich unsere Inneren Personen frei bewegen und in Kontakt treten können. Ich bin mir meiner Begrenzungen bewusst, die ich durch Serius' Nein habe. Dennoch übe und lerne ich gerne mit entwicklungsorientierten Menschen – eine alte Leidenschaft von mir. So stelle ich mich oft als Übungspartnerin für meine Mitstudenten zur Verfügung und nutze diese Gelegenheiten, um Serius mehr kennenzulernen.

Während einer Übungssitzung, die wir in Anwesenheit von Helen durchführen, stehe ich auf Serius' Platz. Er zeigt sich in seiner gewohnten Haltung: starr, misstrauisch, abwartend. Wenn er hier schon dabei sein muss, dann sollen sich die anderen gefälligst bemühen. Das tut mein Mitstudent Thomas auch redlich, aber nach 20 Minuten geht ihm die Puste aus. Unbeweglich sitzt er mir gegenüber; er kann fast nicht mehr sprechen; es fällt ihm einfach nichts mehr ein. Jetzt merke ich erst, wie machtvoll ich auf ihn einwirke. Ich kann ihn ruhigstellen! Wie gelähmt sitzt er vor mir, gebannt durch meinen starken, aufmerksamen Blick. »Ich sehe Deine Aufmerksamkeit«, sagt Thomas etwas hilflos, »und spüre Deine starke Präsenz, aber ich fühle mich unfrei mit Dir, wie festgezurrt.« Ja, er hat Recht. Ich fixiere ihn mit meiner Willenskraft, nagle ihn regelrecht fest. Er soll keinen Schritt näher kommen. So halte ich ihn mir vom Leib und zwinge ihn gleichzeitig, da zu bleiben. Ich bestimme! Ich entscheide, was hier geschieht! All das spüre ich jetzt, dennoch kommt kein Wort über meine Lippen. »Wenn ich mich darauf einlasse und nichts weiter von Dir will«, müht sich Thomas erneut, »wenn ich Deinen vorgegebenen Abstand akzeptiere, fühle ich mich ganz gut mit Dir.« Stimmt, dann kann ich ihn ganz gelassen vor mir sitzen haben und ihn mir in Ruhe anschauen. Auf diese Art mag ich sogar gerne mit ihm zusammen sein. Thomas fährt fort: »Je länger ich in dieser stillen Weise mit Dir zusammen bin, umso mehr berührt es mein Herz.« Auch das stimmt, ich fühle sein Herz, er hat ein gutes Herz, das mag ich an ihm. Ich lasse seinen Herzstrom zu mir fließen und nehme ihn in mich hinein.

Plötzlich schaltet sich unsere Lehrerin ein. Sie setzt sich neben Thomas und übernimmt die Sitzung. Ziemlich kühl und unverblümt sagt sie: »Merkst Du, wie Du nimmst, ohne selbst etwas von Dir zu geben? Du holst Dir heimlich etwas sehr Kostbares von Deinem Gegenüber. Erstaunlich, wie gut Du das beherrscht, als wäre es ganz normal und selbstverständlich.« Während sie das sagt, spüre ich ihre Kraft, mit der sie sich mir in den Weg stellt und mir Einhalt gebietet. »Du bewegst Deinen Willen über die Energieebene und hältst Dein Gegenüber aus sicherem Abstand in Beziehung. Und wenn er seine Türen öffnet und Dich einlässt, nimmst Du gerne von seinen Gaben. Du selbst gibst aber nichts zurück. Dadurch geht man im Kontakt mit Dir leer aus.«

Das sitzt! Das ist heftig! Aber wieder einmal muss ich mir eingestehen, dass sie Recht hat. Das sage ich natürlich nicht. Als ich dann auf Thomas schaue, bin ich betroffen: Verwirrt und verletzt sitzt er auf seinem Stuhl. Jetzt erst wird mir klar, dass ich ungefragt in seine Taschen gegriffen und ihn bestohlen habe. Er hat allen Grund, verletzt zu sein. Helen bemerkt, was in meinem Innern vor sich geht und antwortet: »Dass Du betroffen bist, spricht für Dich, Serius. Das sind angemessene Gefühle für einen Menschen, der sich eingestehen kann, Unrecht zu tun. Das zeigt, dass Du sehr wohl zwischen Recht und Unrecht unterscheiden kannst. Warum Du Dich nicht mehr daran hältst, wissen wir nicht. Das untersuchen wir beide, wenn wir uns zur nächsten Einzelsitzung treffen. Für heute belassen wir es dabei.«

Ich, Anne, bin heilfroh, endlich Serius' Position verlassen zu können. Es ist mir extrem peinlich, dass dieses heimliche Nehmen ans Licht gekommen ist. Ich stehle mir etwas von dem warmen Herzensstrom der Menschen! Das ist ja schrecklich! Am liebsten würde ich ungeschehen machen, was sich soeben ereignet hat. Ich will kein egoistischer Mensch sein, der die anderen beklaut. Das ist respektlos. Normalerweise bin ich diejenige, die einen riesigen Bogen um Menschen macht, bei denen ich dieses Verhalten bemerke. Ich habe einen guten Riecher dafür. Und nun bin ich selbst so ein heimlicher Nehmer. Leider kann ich um mich keinen Bogen machen. Ich schäme mich für Serius' Verhalten. Nein, *ich* schäme mich, dass ich so bin, schließlich bin ich Serius.

Die nächsten zwei Seminartage sind unerträglich. Thomas behandelt mich mit Vorsicht, was ich ihm auch nicht verdenken kann. Er hält Abstand zu mir, bleibt aber freundlich. Das beruhigt mich ein wenig. Als ich schließlich in einer persönlichen Austauschrunde mitteilen kann, wie schlecht ich mich fühle und wie ich mich schäme, fordert Helen mich auf, in die Runde zu sehen. Statt Verurteilung und Distanz, wie ich erwartet hatte, begegne ich den offenen, interessierten und mitfühlenden Blicken meiner Mitstudenten und meiner Lehrerin. Ich bin berührt und verwirrt zugleich.

Zu Hause erfassen mich tiefe Zweifel, ob ich mich wirklich noch genauer mit Serius befassen will, so wie Helen es vorgeschlagen hat. Vielleicht wird alles nur noch schlimmer; vielleicht bin ich am Ende meiner inneren Forschungsarbeit angelangt. Serius reicht es schon lange! Ihm ist diese ganz Prozedur noch unangenehmer denn je. Er will hier weg, will sich nicht weiter stellen, das spüre ich sehr deutlich. Wenn es nach ihm ginge, gäbe es ganz sicher keine nächste Sitzung. Ich höre ihn toben: »Jetzt hat sie sich auf mich eingeschossen, jetzt komme ich nicht mehr heraus! Auf keinen Fall werde ich zugeben, dass es mir etwas ausmacht, und um keinen Preis werde ich meinen Standpunkt aufgeben, egal was es kostet. Es ist mir verdammt peinlich, dass sie mir so genau auf die Finger sieht. Ich will gar nicht mehr über mich wissen. Ich muss meine Taktik ändern, sonst rückt sie mir noch weiter auf die Pelle. Okay, dann schwimme ich jetzt eben mit dem Strom: Ich stimme ihr zu und mache mit. Das kann ich auch. Der Abstand wird dann zwar etwas kleiner, aber ich habe noch ein anderes Mittel: Ich ziehe meinen Neoprenanzug an, der wie eine undurchlässige zweite Haut alles an sich abperlen lässt. Und vielleicht fällt mir auch noch etwas anderes ein. Irgendetwas muss ich tun, damit nicht auffällt, dass ich nichts von mir geben will.«

Sobald sich ein Geheimer Bewohner mit seinem Nein sichtbar macht und in Beziehung tritt, verliert er seine überlegene, unverwundbare Position.

Serius rotiert und sucht nach neuen Tricks, um Helen abzuschütteln. Hilflos stehe ich daneben und muss die Spannung aushalten. Ich staune über sein strategisches Machtspiel. Mein Gott, auch das noch! Bisher habe ich mich immer als einen ehrlichen Menschen eingeschätzt;

Manipulation war mir nicht nur wesensfremd, nein, ich habe sie zutiefst verabscheut. Kann es denn noch schlimmer kommen?

Einen Tag später schreibe ich Helen eine Mail, in der ich ihr eröffne, ein Jahr lang pausieren zu wollen, da wir mit Serius nicht weiterkommen. Ich begründe meine Pause damit, dass er sich nicht anschauen will und zwingen kann man ihn schließlich auch nicht. Mir ist natürlich klar, dass ich versuche, mich höflich und erhobenen Hauptes zu verabschieden. Lieber selber gehen, als von Helen verabschiedet werden. Ich kann mir nämlich nicht vorstellen, dass sie noch mit mir weiterarbeiten will. Vielleicht suche ich mir jetzt diese Hütte, irgendwo in der Natur, schaffe mir endlich einen Hund an und lasse ein für allemal die Finger von dem Miteinander mit Menschen. Bislang hatte ich mir den Hund untersagt, weil ich die Hoffnung auf eine menschliche Beziehung noch nicht aufgegeben hatte. Aber jetzt sehe ich, dass ich nichts anderes verdient habe.

»Moment! Wer spricht da?! Wieso verdient?! Serius! Ich bemerke Dich, auch wenn ich nichts tun kann, ich bemerke Dich!!! Du willst hier abhauen! Du bist es, der sich davonschleichen will, nicht ich! Diesmal nicht Serius, dieses Mal musst Du mit mir rechnen!« Die innere Frau stellt sich ihm mit all ihrer Kraft entgegen. Sie steht auf Helens Seite. Ich bin beeindruckt von ihrer Entschlossenheit. Diese Person bin ich auch. Zum ersten Mal erlebe ich, Anne, den Kampf meiner beiden inneren Giganten ganz bewusst.

Die Mail an Helen schicke ich trotzdem ab und stelle mich auf den Abschied ein. Umso erstaunter bin ich über die Antwort:

Liebe Anne,

Deine Überlegungen sind ehrenhaft und doch etwas vorschnell. Mir musst Du Dich mit Deinem Nein nicht ersparen. Und mir muss sich auch Serius nicht ersparen. Von mir aus kann er auf mich wütend werden, dagegen habe ich nichts. Aber wir, er, Du und ich, können nicht so tun, als gäbe es ihn nicht. Wir haben gerade erst damit begonnen, Serius' Strategien zu erforschen. Sicherlich gibt es noch einige andere. Es ist ganz normal, dass ein Überlebensmeister wie er, Strategien entwickelt hat, um nicht angreifbar zu sein. Sie sind Ausdruck seiner Überlebensintelligenz. Dafür musst Du Dich nicht schämen. Natürlich kann ich Dich nicht zwingen und natürlich kann Serius nicht gezwungen werden, sich mit sich selbst auseinander zu setzen. Das müsst Ihr, Du und er, freiwillig tun wollen. Im Moment bin ich sein persönliches Monster, sein Schreckgespenst. Aber eigentlich kann ich nicht wirklich der Grund für seine Angst sein, oder?

Außerdem gibt es noch andere Bewohner in Dir. Wären Serius und der Häuptling alleine, wärst Du nicht die Frau, die ich kenne: freundlich, interessiert, engagiert, unterstützend, bezogen, mitfühlend, wahrheitsorientiert. Diese anderen haben auch Rechte. Zumindest haben sie das Recht zu verstehen, warum sie nicht leben dürfen.

Eine Woche lang brütet Serius über ihrer Antwort. Sie kratzt an seinem Stolz. Sich feige aus dem Staub machen, ist eigentlich nicht seine Art. Endlich schreibe ich zurück, dass ich weiterarbeiten möchte.

In der Bewältigung meines Alltags balanciere ich auf einem schmalen Grat: Mal tauche ich ganz bewusst in Serius' Nein-Haltung ein, dann bin ich nur noch abweisend und zurückgezogen, ein andermal versuche ich ihn aus einem Abstand heraus zu betrachten und führe innere Dialoge mit ihm. Meistens aber bin ich in meinem Alltagspflichtprogramm. Der Häuptling ist wie ein Automat im Einsatz. Diesen kontrollierten Überlebensspielraum erlaubt Serius. Es ist beängstigend, zu erleben, wie stark ich seinem Willen ausgeliefert bin. Serius bestimmt im Grunde mein ganzes Leben. Nein, ohne Helens Unterstützung komme ich mit ihm nicht weiter.

Bei unserm nächsten Treffen fällt das Vorgespräch sehr kurz aus. Serius bestimmt in seiner gewohnten Art von Anfang an: nach wenigen Sätzen sitze ich stumm auf meinem Stuhl und gebe nichts mehr von mir. Ich gehe also auf seinen Platz.

Helen ist erstaunlich freundlich: »Gut, dass Du Dich so deutlich bemerkbar machst. Du zeigst Dich viel schneller. Jetzt, wo ich Dich ein wenig kenne, wundere ich mich, wie Du das hinbekommen hast, so lange unerkannt zu bleiben. Ein Mann von Deiner Statur ist eigentlich nicht zu übersehen.« »Ich stehe eben sehr weit hinten«, erwidere ich vorsichtig, aber doch ein wenig stolz. »Du untertreibst«, wirft Helen nüchtern ein. »Ich weiß, dass Dir das extrem unangenehm ist, wenn es um Dich geht. Aber was würdest Du von mir halten, wenn ich Dich nicht sehen würde?« Ich schweige und denke: »Nichts, gar nichts!« »Genau, nicht sehr viel«, übersetzt Helen mein Schweigen. »Du hättest keinen Respekt vor mir. Dass Du versuchst, mir auszuweichen, werte ich als Zeichen dafür, dass Du in mir wenigstens einen ernst zu nehmenden Gegner siehst. Nun bin ich also wieder hier und Du auch.« »Ich bin mir nicht sicher, ob das so eine gute Idee war, hierher zu kommen. Eine Weile mache ich hier noch meinen Job. Ich kann hier schon stehen, wenn es sein muss«, denke ich mir insgeheim. Dann lenke ich meine ganze Aufmerksamkeit auf das Energiefeld und breite mich im Raum aus. So fühlt es sich sicher an, fast entspannt.

Helen spricht unbeirrt weiter: »Auch wenn Du nicht sprichst, kann ich Dich an Deiner Ausstrahlung erkennen.« Offenbar kann sie wirklich mein Energiefeld erfassen.

»Du bist immer dabei, still anwesend, in genau dieser speziellen Art wie jetzt. Perfekt! Einfach ganz ruhig werden, nichts mehr bewegen, nichts mehr von Dir geben. Dich nur noch über Energie in den Raum ausbreiten.« Ich höre ihr aufmerksam zu und erfasse, was sie sagt. Es stimmt, ich bin ganz wach und überblicke alles, ohne auch nur eine Bewegung zu machen. »So machst Du das also, das ist Dein Wille, der sich still bewegt. Das hat eine ganz bestimmte Wirkung: Es macht Dich unsichtbar und gleichzeitig hältst Du Dein Gegenüber fest und bestimmst dadurch den Abstand.« Ja, jetzt wo sie das sagt, bemerke ich es auch: Genau so weit kann ich das Zusammensein erlauben.

Schweigend bin ich mit Helen verbunden. Nichts geschieht und doch ist es ganz dicht zwischen uns. Jeder ist in seinem Feld und hält die Stellung. In mir ist nicht der geringste Impuls, irgendetwas von mir zu geben, und wenn Helen keine Bewegung macht, können wir hier ewig stehen.

»Komisch, ich habe den Eindruck, dass Du trotz allem an mir interessiert bist, dass Du etwas von mir willst«, bricht Helen das Schweigen. »So, wie damals bei diesem spirituellen Lehrer, von dem mir Anne erzählt hat. Vor dem ist sie auch stundenlang gesessen. Mir scheint, das warst Du.«

»Sie hat die Geschichte also nicht vergessen, die Anne ihr bei einem ihrer ersten Treffen erzählt hat.« Wieder fühle ich mich von ihr ertappt. Sie vergisst aber auch nichts.

»Leider hat er sich nicht auf Dich eingelassen. Er hat Dir keine Gelegenheit für eine direkte Begegnung gegeben«, führt Helen ihre Gedanken fort. »Dafür hast Du jetzt mich.« Es stimmt, dass mich bestimmte Menschen interessieren, aber das sage ich ihr nicht. Dieser Lehrer damals war so einer. Und Helen interessiert mich auch. Und es stimmt, ich fordere etwas: Ich will, dass sie sich um mich bemüht, dass sie mich erkennt, ohne dass ich etwas von mir zeige. Es gefällt mir, dass sie sich nicht so leicht von meiner Oberfläche abspeisen lässt. Sie ist mutig und unabhängig, das beeindruckt mich.

»Ich spüre Deinen Blick schon lange, aber erst jetzt begreife ich, was er bedeutet: Du schaust in die Tiefe der Menschen und wenn Du Zutritt bekommst, verbindest Du Dich damit. Das interessiert Dich anscheinend doch noch. Aber sogar wenn diese Verbindung möglich ist, bleibst Du für Dich. Es entsteht kein Austausch. Austausch würde mit sich bringen, dass Du Dich auch öffnest und berühren lässt. Aber Du bleibst auf der sicheren Seite. Das macht Dich unverwundbar und gibt Dir diese überlegene Position. An der hältst Du aus irgendeinem Grund fest.«

Ihre Erklärung macht mich nervös und ärgerlich. »Und – ist da etwas verkehrt daran?!«, blaffe ich sie an. Helen richtet sich in ihrem Stuhl auf und antwortet polternd: »Nein, wenn Du es mit einem Feind zu tun hast, der Dich vereinnahmen will, nicht. Aber Du bist immer so, egal, wer Dir gegenübertritt. Du verhältst Dich sogar dann so, wenn

Dir Dein Gegenüber die Türe öffnet und Dich einlädt. Anscheinend gibt es für Dich nur Feinde und keine Freunde!«

»Na und!«, denke ich trotzig. »Ich vertraue niemandem. Man weiß schließlich nie, wer sich dann als Feind entpuppt. Ich bleibe so, wie ich bin! Ich weiß zwar nicht mehr genau warum, aber anders geht es nicht. Soviel ist klar. Soll sie nur weiterreden!«

»So wirst Du auf alle Fälle kein Opfer mehr, das hast Du geschafft. Du hütest Dich vor den Menschen, hütest Dein Innerstes und vielleicht hütest Du auch das von anderen.«

Kaum sind ihre Worte verklungen, spüre ich einen Anflug von Trauer. Aber das zeige ich natürlich nicht – ist auch gleich wieder vorbei. »Es ist besser die Kontrolle zu haben, als ins offene Messer zu laufen oder gar von hinten angegriffen zu werden!«, sage ich bestimmt.

Helen öffnet demonstrativ ihre Jacke und ruft laut: »Hey! Ich habe keine Messer hier, siehst Du!? Trotzdem verhältst Du Dich so. Du gehst kein Risiko mehr ein mit den Menschen. Deine Unverwundbarkeit ist Dir das Allerwichtigste geworden.«

Plötzlich kann ich mich in meinem abgrundtiefen Misstrauen sehen.

»Vielleicht bist Du mal Opfer geworden«, sagt Helen mitfühlend. »Ich sehe, dass Du darüber erschrocken bist. Du hast also sehr wohl menschliche Gefühle und bist gar nicht so unberührbar, wie Du sonst vorgibst.«

»Ich traue niemandem mehr, das stimmt. Menschen sind unberechenbar, man kann nie sicher sein.« »Da hast Du recht. Man weiß nie, mit wem man es zu tun hat«, bestätigt Helen. »Du selbst bist der beste Beweis für diese Erkenntnis. Vielleicht hast Du auch schon bemerkt, dass es noch andere in Anne gibt, die darunter leiden, dass Du sie aus Deinem Blick verloren hast. Sie werden jetzt durch Dich zu Opfern.«

Ich schaue mich um und sehe einige Frauen und Kinder: »Ich habe alle im Blick, auf meine Art zumindest, und ich bin mir sicher, dass meine Entscheidung für alle das Beste ist. Ich ziehe mich jetzt zurück, es reicht mir für heute.«

»Einverstanden, Serius. Bis zum nächsten Mal.«

In der Not ist sich jeder selbst der Nächste. Diese Notlösung praktizieren die Geheimen Bewohner und vergessen dabei, dass sie in einem Miteinander existieren.

Kann das Leben einfach und freundlich sein?

Für mich war es bislang immer harte Arbeit, außer in meiner Kindheit, da erinnere ich mich an Stunden der Leichtigkeit und Unschuld. Meistens war das im Zusammensein mit Tieren: mit meinem Hund zum Beispiel, der eigentlich der Hund meines Großvaters war. Wenn ich traurig war, kroch ich zu ihm in die Hundehütte, kuschelte mich an sein Fell und schlief manchmal sogar bei ihm ein, bis mich die besorgten Rufe meiner Mutter weckten. Oder mit den Ferkeln, mit denen ich unter der Wärmelampe lag und mich dabei ganz geborgen fühlte in ihrem warmen Nest. Mit dem Rehkitz, das wir mit der Flasche groß zogen und das mir dann auf Schritt und Tritt folgte. Oder in den Wiesen und Feldern um unseren Hof, die ich allein, mit dem Hund oder zusammen mit meinem Großvater erkundete. Die Tiere waren meine Freunde, die Natur war mein Zuhause.

Wenn ich das schreibe, klingt es beinahe so, als hätte ich keine Familie gehabt. Das war aber nicht so. Ich bin ganz normal mit Vater, Mutter und einem zwei Jahre älteren Bruder aufgewachsen. Aber es gab selten gemeinsame Unternehmungen oder Gespräche, denn auf unserem Bauernhof war immer etwas zu tun. Die Arbeit bestimmte unser Leben. Obwohl mir dabei der warme, körperliche Kontakt fehlte, genoss ich es, den Erwachsenen bei der Arbeit zu helfen; sie war unser Miteinander. Am liebsten wäre ich für immer fünf Jahre alt geblieben, dann hätte ich nicht zur Schule gehen müssen, sondern hätte bei meinem Vater bleiben und ihm beim Füttern der Tiere helfen können. Das war meine einzige Möglichkeit, ihm nahe zu sein. Immer waren alle rastlos und beschäftigt, nur mein Großvater machte darin eine Ausnahme: Er war ein freundlicher und gemütlicher alter Mann, der Ruhe ausstrahlte und sich Zeit für mich nahm. Weil einer seiner Arme kürzer war als der andere, musste er alles ein wenig langsamer machen. Und er war lustig. Beim gemeinsamen Essen leistete er sich trotz der bösen Blicke meiner Großmutter immer wieder mal einen Spaß mit uns, über den wir Kinder befreiend lachen konnten. Das waren die seltenen Momente, um verrückt, ausgelassen und entspannt zu sein. Sonst war das Leben der Erwachsenen ein Leben der Pflichterfüllung.

Ich verbrachte so viel Zeit mit meinem Großvater, wie möglich. Er nahm mich mit in den Wald zum Pilzesammeln oder auf seinen Hochsitz, wo wir die Wildtiere beobachteten. Auch Angeln war unsere gemeinsame Leidenschaft, mit allem was dazu gehört: Regenwürmer suchen und die Aale räuchern, die wir gefangen hatten. Wir pflückten Brombeeren, schlachteten Hasen, machten Besen ... Ich folgte ihm, wann immer ich konnte. Manchmal erklärte er mir, was er machte, aber meistens schaute ich nur still zu und machte einfach mit. Ich war glücklich, mit ihm zusammen zu sein und in dieser stillen Verbundenheit etwas Sinnvolles und Praktisches zu tun. Als ich zwölf war, starb mein Großvater. Von da an zogen der Hund und ich zu zweit über die Felder, den Bachlauf entlang, zu den Fischteichen. Es war nicht mehr dasselbe Glück, wie in der gemeinsamen Zeit mit meinem Opa, aber ich war immer noch glücklich mit dem einfachen, unmittelbaren, praktischen Leben draußen in der Natur.

Rückblickend sehe ich, dass ich schon immer sehr introvertiert und eigenwillig gewesen bin, und mich schon immer für alles Kreatürliche interessiert und eingesetzt habe. Außer in der Verbindung mit meinem Großvater ist es mir schon immer schwer gefallen, Beziehungen mit Menschen einzugehen. Jetzt weiß ich, dass das nicht nur an den äußeren Umständen lag, sondern auch an meiner inneren Realität, an Serius' Haltung gegenüber den Menschen und daran, wie er in Beziehung sein will.

Ein überraschender Anruf

Heute ruft mich völlig überraschend Michael an, der Mann, mit dem ich vor sechsundzwanzig Jahren in meiner allerersten WG zusammengewohnt habe. Das war zwar nicht lange, nur ein halbes Jahr, dafür aber ungewöhnlich entspannt und unkompliziert. Er hatte damals eine Freundin, die ihr Studium in einer anderen Stadt begonnen hatte, deshalb war in der WG ein Zimmer frei. Mir war ein gebundener Mann gerade recht, denn mit Männern wollte ich, nach meiner ersten enttäuschten Liebe, sowieso nicht mehr näher zu tun haben. Michael war ein herzlicher Mann, das mochte ich besonders an ihm. Und mit ihm konnte ich über Themen sprechen, die mich interessierten: über alternative Lebensweisen zum Beispiel, über den Sinn des Lebens oder über Gott. Bald führten uns unsere Lebenswege in verschiedene Richtungen, auch wenn wir uns nie ganz aus den Augen verloren haben. Von einer Freundin erfuhr ich später, dass er geheiratet, einige Zeit in einer Gemeinschaft gelebt und in seinem Beruf als Schreiner gearbeitet hatte. Seine Frau trennte sich schon bald von ihm, obwohl sie zwei kleine Kinder hatten. Wegen seiner beiden Töchter zog er in die Nähe seiner Exfrau, ausgerechnet in dieselbe Stadt, in der ich damals lebte. Dort begegneten wir uns wieder – er hatte mich ausfindig gemacht. Aber nach einer gemeinsamen vierwöchigen Rucksackreise, während der wir eine Affäre hatten und er sich tiefer binden wollte, erkläre ich ihm deutlich: »Nein, eine verbindliche Beziehung kommt für mich nicht in Frage.« So verloren wir uns wieder aus den Augen. Später schrieb er mir, dass er eine Annonce aufgegeben und eine neue Frau gefunden hatte, die ihn heiraten wollte. Kurz vor seiner zweiten Heirat meldete er sich wieder bei mir. Schon während des Gesprächs dachte ich: »Oh je, das kann nicht gut gehen, diese Beziehung hört sich schwierig an. Warum will er diese Frau nur heiraten?«

Das war vor vier Jahren. Unser heutiges Telefonat bestätigt meinen Eindruck von damals: auch in seiner zweiten Ehe ist er nicht glücklich. Ich spüre sofort unsere alte Vertrautheit wieder und eine stille Freude darüber, dass er weiterhin Interesse an mir und meinem Leben hat. Einem spontanen Impuls folgend, lade ich ihn für Pfingstsonntag zu mir ein und ertappe mich einige Tage später dabei, wie ich voller Vorfreude singend und putzend durchs ganze Haus fege und wesentlich mehr als nötig zu essen einkaufe. Es ist allerschönstes Frühlingswetter und wir haben einen ganzen Tag Zeit miteinander. Wir wollen wandern und ein Picknick machen. Michael hat ein Buch zum Vorlesen mitgebracht. Vergnügt plaudernd ziehen wir ins Grüne und rasten unter einem blühenden Kirschbaum. Ich fühle mich ganz natürlich, beschwingt und sprudelnd und wundere mich über meine Gesprächigkeit, meine Zutraulichkeit, meine Leichtigkeit. Seltsam, es ist so, als wenn ich ihn zum ersten Mal richtig sehen würde. Er ist immer noch der große, stattliche Mann von damals, mit den liebevollen, herzlichen Augen und dem leicht melancholischen, verträumten Blick. Und doch, etwas ist so anders!? Ist das wirklich derselbe Mann, den ich kenne? Warum fühle ich mich so anders mit ihm? Hat er sich verändert, oder ich, oder wir beide?

Wir verbringen einen wunderschönen Frühlingstag miteinander, der mich in die Welt der zarten, weichen, liebevollen, weiblichen Gefilde entrückt. Wie lange habe ich mich schon nicht mehr so wohl gefühlt, wie schmerzlich habe ich das vermisst. Ach, wie ist das herrlich! Völlig verzaubert und beglückt schlafe ich in dieser Nacht mit süßen Gedanken und von der Liebe träumend ein.

Aber eben nur träumend. Denn schon am nächsten Morgen ist klar: das geht doch nicht! Dieser Mann ist nicht frei! Er ist in festen Händen, und auf keinen Fall kann das so weiter laufen, auch wenn er mir noch so zugetan ist! Das kann nirgendwo hinführen! Das hat keine Zukunft! Und als Frau, so nebenbei, als zweite Wahl – das kommt überhaupt nicht in Frage! Entweder ganz oder gar nicht! Ende der Durchsage, Ende dieser frühlingshaften Beziehungslaunen, Ende des Miteinanders mit Michael.

Doch der ruft tatsächlich einige Tage später an und bittet mich um ein baldiges Wiedersehen. Die Anziehung ist also beiderseitig. Bei unserem zweiten Treffen werde ich gleich wieder völlig verzaubert und spüre meine tiefe Sehnsucht. Ich möchte mit ihm zusammen sein. Dabei begreife ich endlich, was in mir vor sich geht: der altbekannte Konflikt meiner beiden inneren Bewohner ist entfacht. Die Frau will nichts sehnlicher, als mit diesem Mann zusammen zu sein und Serius stellt sich quer. Ich höre ihn sagen: »Stopp, wenn diese Geschichte eine Chance haben soll, dann muss dieser Mann für sich Klarheit finden, wo er in seiner Ehe steht. Vorher gibt es kein tieferes Einlassen!«

Zum ersten Mal finde ich Serius' Einwand berechtigt. Es stimmt, ich will keine Affäre. Ich möchte eine tiefe Beziehung leben und dafür brauche ich einen Mann, der ganz frei für mich ist, der sein Leben mit mir teilen will. Als ich das zu Michael sage, hört er mir nicht nur aufmerksam zu, sondern er stimmt mir auch zu. Wir verabschieden uns und vereinbaren, uns zunächst nicht wiederzusehen und auch nicht zu telefonieren. Einen langen Monat hören und sehen wir uns nicht. Aber es erreichen mich Michaels sehnsuchtsvolle Briefe, denen ich kurz antworte: Wenn Du mich wirklich meinst, wenn Du mit mir zusammen sein willst, musst Du Dich scheiden lassen. Wieder diese klare Ansage, ohne Zweifel von Serius. Und wieder kann ich seinen Einsatz für mich als Frau sehen und schätzen. Ich weiß, dass er Recht hat mit seiner Forderung. Die Frau in mir könnte zu Michael nicht nein sagen und sie könnte auch nichts für sich einfordern. Viel zu groß ist ihr Beziehungsmangel. Sie würde viel in Kauf nehmen und sich sogar mit einem halbherzigen Miteinander begnügen. Aber eigentlich wünscht sie sich eine ernst gemeinte, verbindliche Beziehung mit diesem Mann.

Nicht zu fassen, Michael nimmt sich zu Herzen, was ich sage und erbittet sich erneut Bedenkzeit. Er will sich, seine Ehe, ja, sein Leben gründlich prüfen und mir Antwort geben, sobald er eine gefunden hat. Also vereinbaren wir erneut eine Auszeit, diesmal für zwei Monate. Keine

Treffen, keine Telefonate, keine Briefe. Ein schier endloses banges Warten und Hoffen beginnt. Hoffentlich entscheidet sich dieser Mann für mich, fleht meine innere Frau; hoffentlich sind ihm die Anforderungen zu hoch und er zieht bald Leine, hält Serius dagegen.

Serius will sein Leben nicht noch komplizierter haben, schließlich hat er schon genug mit Helen zu tun, die ihm so auf den Pelz rückt. Da braucht er nicht noch eine zweite Front, nicht noch einen Menschen, den er ständig im Blick behalten muss.

Das Ende der Alleinherrschaft

Serius will seine sichere Position nicht aufgeben, das ist mir mehr als klar.

Wie soll ich diese zwei verschiedenen Bewegungen in mir nur zusammenbringen: meine aufblühende Verliebtheit, die Sehnsucht der Frau nach einer Beziehung, und Serius, dem Unabhängigkeit und Unverwundbarkeit das Allerwichtigste sind? Der Stärkere behauptet eben seinen Willen und der Stärkere war bisher immer Serius. Er war es, der jede Beziehung scheitern ließ. Wie werden wohl jetzt die Chancen für eine Beziehung stehen, nachdem ich bewusster erleben kann, was in mir vor sich geht? Kommt die Frau nun auch endlich zu ihrem Recht?

Aber dafür müsste Serius seinen Kontrollabstand aufgeben und darauf verzichten, heimlich die Fäden zu ziehen. Ich fühle seine Hartnäckigkeit, seine Mächtigkeit, seine Unverrückbarkeit. Er wird nicht einfach loslassen, nur weil ich verliebt bin. Ganz im Gegenteil, es macht ihn spürbar nervös. Michael und ich werden nur eine Chance haben, wenn Serius bereit ist, sich mit seinem Nein auseinanderzusetzen. Diese Einsicht spornt mich an. »Dieses Mal nicht, Serius. Ich werde alles tun, was in meiner Macht steht, damit Du Dich nicht wieder gegen mich durchsetzt«, höre ich mich innerlich sagen. Die Frau stellt sich ihm entgegen und er spürt, dass seine Alleinherrschaft in Frage steht. Jetzt ist er nicht mehr so gefasst und zurückhaltend wie früher. Nachts wache ich regelmäßig auf und tigere unruhig durch die Wohnung. Dann läuft sein Wille, alles zu kontrollieren, zur Höchstform auf, und er geht den vergangenen Tag durch, um zu prüfen, ob er nicht etwas übersehen hat. Dabei schaut er sich alle Menschen in meinem Leben an und findet sie alle, ohne Ausnahme, schwach und verweichlicht. Ich spüre seine Verachtung, seinen Zorn darüber, dass sie ihm bedrohlich näher rücken und höre seine Gedanken: »Ich verachte sie, ich mache sie fertig, die kriegen mich nicht zu fassen, die sollen bloß Abstand halten. Nie wieder lasse ich mich in dieses Elend hineinziehen. Ich habe einen gewaltsamen Schnitt getan, daran halte ich fest. Es ist eine gute Entscheidung nichts fühlen zu müssen! Ich will nichts mehr fühlen, verdammt!«

Ich wage es, an Helen eine Mail zu schreiben, direkt von Serius, unzensiert:

Dass Du's nur weißt, Helen, ich will nicht fühlen, was ich fühle! Es fühlt sich beschissen an! Ich will es nicht! Es steckt mir bis zum Hals und ich will es trotzdem nicht fühlen. Ich halte meine eigenen, beschissenen Gefühle zurück und gleichzeitig kann ich sie nicht mehr weghalten. Ich hasse es, nichts mehr tun zu können! Es fühlt sich beschissen an. Ich will es nicht! Ich will es nicht! Ich will es nicht!

Noch am selben Tag kommt ihre Antwort:

Hallo Serius. Ich weiß, wie Du Dich fühlst! Wenigstens versteckst Du es nicht mehr vor Dir selbst. Und Du bemerkst, dass Dein Nicht-fühlen-wollen mit beschissenen Gefühlen zu tun hat, die es bereits in Dir gibt. Diese Gefühle hältst Du seit Ewigkeiten ruhig. Du hast sie auf Eis gelegt. Ja, sie werden wach, wenn man Dir näher kommt. Deswegen hältst Du Abstand zum Leben und zu Menschen. Natürlich sind sie Dir unangenehm. Aber sie gehören zu Dir. Es sind Deine Gefühle. Wenn Du mehr wissen willst von Dir als Mensch, musst Du sie Dir anschauen. Du kannst nicht länger vor Dir selbst weglaufen. Schau Dich an und drücke Deine Gefühle aus, auch die beschissenen!

Mit dieser Antwort haben weder Serius noch ich gerechnet. »In die Gefühle hineingehen«, das hatte ich bereits in anderen Therapieformen gehört und auch praktiziert. Der Abstand zu Menschen hatte sich dadurch aber nie verändert, denn Serius hat, bei aller Übungspraxis, nie seine Kontrolle aufgegeben. Er hat diese Gelegenheiten sogar genutzt, um mal richtig rumzuwüten und sich auszutoben. Mit jeder Therapiemethode, die ich praktizierte, hat er dazugelernt. Er hat seine Fähigkeiten weitergeschult und sie dafür eingesetzt, sich die Menschen noch besser vom Leib zu halten, nach dem Motto: Gibt man ihnen, was sie wollen, dann lassen sie einen in Ruhe. Nur wenn es um Traurigkeit oder andere verletzliche Gefühle ging, konnte ich nichts mehr von mir geben, dann herrschte die bekannte Stummheit. Das konnte Serius nicht liefern. Aber das »wilde Tier« beherrschte er besonders gut und ich bekam dafür reichlich Anerkennung und Bewunderung. Jetzt ist die Situation eine andere: jetzt geht es direkt um Serius, um seine eigenen verletzten Gefühle. Noch nie hat er sie einem Menschen gezeigt; er will sie ja nicht einmal selbst wahrhaben. Er will nicht, dass diese Gefühle zu ihm gehören, denn wenn er sie erlauben würde, wäre er ebenfalls ein »schwacher« Mensch. Und Schwäche will er sich unter keinen Umständen leisten. Verletzlichkeit bedeutet Kontrollverlust und genau das wäre das Schlimmste, was ihm passieren könnte.

Kurz nach diesem Mailaustausch habe ich einen Traum: Bierdosen- und Teddybären-Tsunami.

Ich bin in einer großen Werkshalle, die eine Tür zu einem tiefer gelegenen Raum hat. In der Halle und in dem unteren Raum sind viele Menschen, die einer Arbeit nachgehen. Plötzlich rollen Unmengen von Bierdosen an; es sind Hunderte, Tausende, Millionen – wie ein Tsunami. Sie rollen immer weiter, bis sie den ganzen Raum füllen; alles droht darunter begraben zu werden. Es geht alles rasend schnell. Ich will noch die Tür zum unteren Raum freihalten, damit die Menschen herauskommen können. Aber nach den Bierdosen kommen auch noch Massen mannshoher Teddybären angerollt, die den Rest des Raumes anfüllen. Ich stemme mich ihnen mit aller

Kraft entgegen, muss aber selbst aufpassen, dass ich oben auf bleibe und noch Luft bekomme. So plötzlich wie alles begonnen hat, hört es auch wieder auf.

Wir, ich und andere Menschen, beginnen gleich mit den Aufräumarbeiten. Stoisch arbeiten sie vor sich hin, während ich voller Wut mit den Sachen werfe, die ich in die Finger kriege.

Dieser Traum wühlt mich auf. Tagsüber manage ich mit hohem Tempo das Ferienprogramm und komme mir dabei fast wie in einem Ausnahmezustand vor. Hoch konzentriert achte ich darauf, dass alles reibungslos abläuft, gewappnet für den Fall der Fälle, denn früher oder später wird sicher irgendetwas passieren, womit ich nicht gerechnet habe. Abends falle ich total erschöpft ins Bett. Ich arbeite am Limit. Dass meine Kollegen todmüde sind, kenne ich; ihr Jammern war mir früher immer suspekt. Aber jetzt wird es sogar mir zuviel, ständig alle Kinder im Blick zu behalten und zu versorgen. Langsam begreife ich den Traum: Sind das nicht auch Unmengen von unkontrollierbaren Impulsen, die da über mich hereinbrechen? Geht es dabei nicht auch um das Thema, durch banale Dinge wie Bierdosen und Teddybären die Kontrolle zu verlieren? Ist dieser Tsunami nicht Ausdruck von Serius' Angst vor Überwältigung? Deswegen diese überzeichneten Traumbilder. Mit Bierdosen verbinde ich eine primitive, dumpfe Männlichkeit, mit den Teddybären die ungezügelten Impulse und die verletzliche Bedürftigkeit der Kinder. Serius versucht, das alles im Griff zu behalten. Er rechnet immer damit, dass ihm etwas aus dem Ruder läuft und das könnte der Anfang einer Katastrophe sein. Mit hoher Wachsamkeit und absoluter Präsenz versucht er diesen Ernstfall zu vermeiden. Gelingt ihm das nicht, würde er am liebsten loswüten. Ich spüre seine zurückgehaltene Wut immer deutlicher. Sie ist heiß, brodelnd, zerstörerisch. Nein, das ist nicht mehr die lustvolle Wutvariante, sondern eines seiner existentiellen Gefühle, die er normalerweise nicht zeigt.

Umso mehr bekomme ich sie am eigenen Leib zu spüren. Meine innere

Spannung steigt. Der kleinste Anlass genügt und ich poltere los, als ob es um Leben und Tod ginge. Zum Glück gelingt es mir, die Kinder zu verschonen. Aber meine Praktikanten, Kollegen und Freunde müssen mich erleiden. Immer wieder rollen Wellen dieser Wut über sie hinweg. Hinterher tut es mir dann furchtbar leid. Ich wache jedes Mal wie aus einer Trance auf, sehe, was ich angerichtet habe und bringe es zum Glück fertig, mich dafür zu entschuldigen. Das entlastet zumindest die anderen ein wenig und ich kann weiterhin meine Arbeit tun, aber ich schäme mich dafür, dass ich so bin. Nein, so will ich nicht sein, so außer mir vor Zorn, so ungerecht. Einmal jedoch ist meine Wut angemessen: Ich durchsuche Sperrmüll, der am Straßenrand steht. Ein Schrotthändler – ein Brocken von Mann – steigt aus seinem Fahrzeug aus und schnauzt mich an. Er beschuldigt mich, seinen Schrott zu klauen. Dabei wollte ich nur sehen, ob Baumaterial für die Kids dabei ist. Mir wird ganz heiß, Serius' Zorn steigt in mir hoch. Ich platze fast, kann mich nicht mehr zurückhalten und brülle auf den Mann ein. Nach einem kurzen, machtvollen Schlagabtausch zieht sich der Schrotthändler kleinlaut zurück. Und ich erschrecke wieder einmal über mich selbst. Nicht, weil ich Angst vor diesem Mann hatte, sondern weil ich erkenne, dass ich nicht anders konnte, als loszuwüten. Serius ist nicht mehr zu halten; er kann seine Wut nicht mehr zurückhalten. Was wird wohl passieren, wenn er in seiner ohnmächtigen Wut um sich schlägt und dabei die Falschen trifft? Auf keinen Fall möchte ich, dass es so weit kommt.

Mit dieser Frage fahre ich zur nächsten Einzelsitzung. Und wie der Teufel es will, geschieht mir ein kleines Malheur nach dem anderen. Erst verschütte ich meinen Kaffee, dann werde ich nicht rechtzeitig fertig – obwohl ich früh genug aufgestanden bin – und fahre zu spät los, und als ich ins Auto einsteige, habe ich plötzlich den Türgriff in der Hand. Der ist aus unerklärlichen Gründen abgebrochen. Seltsam, mein Auto ist noch nicht so alt. Soll das vielleicht bedeuten, dass es besser wäre, zu Hause zu bleiben? Ich fahre trotzdem los, ohne den Türgriff, steige eben auf der Beifahrerseite ein. Na, wenigstens weiß ich mir zu helfen, schmunzle ich. Wie gut, dass ich bei all dem Unangenehmen meinen Humor noch nicht verloren habe. Die Fahrt geht gut und ich komme heil bei Helen an.

Wir legen direkt mit dem Tsunami-Traum los. Helen erweitert meine Überlegungen: »Du hast das Thema bereits gut verstanden; der Traum handelt von Serius' schlimmster Befürchtung: jederzeit kann die Katastrophe über einen hereinbrechen. Das macht verständlich, warum er in dieser sicheren Position bleiben will. Auch seine Wut wird im Traum deutlich; das ist gut. Normalerweise tut er alles dafür, um nie wieder in eine überwältigende Situation zu kommen. Deswegen muss er alles kontrollieren. Alleine das Risiko von Kontrollverlust berührt seine unverdauten Gefühle. Der Traum erzählt aber auch, dass es trotz dieser enormen Bierdosen-Teddybär-Wellen zu keiner Katastrophe kommt. Das ist beruhigend, nur bemerkt das Serius nicht, denn er wird von seiner Wut übermannt. Er merkt auch nicht, dass er sich in einem Miteinander mit anderen engagierten Menschen befindet. Er ist in seinem Alleinkämpfer-Modus gefangen. Am besten, wir treffen ihn gleich selbst, dann kann er uns direkt mitteilen, was er davon hält.«

Ich stelle mich an Serius' Platz. Ich will Helen nicht anschauen. Es ist mir wie immer peinlich, so im Zentrum der Aufmerksamkeit zu stehen, also starre ich auf den Boden und warte ab.

»Hallo!«, beginnt Helen unbeirrt. »Ich vermute, Du hast zugehört?«

»Ist ja klar!«, antworte ich zögerlich.

»Du bist ein richtiger Katastrophen-Meister. Allzeit gewappnet. Zur Not zeigst Du also auch Deine Wut«, sagt sie etwas provokant.

»Wenn nötig«, antworte ich patzig. »Das kann ich ganz gut.« Schmunzelnd erwidert Helen: »Das hast Du schon öfter bewiesen. Damit waren dann die meisten zufrieden und Du hast sie wieder los gehabt.« Wieder einmal fühle ich mich von ihr durchschaut. »Wenn es Dir darum geht, mich loszuwerden, kann ich nichts weiter für Dich tun«, sie hält inne, als würde sie prüfen, ob sie weiter sprechen soll. »Dass Du ein Einzelkämpfer im Kriegszustand bist, manchmal im Waffenstillstand, ist uns soweit bekannt. Jetzt geht es um mehr, um Dich direkt, um die Frage, warum Du Dich als Einzelkämpfer bewegst, obwohl es eigentlich nicht mehr nötig ist.«

Ich schaue sie ungläubig an, während sie mit fester Stimme weiter spricht: »Du weichst Dir selbst aus, Serius. Es geht gar nicht mehr um die böse Welt da draußen, es geht um Dich.«

Allmählich werde ich richtig nervös. »Soll sie mich endlich in Ruhe lassen«, denke ich. Doch Helen macht unerschütterlich weiter: »Entweder Du weichst weiterhin aus und bestehst auf Deiner ewigen Ruhe oder Du probierst einen neuen Schritt aus und schaust Dir Deine unangenehmen Gefühle an. Mehr kann ich Dir hier leider nicht bieten. Und wenn Du das nicht willst, ist es nicht nötig, davonzuschleichen. Du weißt, wo die Tür ist und kannst erhobenen Hauptes gehen. Ich bin damit einverstanden.« Immer noch sage ich kein Wort. Ich sehe, dass es Helen ernst ist, mit dem was sie sagt. Ich sehe auch, dass sie es mit mir schon recht lange ausgehalten hat, ohne dass ich ihr etwas von mir gezeigt hätte. Dafür hat sie meinen Respekt. Während ich still meinen Gedanken nachhänge, schaut mich Helen eindringlich an, dann fährt sie fort: »Wie ich sehe, bist Du noch da! Ich nehme Dein Bleiben als Zeichen, dass Du einverstanden bist und ich Dir noch weiter auf den Pelz rücken darf. Also«, fordert sie mich auf, »schau Dich genauer an und finde heraus, warum Du das Wüten vorziehst!?«

Ich bin immer noch still, spüre dem nach, was sie sagt und werde dabei weicher, gefühlvoller und erschrecke davor. »Genau, Serius, da sind noch andere Gefühle in Dir, weichere, und das macht Dir Angst«, bestätigt mir Helen.

Doch ich denke bei mir: »Das kann ich mir nicht leisten, weich sein darf man niemandem zeigen.« »Das willst Du niemandem mehr zeigen«, antwortet Helen entschieden und wieder habe ich das Gefühl, dass sie meine Gedanken liest.

»Meistens spüre ich nur mein Misstrauen«, erkläre ich ihr.

»Du rechnest damit, dass alles, was Du von Dir gibst, gegen Dich verwendet wird«, sagt sie darauf. Meine Abwehr und mein Misstrauen werden stärker; ich bin ausgefüllt davon, da ist nichts anderes mehr. Jetzt erst kann ich empfinden, dass das nichts mit Helen zu tun hat. Helen bleibt freundlich und zugewandt: »Du bist ein Mensch, Serius, keine Katastrophen-Abwehr-Maschine. Aber Du willst kein Mensch mehr sein, der auch weiche Empfindungen hat.« »Ja«, sage ich leise und ein Schwall von Schmerz steigt in mir hoch – ich halte ihn natürlich zurück. Helen hat das offenbar bemerkt: »Spürst Du, wie Du versuchst diese weicheren Gefühle zurückzuhalten? Mir kommt es fast vor, als würdest Du versuchen, den Kopf über Wasser zu halten.«

»Ja, jetzt spüre ich mich und merke wie ich die Luft anhalte. Es ist mir so unangenehm«, antworte ich gequält.

»An dieser Grenze stehst Du schon lange, Serius. Dieser Grenze weichst Du aus. Diese Grenze hat nichts mit mir oder den Menschen da draußen zu tun. Das hat mit Dir und einer alten Erfahrung von Dir zu tun.«

Sie hat recht; ich spüre zum ersten Mal, dass ich entscheide, ob ich mich dieser Grenze annähere oder ob ich mich davon wegbewege: »Ich weiß nicht wie ich da weitergehen kann. Sobald ich auch nur einen Hauch davon spüre, zucke ich zurück. Es geschieht ganz automatisch.« »Immerhin bemerkst Du es jetzt, Serius. Wenn Du willst, helfe ich Dir«, bietet Helen mir an. »Spürst Du Dein Innehalten?« Ich nicke.

»Gut, bleib dabei und bleib gleichzeitig mit mir verbunden.« »Ja, jetzt sehe ich, dass ich selbst an diese Grenze gehen kann, aber ich werde unsicher, wenn ich das mache. Ich verliere den Boden unter meinen Füßen. Ich kann fast nicht mehr auf den Beinen stehen. Es fühlt sich entsetzlich an!«

Helen bleibt eine Weile still mit mir verbunden, ihr Blick ist fest und gibt mir Halt. Dann fordert sie mich auf: »Sag mir ganz direkt, Serius, was Du erlebst!«

Erst spreche ich ganz langsam, dann werde ich schneller und

immer lauter: »Wenn ich hier innehalte und das fühle, ist es fast nicht mehr auszuhalten. Ich bin unsicher! Ich habe Angst! Mir wird schwindelig!« »Ja, das ist unangenehm, Serius. Diese Gefühle gehören zu Dir, weiche ihnen nicht aus«, antwortet sie verständnisvoll.

»Ich fühle mich so unsicher. Meine Beine tragen mich nicht mehr. Ich verliere meinen Stand, gleich falle ich um. Ich will nicht umfallen!« rufe ich noch lauter und verstumme gleich wieder. Helen erklärt: »So fühlt sich körperliche Überwältigung an, Serius. Dagegen wehrst Du Dich mit Deiner ganzen Kraft.« Erst jetzt kann ich sehen, dass das stimmt. Wie versteinert stehe ich da und begreife in diesem Moment, dass ich meinen ganzen Willen darauf konzentriere, stehenzubleiben. Ich will nicht umfallen, ich will nicht fallen, um keinen Preis. Stöhnend presse ich hervor: »Jetzt könnte ich noch weggehen, könnte noch ausweichen.« Dabei geht mein Blick in die Weite.

»Richtig, Du weißt auch wie, Du kennst den Notausstieg, die Luke nach oben aufmachen und aus dem Körper heraussteigen. Dann wirst Du ein ungreifbarer Geist. So haben wir Dich am Anfang kennen gelernt.« Aufmerksam beobachte ich diese Bewegung in mir; obwohl ich sie schon lange praktiziere, war sie mir nicht bewusst. »Hier, mit mir, hast Du noch eine andere Möglichkeit«, gibt Helen mir zu verstehen. »Du kannst unter sicheren Bedingungen ausprobieren, was geschieht, wenn Du Dich Deiner Ohnmacht stellst.« Dieser Gedanke löst erneut ein Taumeln aus und lässt mich nur noch mehr daran zweifeln, ob das wirklich eine gute Idee ist. »Ich kann nicht mehr stehen!«, presse ich hervor. »Taumle, Serius, Du kannst nur auf den Boden fallen«, ermutigt mich Helen.

Ich halte mit ihr Blickkontakt; sie ist jetzt der einzige Halt, den ich noch habe: »Ich habe Angst mich so zu zeigen. So soll mich niemand sehen!« Helen hält meinen verzweifelten Blick aus und bleibt still mit mir verbunden. Mit weicher, mitfühlender Stimme antwortet sie: »Das ist menschlich, Serius. So fühlt sich jeder Mensch, wenn er sich in einer ausweglosen, überwältigenden Lage befindet. Das ist natürlich.« Ihre Worte berühren mich und machen mich auf angenehme Art weich. »Ich bin so müde, so unendlich müde«, gebe ich ihr zur Antwort. »Kein Wunder. Du erlebst gerade, wie viel Kraft es Dich kostet, aufrecht zu stehen und immer die Kontrolle behalten zu müssen. Sei müde, das ist menschlich.« »Ja, es ist gut, ich fühle so viel. Ich wusste nicht, dass ich so viele Gefühle in mir habe. Aber für heute reicht es. Bis zum nächsten Mal, Helen.« Ich bleibe noch eine Weile stehen und schaue Helen an. Wir sind miteinander verbunden und schweigen. Dabei bemerke ich den Unterschied zwischen toter und lebendiger Stille.

Der freiwillige Tod ist eine Notlösung, um der irdischen Überwältigung zu entkommen.

Nach der Sitzung ergreift mich eine tiefe innere Freude – etwas Bedeutendes hat sich ereignet, das weiß ich. Ich kann zwar nicht genau sagen, was, aber das angenehme Vibrieren in mir gibt mir Hoffnung. Helen vereinbart mit mir einen Termin nach ihrer Sommerpause und zum ersten Mal empfinde ich ein Bedauern, dass wir uns längere Zeit nicht wiedersehen.

Endlich Sommer! Ich liebe den Sommer! Und ich habe drei Wochen Urlaub. Herrlich, schon immer mochte ich freie unstrukturierte Zeit: morgens aufstehen und noch nicht wissen, was ich an diesem Tag tun werde, einfach die Dinge auf mich zukommen lassen und mitgehen. Jeder Tag wird zu einem kleinen – überschaubaren – Abenteuer. Mein erster Urlaubsmorgen bricht an, und es ist alles ganz anders als sonst. Drei Wochen ohne Plan machen mich plötzlich unfroh. Was soll ich nur mit dieser ewig langen Zeit anfangen? Nicht einmal einen Workshop habe ich gebucht, keine Fahrradtour mit Freunden geplant, auch mein Patenkind wollte mich nicht besuchen, ihr neues Pferd und ihre Freunde sind gerade wichtiger als ich. Für mich alleine losziehen, wie ich es sonst oft mache, wenn niemand Zeit hat, einfach meinen Rucksack packen und los ... dazu habe ich überhaupt keine Lust. Ich möchte nicht alleine sein. Ich möchte mit Menschen sein, ganz eindeutig.

Ach, ich habe solche Sehnsucht nach Michael, und er meldet sich nicht. Ist das nun ein gutes oder ein schlechtes Zeichen? Ich vermisse Helen und schreibe fast jeden Tag einen Brief an sie, aber nur in meinem Tagebuch. Wenigstens kann ich auf diese Weise etwas von meinem Inneren zum Ausdruck bringen. Mein Bedürfnis mich mitzuteilen ist riesig, ich platze fast. Nein, ich will nicht wieder in die alte Starre zurückfallen, auf keinen Fall. Um keinen Preis möchte ich dieses lebendige, leise Vibrieren wieder verlieren.

Also fahre ich zu meiner Familie nach Norddeutschland. Ich mag diese Landschaft, die mir von Kindesbeinen an vertraut ist. Außerdem freut sich meine Mutter immer, wenn ich zu Besuch komme. Noch nie habe ich so tief empfunden, wie schön es ist, eine Familie zu haben. Bisher hatte ich ihre Lebensform rebellisch abgelehnt, fand es bieder, wie mein Bruder mit Frau und zwei Kindern auf dem Hof meiner Eltern lebt. So eindimensional und spießig wollte ich auf keinen Fall leben. Und jetzt lasse ich mich selbstverständlich in ihre Welt hineinsinken, ohne den Anspruch zu haben, anders oder gar etwas Besonderes zu sein. Ich verspüre nicht den geringsten Drang, sie auf ihre Grenzen hinzuweisen, wie das sonst oft meine Art war. Ganz im Gegenteil, jetzt bin ich gerne ein Teil dieser Sippe und genieße es, mit ihnen zusammen zu sein. Ich höre mit Interesse ihren Gesprächen zu, nehme Anteil an ihren Sorgen und packe mit an. Ich sehe, dass sie ein ernst gemeintes, gutes Leben führen und wundere mich, warum ich mich ein Leben lang gegen ihre Lebensform aufgelehnt habe.

Dann endlich, endlich meldet sich Michael. Er möchte mich wiedersehen und so verabreden wir uns am Bodensee und verbringen einige Tage miteinander. Es ist paradiesisch! Sommer, Sonne, Wasser und Hand in Hand am See spazieren gehen! Er eröffnet mir seine Entscheidung: Ja, er will seine Frau verlassen, er will sofort ausziehen und sich eine eigene Wohnung suchen und ja, er will sich scheiden lassen. Er hat sich für mich entschieden. Für mich, Anne! Er will sein Leben mit mir teilen, einfach so; obwohl ich ihn schon öfter abgewiesen habe, lässt er sich davon nicht irritieren. Ich bin überglücklich und gleichzeitig merke ich Serius' Anspannung! Er hatte also heimlich darauf gebaut, dass sich Michael von mir verabschieden würde. Mit dieser neuen Situation muss er erst einmal zurechtkommen. Ich höre ihn grübeln: »Kann das wirklich sein, dass es einen Mann gibt, der sein ganzes Leben umkrempelt und in kürzester Zeit so viel in Bewegung setzt, um mit Anne zusammen zu sein? Ist ihm diese Frau wirklich so viel wert? Kaum zu glauben!«

Halb anerkennend, halb zweifelnd schaut Serius auf Michael. Er ist hin- und hergerissen zwischen Bewunderung und zweifelnder Abwehr. Und ich spüre, dass Serius sich jederzeit umdrehen und auf der Stelle weggehen könnte. Aber er tut es nicht. Er bleibt da!

Die Bedürfnisse der Frau haben deutlich mehr Gewicht bekommen. Sogar Serius kann sie nicht mehr ignorieren. Aber der Kampf ist noch nicht ausgefochten. Anstatt mich voller Freude in diese frohe Botschaft hinein zu entspannen und mit Michael die verbleibenden Urlaubstage zu genießen, verkrampfe ich mich körperlich, werde wieder etwas kühl und distanziert. Der arme Mann. Wenn er schon so viel für mich einsetzt, hat er verdient, dass er weiß, mit wem er es eigentlich zu tun hat. Besser ich erzähle Michael, was in mir vor sich geht. Vielleicht will er dann nichts mehr mit mir zu tun haben. Aha, Serius hofft also immer noch, dass dieser Mann wieder verschwindet. Leider erfüllt es sich nicht. Michael hört mir aufmerksam zu und ist mehr interessiert, als abgeschreckt. Serius betrachtet ihn noch ungläubiger: »Ist es möglich, dass es einen Mann gibt, der weder vor mir die Flucht ergreift, noch sich mit mir anlegt?« Aber so ist es, Michael bleibt da, auch wenn er vielleicht noch nicht das ganze Ausmaß meiner inneren Realität erfasst.

Zum Glück hat er die Qualitäten meiner Frau kennen gelernt. Für sie ist es ganz natürlich, sich hier und jetzt hineinzugeben und mit Michael zu verschmelzen. So ist für Michael mein innerer Kampf kein

Problem. Er schätzt die ehrliche, wahrheitsorientierte Auseinandersetzung mit mir. Jedes Mal, wenn ich Serius' Innehalten bemerke, spreche ich es an und zeige mich Michael damit. Seltsam, das hätte ich nie vermutet, aber unser Kontakt wird genau dadurch tiefer. Gerade das Schwierige schafft mehr Verbindung! Mit jedem Mal geht es leichter: es lähmt mich nicht mehr und erzeugt nicht mehr dieses Patt, das mich bewegungsunfähig macht, das immer Stillstand auf der Beziehungsebene bedeutete. Endlich erlebe ich, dass eine Auseinandersetzung fruchtbar sein kann und dass genau dadurch unsere Beziehung vertrauensvoll wächst.

Aber das Küssen! Es ist einfach unmöglich, wie Michael küsst. Es bringt mich fasst um! Ich spüre ihn nicht so, wie ich ihn spüren möchte. Er ist so abwartend, so zögerlich! Es ist zum Verrücktwerden! Serius würde am liebsten lospoltern oder zum Rückzug blasen. »Habe ich es doch gewusst, dass das nichts wird!«, höre ich ihn sagen. Aber ich fasse mir ein Herz und spreche das Thema an. Und zu meiner eigenen Überraschung finde ich die richtigen Worte, die beschreiben, was ich erlebe. Und, oh Wunder, es geschieht kein Weltuntergang! Es passiert nichts Schreckliches. Michael ist zwar zunächst irritiert, nimmt sich aber zu Herzen, was ich sage und das Küssen wird unsere große Leidenschaft.

Ein rotes Sofa

Und es gibt noch weitere Veränderungen in meinem Leben. Seit fünfundzwanzig Jahren versucht mir meine Mutter ein Sofa zu schenken; und mir ist es bisher gelungen, es kategorisch abzulehnen. »Nein, das brauche ich nicht, ich sitze lieber am Boden, auf dem Teppich, das reicht allemal«, war meine Standardantwort. Ich lebte immer in einem spartanischen Wohnzimmer, auch hier hatte sich Serius durchgesetzt. Einzelkämpfer wollen mit möglichst wenig Ballast reisen, damit sie jederzeit ihre Zelte abbrechen können. Raumgreifende Sofas, weiche Kissen, dekorativer Nippes waren dabei nur hinderlich. So wurde das asketische, nomadenhafte Leben zu meinem Lebensstil und manchmal war ich sogar stolz darauf, so wenig zu benötigen. Doch jetzt nutzen die Frauen die Gunst der Stunde. Da steht doch zufällig dieses rote Sofa meiner Mitbewohnerin im Gästezimmer, fast neu und seit Jahren völlig ungenutzt. Ich frage sie, ob ich es in mein Zimmer stellen darf? Und ja, sie hat nichts dagegen. Nur eine weitere Bitte und Michael trägt das Sofa in mein Wohnzimmer, und schon sitzen wir beide erhaben und gemütlich auf weichen, edlen, bunten Kissen, trinken Tee aus feinen Porzellantässchen, knabbern an leckerem Schokogebäck und genießen wie zwei Königskinder.

Entspannen sich die Geheimen Bewohner und haben sie selbst wieder den Impuls, am Leben teilzunehmen, entspannt sich das gesamte innere System mit all seinen Bewohnern.

Endlich sind diese weichen Bedürfnisse erlaubt. Endlich dürfen die Frauen und Kinder in ihrer Eigenart sichtbar werden und sich frei bewegen. Bisher waren sie weggesperrt. Serius hatte sie zwar nie verhungern lassen, es gab immerhin Wasser und Brot und ab und an war sogar ein Ausgang zu einem Festessen genehmigt, unter seiner Aufsicht, versteht sich. Aber sie hatten nie das Recht, in meinem Leben mitzubestimmen. Jetzt dürfen sie sich aus seiner Schutzhaft herausbewegen und mit Michael in Beziehung treten. Erstaunlich, wie unversehrt, wesenhaft und natürlich sie sind. Ihr geschütztes Dasein hatte also auch sein Positives: sie konnten sich ihre selbstverständliche Eigenart erhalten. Und je länger sich Michael als vertrauenswürdiger Mann erweist, umso mehr erlaubt Serius ihnen den Kontakt mit Menschen und der Welt. Mit einem Mal wird mein Leben weicher, bunter und reicher. Manchmal kann ich es selbst kaum fassen: Das bin ich?! So verliebt! Einfach und gerne mit diesem Mann zusammen! Meinem Mann! Wie wohl ich mich dabei fühle, wenn ich das leise sage. Es ist so köstlich! Ich bin zum ersten Mal eine warme, verspielte, unschuldige, Nähe suchende, liebende Frau.

Nach den Ferien erkennen mich meine Mitstudenten aus dem Training kaum wieder. Nervös sitze ich in einem geblümten Sommerkleid ihm Stuhlkreis und warte ungeduldig, bis ich an die Reihe komme. Nicht, dass ich Angst hätte! Ganz im Gegenteil, ich fühle mich richtig und schön und kann es kaum erwarten, endlich von mir und Michael zu erzählen. Dann sprudle ich los. Ausführlich plaudernd beschreibe ich alle Einzelheiten meiner Sommerferien und als ich die Geschichte vom roten Sofa erzähle, wird es ganz lieblich im Raum. Die Gruppe ist mir herzlich zugetan und freut sich mit mir. Alle – auch die Männer – lachen, kichern und quietschen vor Vergnügen. Alle nehmen Anteil an meinem Verliebtsein. Dabei habe ich Helens vorgegeben Zeitrahmen völlig gesprengt. Lachend gibt sie mir ein Stoppzeichen, sonst würde ich wohl noch Stunden weitererzählen.

Die Entscheidung über das Wort hatte bisher Serius. Dadurch wurden Worte, wenn überhaupt, nur sparsam und sehr gewählt verwendet. Nie gab es spontane Redeimpulse, nie wurde einfach nur ausgelassen, vergnügt und umschweifend drauflos geplaudert. Immer war alles kontrolliert und bedacht. Und jetzt das schiere Gegenteil: ich bin wie ein munterer Gebirgsbach, der vergnügt vor sich hin plätschert. Im Kreis dieser vertrauten Menschen bin ich eine neue Anne.

Sie denken wohl, hier ist die Geschichte zu Ende, denn mit einem Happy End hört schließlich jede Liebesgeschichte auf. Nein, Sie sind nicht im Film, sondern mit mir in meinem ganz realen Leben und da fängt die Geschichte erst richtig an.

Heilvolle Entladung

Serius ist natürlich nicht verschwunden. Nein, Serius tritt nicht einfach ab, nur weil sich die Frauen verliebt haben und die Kinder wieder spielen wollen. Serius lässt sich nicht übergehen, soviel ist sicher. Es wird sich noch zeigen, wie er mit dieser weiblichen Lebenslust umgeht: entweder er setzt sich aktiv für sie ein oder er bleibt der größte Kontrollfreak, den man sich nur vorstellen kann. Wie ergeht es ihm also? Zunächst kann er sich dieser überwältigenden Verliebtheit kaum erwehren, so sehr er sich auch bemüht, davon nicht berührt zu werden. Es werden einfach zu viele Glücksgefühle ausgelöst, die sich in meine Innenwelt ergießen, und so übernehmen die Frauen und Kinder für einen ungewöhnlich langen Moment die Führung. Aber eben nur für einen langen Moment, der eine ganze Sommerweile andauert!

Kaum beginnt der Alltag, übernimmt Serius wieder automatisch das Steuer. Nur läuft es nicht mehr so geölt wie früher und das gefällt ihm keineswegs. Seine gewohnte Art, sich selbst, das Leben und die Menschen zu managen, funktioniert nicht mehr. Er kann sich immer weniger kontrollieren. Der Kontakt mit Helen hat auf magische Weise seine erkaltete Glut entfacht. Es fällt ihm immer schwerer, sein eigenes Feuer zurückzuhalten. Die kleinsten Anlässe in der Arbeit reichen und er wütet los. Jedes Mal, wenn man sich nicht an seine Vorgaben hält, fängt der Vulkan zu brodeln an. Früher konnte er seinen Zorn ruhig halten, jetzt steigt er hoch und droht auszubrechen. Meist bemerke ich das rechtzeitig und kann dafür sorgen, dass er sich nicht nach außen ergießt.

In mein Tagebuch schreibe ich die Zeilen:

Noch nie habe ich Serius' Zorn so deutlich gespürt. Die Wucht darin ist erschreckend. Er kann nur zwei Dinge: entweder hält er seine Wut ruhig oder sie bricht aus ihm heraus. Ich selbst kann nichts dagegen tun, ich kann nur beobachten. Wenigstens bleibe ich frei in meinem Bewusstsein. Ich kann klar erkennen was geschieht und kann es zuordnen. Das ist meine Chance. Es muss kein Schaden im Außen entstehen. Ich nehme dieses Nein zu mir. Ich muss mich darum kümmern, niemand sonst.

Serius kann sich nicht mehr länger ausweichen. Er muss sich jetzt beteiligen, er muss sich mit seinem Nein und seiner Wut auseinandersetzen.

Es wird zu offensichtlich und so kann auch er es nicht länger vor sich verleugnen.

In dieser Zeit habe ich einen Traum:

Ich stehe hoch oben auf einer Leiter. Es ist die Frage, ob ich herunterkomme und ich frage einen Mann, der gerade vorbeigeht, ob er mir herunterhilft. Es ist Michael Ballack. Doch er hat keine Zeit und vertröstet mich auf später. Ich zögere keinen Moment und springe allein herunter und lande gut auf dem Boden.

Ich mache mir natürlich sofort Gedanken zum Traum und verstehe ihn so: Serius' Bemühung, in der überlegenen Position zu bleiben, ist eine Sackgasse. Da geht es nicht weiter, soviel scheint er bemerkt zu haben. Und noch mehr, er ist bereit, auf den Boden zu kommen und erlebt sogar, dass er das alleine kann. Auch sein Feindbild scheint sich zu verändern. Der Mann unter ihm ist der Kapitän einer Fußballmannschaft. Es gibt also immer noch Kampffelder, aber es muss nicht gleich ein Kampf um Leben und Tod sein – auch wenn es sich für manchen Fußballspieler und Fan vielleicht so anfühlt. Das lässt hoffen, obwohl ich erst heute wieder einen meiner Wutanfälle hatte. Die Zeiten meines ruhigen, ach so ausgeglichenen Daseins sind wohl endgültig vorbei. Hoffentlich bin ich jetzt nicht jahrelang in diesem hochexplosiven Zustand. Aber ehrlich gesagt, ist mir die Wut mittlerweile lieber, als diese unlebendige Starre.

Zu Hause angekommen, gehe ich die Situation in der Arbeit noch einmal durch. Mittlerweile bin ich gut geübt meine Inneren Personen in den Blick zu nehmen. Ich sehe Serius und bemerke, dass er tief erschüttert ist. Ein gutes Zeichen, würde Helen wohl sagen. Am besten, ich packe die Gelegenheit beim Schopf und stelle mich auf Serius' Platz und betrachte das Geschehen direkt von ihm aus. Zunächst erfüllt mich Wut, kurz danach fühle ich mich unsicher, dann werde ich wieder starr. In der Starre steigt langsam ein Schmerz auf und breitet sich in mir aus. Immer tiefer sinke ich in diesen Schmerz, der riesig ist und schon lange nichts mehr mit dem Auslöser von heute Morgen zu tun hat. Es ist so viel Schmerz, dass es mir körperlich weh tut. Dann durchfluten mich Wellen von tiefer Trauer. Ich bekomme eine Ahnung, womit sie zu tun hat: mit einem großen Verlust, einem Scheitern, in dem alles, was ich liebte, ausgelöscht wurde. Ich erinnere mich kurz an die Geschichte des Häuptlings und an die Zerstörung seines Volkes. Doch jetzt tauchen andere Bilder auf, die von Verrat, Intrigen, Machtmissbrauch erzählen: Ich bin mit Menschen zusammen, die ich gut kenne. Sie sind mir vertraut. Wir leben in einem guten und reichen Miteinander. Ich habe ihnen mein Wort gegeben, sie ihres, aber einige halten sich nicht daran. Es gibt Neid und Zwietracht. Sie missbrauchen meine Ehrlichkeit. Sie nutzen meine Eindeutigkeit aus. Ich werde das Opfer ihrer strategischen Machtspiele. Ich habe ihnen vertraut. Ich habe mich an die Abmachungen gehalten, sie nicht. Hinter meinem Rücken haben sie Intrigen angezettelt und ich habe es nicht einmal bemerkt. Ich war so einfach zu durchschauen. Meine Haltung war zu eindeutig. Ich war so naiv. Ich bin auf sie hereingefallen. Sie hatten leichtes Spiel mit mir. Wie dumm von mir, wie dumm!

Das Scheitern ist unabwendbar. Alles wird vernichtet, alles, wofür ich lebe, alles, was ich liebe, verliere ich. Ich kann nichts mehr dagegen tun, außer mein stilles, absolutes Nein dagegen setzen und mich von dem Geschehen distanzieren, soweit es nur geht. Ich stimme dem nicht zu, nie und nimmer! Ich empfinde ganz tief, dass mein Nein berechtigt ist. Es ist richtig und gut, nein zu sagen. Nein, ich stimme nicht zu! Nein, es ist schrecklich und niederträchtig, was ihr tut! Ihr habt mich verraten, aber ich verrate meine Sache nicht! Ich verrate die Menschen nicht, die ich liebe! Ich verrate nicht, wofür ich stehe und wovon ich zutiefst überzeugt bin! Nein heißt auch: Ich sehe Eure Lügen, Eure Gier und ich bin dagegen! Und mein Nein heißt: Nie wieder werde ich mich so täuschen lassen! Von jetzt an werde ich mich vor Menschen hüten!

Ich weine, raufe mir die Haare, brülle wie ein verwundetes Tier. All mein Schmerz über die Enttäuschung, über meinen Verlust, mein gebrochenes Herz bricht aus mir heraus. Die Trauer darüber wird immer stärker. Mein Herz scheint zu zerspringen. Nie habe ich getrauert über den Verlust, nie habe ich geweint über den schmerzlichen Verrat, nie wollte ich fühlen, wie tief es mich getroffen hat, von Menschen verraten worden zu sein, denen ich vertraute und denen ich mich verpflichtet fühlte. Nie wollte ich die Scham empfinden, darauf hereingefallen zu sein. Es fühlt sich so beschissen an, es ist so traurig. Die halbe Nacht vergeht, bis dieser schmerzliche Strom ausgeflossen ist und ich still und weich und fein lebendig in die Nacht hineinhorche. Ich atme. Ich lebe noch. Ich, Serius, bin ein lebendiger Mann mit einer Geschichte, die ich langsam begreife. Ich, Serius, bin ein Mensch, der fühlt.

Das also wollte Serius nie wieder erleben müssen! Das also hatte ihn bewogen, sich auf immer und ewig zurückzuziehen, allem und jedem mit Misstrauen zu begegnen, sein Fühlen gewaltsam abzuschneiden, kalt und hart zu werden. Dass er damit auch andere in mir trifft, die unter seinem Rückzug leiden, ist ihm dabei völlig entgangen. Langsam spürt er, dass er ein Mann aus Fleisch und Blut ist. Er begreift, dass er ein verwundbarer Mensch bleibt, egal, wie kraftvoll und entschlossen er auch sein kann. Und er muss sich nicht länger dafür schämen. Das also hat mein ganzes Leben bestimmt. Ich habe tiefes Mitgefühl mit Serius und mit mir selbst.

In den nächsten Sitzungen mit Helen wird Serius berührbarer, interessiert an seinem Gegenüber. Er zeigt, was ihm am Herzen liegt: ein ehrliches, aufrichtiges, engagiertes Miteinander, in das sich jeder einbringt. Neue Gefühlswellen kommen in Bewegung, als er erkennt, wie die Frauen und Kinder unter seiner Überlebens-Herrschaft gelitten haben. Er fühlt sich schuldig dafür und es tut ihm Leid; und er entschuldigt sich bei ihnen. Wie von selbst bewegen sich plötzlich alle gleichzeitig: Frauen und Kinder und Serius. Das hat eine unmittelbare Auswirkung auf mein Leben. Mein grundsätzliches Misstrauen ist verschwunden und plötzlich gibt es überall menschliche Begegnungen. Selbst die Marktfrau oder der Fahrkartenkontrolleur werden zu berührbaren

Menschen, nicht weil sie besonders freundlich wären. Ich bin es, die anders auf sie zugeht. Und ich selbst staune am meisten über meine selbstverständliche, bezogene, lebendige Art. Es ist so einfach, so natürlich.

Übung im Alltag

Als ich mich wieder mit Helen treffe, sagt sie mir, dass wir vorerst keine neuen Sitzungstermine brauchen. Sie sagt: »Serius erkennt sich und seinen Zusammenhang wieder. Die Weiterentwicklung findet jetzt in Deinem ganz konkreten Leben statt. Und wie Du siehst, geschieht das bereits. Dieses Ankommen im Leben hat seine eigene Zeit. Wenn Du mich brauchst, weiß Du ja, wo Du mich findest.«

Das Lernen geht also in meinem ganz normalen Leben weiter. Serius beteiligt sich immer aktiver, muss aber erkennen, dass er ein menschlicher Analphabet ist. Er ist eingerostet, ungelenk, unbeholfen. Sobald er sich nicht über eine Sache definieren und eine sachorientierte Führungsposition einnehmen kann, hält er immer erst einmal inne und erstarrt. Dann wartet er ab, da er nicht weiß, was er machen soll. Er hat keine Ahnung, wie das gehen soll, einfach als Mensch dabei zu sein, ohne etwas zu tun. Seine menschliche Beschränktheit anzunehmen, fällt ihm nicht leicht. Im Zusammensein mit Michael hatte das bisher keine große Rolle gespielt, denn da bewegen sich liebend gerne die Frauen und Kinder. Sie wissen, wie das geht, mit Nähe und Kontakt. Serius überlässt ihnen gerne den Raum, tritt zurück und beobachtet mit wachem Auge. So fällt seine Beziehungsunfähigkeit zunächst nicht auf. Doch kaum bewege ich mich in der Öffentlichkeit, wie in meiner Arbeit, sind die Frauen und Kinder verschwunden und Serius ist wieder als routinierter Überlebensmanager im Einsatz. Das ist sein sicheres Terrain, da weiß er, was zu tun ist und steht seinen Mann. Da ist er im Einsatz für die gute Sache und sich sicher, dass er für alle das Beste macht. Aber er bleibt der Einzelgänger, der alles alleine entscheidet. Natürlich führt das früher oder später zu Konflikten, denn nicht jeder will von einem Katastrophenmeister gemanagt werden. Auch mit Michael habe ich den ersten Streit. Serius stellt auf stur, will partout nicht wahrhaben, dass er, der Mann für alle Fälle, etwas nicht kann.

Empört schreibt er einen Brief an Helen:

Hallo Helen, wieso hast Du mir von all dem nichts erzählt? Es geht mir nicht gut! Ich weiß überhaupt nichts mehr und kenne mich nicht mehr aus! Früher war alles viel einfacher.

Sie antwortet ihm mitfühlend:

Das ist sicherlich nicht einfach für Dich. Du warst solange alleine, Serius, jetzt weißt Du nicht mehr, wie das geht mit dem Miteinander. Das ist normal. Du kannst nicht davon ausgehen, dass das auf Anhieb klappt. Schau mit auf die Frauen und Kinder und bewege Dich mit ihnen zusammen ins Leben hinein. Berücksichtige sie in Deinen Entscheidungen. Jetzt hast Du Gelegenheit, von ihnen zu lernen.

Miteinander – sie hat gut reden, ich fühle mich gerade zehn Schritte zurückgeworfen. Das alte Raster hat eingehakt: ich bin völlig zurückgezogen, ohne jeden Kontakt mit Michael. Eisige, kühle Bergluft kann ich spüren, mehr nicht. Sicher erlebt Michael mich nicht anders, denn auch er ist abgetaucht in seine eigene wortkarge Innenwelt. Da passen wir ja super zusammen. Wie eine zähe, schwere Masse legt sich die Sprachlosigkeit über unsere Beziehung: Bewegungslosigkeit, Stillstand, Starre, nicht weit ist der Tod ... Nicht schon wieder dieser unlebendige Zustand! Wie komme ich da nur raus? Es ist so schrecklich kalt und unlebendig. Ich weiß nur zu gut, worum es geht und merke, wie ich mir selbst auf den Füßen stehe. Serius bewegt sich einfach nicht. Lieber zermartert er sich sein Gehirn. Er weiß, dass es an ihm liegt, den ersten Schritt zu tun. Er kann nicht auf Michael warten, warum auch?! Jetzt gibt es keine Entschuldigungen mehr. Dann, endlich, steigt er von seiner sicheren Leiter und geht beherzt auf Michael zu. Er eröffnet das Gespräch und spricht aus, was ihn bewegt. Er kann den Beziehungsabbruch zurückverfolgen, weiß genau wann und wodurch er passiert ist. Er erzählt von der Ängstlichkeit der Frauen, von ihren Verletzungen. Er spricht von ihrem Unvermögen, nein zu sagen, von ihrer Unsicherheit, auszusprechen, was sie wollen und was nicht. Er spricht von sich selbst, davon, dass es ihm schwer fällt, sein Wollen angemessen in Beziehung zu setzen.

Michael hört interessiert zu, das entspannt. Er nimmt mich in seine Arme und ich kann es zulassen, kann mich ihm anvertrauen mit meinem weiblichen Schmerz. Sein Verständnis hilft mir, es hilft den Frauen und es hilft Serius. Langsam fassen sie wieder alle Vertrauen zu diesem Mann. Tatsächlich, dieser Michael bemüht sich um Verstehen, dieser Mann nimmt Rücksicht, hier geschieht kein Verrat! Jetzt ist es da, das Miteinander! Doppelt sogar, ich bin wieder mit meinem Liebsten vereint und, genauso bedeutend, in meinem Innern können sich Serius, die Frauen und die Kinder wieder miteinander bewegen. Das hat Helen also gemeint mit dem: sich im Miteinander üben! Es fängt ganz unmittelbar in meinem Inneren an.

Aber ich wusste nicht, wie schwer es für Serius ist, sich direkt zu zeigen. Jedes Mal berührt es seine alte Wunde und löst den alten Schrecken der Überwältigung aus. Es wird noch Zeit brauchen, bis er ausreichend gute Erfahrungen gemacht hat und das Sich-einbringen wieder selbstverständlich ist. Mein Vertrauen in Serius wächst. Ich weiß, wann immer er sich meldet, hat er etwas Wichtiges zu sagen. Ich kann mich auf ihn verlassen, ich kann seiner Umsicht vertrauen, ich spüre sein ernst gemeintes Anliegen. Das beruhigt mich ganz tief.

Das Leben hat mir ein großes Geschenk gemacht, indem es Michael im richtigen Moment wieder zu mir geführt hat. Jetzt erst können wir uns gegenseitig befruchten und in unserer Entwicklung unterstützen. Früher wäre das nicht möglich gewesen. Als ich Helen am Telefon erzähle, dass ich diejenige bin, die in unserem Miteinander zu reden beginnt, ja, Michael sogar auffordert, sich mitzuteilen, lacht sie. Lange Zeit war sie mir gegenüber in dieser Rolle und hat mich in meiner Stummheit ertragen und trotzdem nicht locker gelassen. Dafür bin ich ihr unendlich dankbar.

Ich kann mich noch gut erinnern, als sie mir mal sagte: »Wenn Du eines Tages Deine Sprache wieder gefunden hast und Dich wieder vielfältig ausdrücken kannst, lehne ich mich in meinen Sessel zurück und überlasse Dir das Wort.« Genau da sind wir angekommen. Endlich kann der Austausch beginnen!

Oberfläche und Tiefe von Annes innerem System

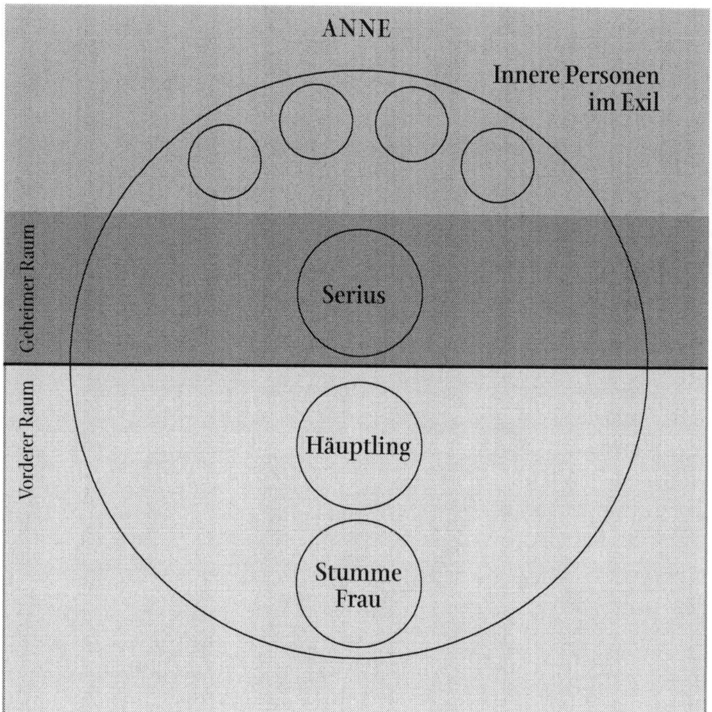

Stand der Dinge

Anne arbeitet weiterhin in ihrem Beruf. Die Beziehung zu Michael hat sich in den letzten zwei Jahren stetig vertieft; sie beabsichtigen, zusammenzuziehen.

Serius' Entspannung belebte die stille Frau im Vorderen Raum und beendete deren Sprachlosigkeit und Passivität; durch sie öffnete sich die Tür zum Kontinent Frau, aus dem andere weibliche Bewohner ins Leben traten.

Anne vertieft ihre Schulung in der Arbeit mit den Inneren Personen, ohne zu wissen, wie sie diese Fähigkeiten in Zukunft zum Einsatz bringen wird; im Zusammenleben mit Michael ist ihr das Wissen und der Umgang mit den Geheimen Bewohnern der Innenwelt eine große Hilfe, während es für Michael zunehmend unangenehmer wird, da sie ihn auf einen seiner Geheimen Bewohner aufmerksam macht.

Gertruds Geschichte

Gertrud, 53, Bankerin, Single

Topservice, Wellness und Wahrheit

Meine persönliche Glückslüge

Die meisten meiner Freundinnen beneiden mich. Für sie habe ich erreicht, wovon sie selbst nur träumen: Ich bin beruflich extrem erfolgreich und damit finanziell unabhängig; ich führe ein freies und gut situiertes Leben. Wenn ich in ihre Gesichter blicke, kann ich ablesen, dass sie in mir einen rundum glücklichen Menschen sehen. Wie es in mir wirklich aussieht, wissen sie natürlich nicht. Sie haben keine Ahnung von meiner ständigen Angst, nicht gut genug zu sein; von meinem perfektionistischen Anspruch, alles richtig machen zu wollen, von meinen schlaflosen Nächten vor den Teambesprechungen und den Vorstandsitzungen; von meinen regelmäßigen Migräneattacken durch die andauernde Überlastung; von meinen traurigen Wochenenden, die ich meist alleine und mit Arbeit verbringe; und von der immer wiederkehrenden, nagenden Frage: »Ist das wirklich das Leben, das ich eigentlich führen will?« Eine befriedigende Antwort darauf habe ich bis heute nicht gefunden.

Schon vor längerem habe ich aufgehört, mich meinen Freundinnen anzuvertrauen. Zu häufig bekam ich die Antwort, dass man sich doch nichts mehr wünschen könne, als einen interessanten Job, der Anerkennung und ein sehr gutes Gehalt mit sich bringt! Immerhin sei ich eine Frau, die unabhängig leben und sich alle Wünsche erfüllen kann. Dabei ist ihnen nicht aufgefallen, dass ich selten Zeit habe, mich um meine Wünsche zu kümmern. Zeit ist Mangelware in meinem schnelllebigen Bankerdasein, denn Zeit ist schließlich Geld. Seit zwei Jahrzehnten habe ich so gut wie kein Privatleben mehr und bin auch deshalb mit meinen 53 Jahren immer noch Single. Natürlich ist mir klar, dass mein Job nicht der einzige Grund für diesen andauernden Beziehungsnotstand sein kann. Aber es ist ein annehmbarer Grund, der gesellschaftlich ernst genommen wird.

Je älter ich werde, desto öfter beschleicht mich das Gefühl, dass irgendetwas ganz grundsätzlich nicht in Ordnung ist mit meinem Job, mit mir und meinem Leben. Vielleicht sollte ich mich beruflich doch neu orientieren, so, wie es eine meiner Kolleginnen getan hat? Sie ist nun als Coach im Personalmanagement tätig und das ziemlich erfolgreich. Ich beneide sie; alleine wenn ich mir vor Augen führe, wie frei sie ihre Arbeit planen kann, während ich in einer festgezurrten 60-Stunden-Woche stecke – die Arbeitswochenenden noch gar nicht mitgezählt. Manchmal spiele ich mit dem Gedanken, auch in diese Sparte zu wechseln. Das würde meinem ursprünglichen Lebensplan viel näher kommen, denn eigentlich wollte ich Psychologie studieren. Es war mein Vater, der mich in die Finanzwelt gelenkt hat, wenn auch indirekt. Kaum hatte ich mein Abitur gemacht, ein sehr gutes, führte er ein Gespräch mit dem Direktor seiner Hausbank und lobte mich dabei anscheinend in den höchsten Tönen, denn einige Tage später meldete der sich bei mir und bekniete mich regelrecht, in seiner Bank eine Lehre zu beginnen. Das schmeichelte mir ungemein. Endlich erkannte jemand meinen Wert, endlich war ich jemandem wichtig. Damit war meine berufliche Richtung besiegelt und mein Interesse am Menschen wurde ein heimlich gepflegtes Hobby von mir. In meinem Haus gibt es mittlerweile eine umfangreiche Bibliothek mit Büchern über die neuesten Erkenntnisse in Coaching, Kommunikation und Personalentwicklung, zudem Bücher, die ein buntes Spektrum der humanistischen Psychologie abdecken, und jede Menge Ratgeberliteratur. Die Liste der Seminare, die ich im Laufe der Jahre besucht habe, ist so lang, dass ich meinen Lebenslauf um einige Seiten erweitern könnte, wollte ich sie alle aufführen. Sollte ich nicht doch endlich den Absprung vom Geldwesen wagen und mich dem Menschenwesen zuwenden? Wäre das nicht eine sinnvollere Tätigkeit, die mir mehr Befriedigung bringen würde?

Vielleicht könnte ich dann endlich diesem unangenehmen Gefühl entkommen, das schon immer die treibende Kraft in meinem Leben war und mich in dieser Spirale von immer höher, immer schneller, immer weiter, hält. Betrachte ich meine Kolleginnen und Kollegen in den Spitzenpositionen, sehe ich, dass wir uns alle ähnlich verhalten. Wir haben perfekt gelernt, bestens zu funktionieren – und zwar immer. Wir haben alle ein Ziel im Blick, die Bilanzen. Nach jedem erfolgreich absolvierten Ziellauf feiern wir kurz und euphorisch, um sofort die neue Ziellinie festzulegen.

Das moderne, westliche Leben belohnt Kompensation; leistungsorientiertes Tun ist hochgeschätzt. Kompensation ohne Not ist ein Vorgang der Selbstvermeidung.

Wir leben unter ständigem Leistungs- und Erfolgsdruck. Wir verbringen die Arbeitstage unter Hochspannung, was natürlich nicht spurlos an uns vorübergeht. Wir alle haben mit körperlichen Symptomen zu kämpfen, was wir natürlich geheim halten. Unser Slogan heißt: Zähne zusammenbeißen, Augen zu und durch. Und wir alle wissen, jeder ist jederzeit ersetzbar, und egal, wie viel Gewinn wir einfahren, es gibt immer neue Minusbilanzen. Verschnaufpausen können wir uns nicht leisten, und die Bank erst recht nicht. So legen wir nach jedem erfolgreichen Vertragsabschluss von vorne los, setzen wieder alles ein und hören so lange nicht auf, bis wir einen Profit vorweisen können. Egal wodurch! Manchmal komme ich mir wie ein Hochleistungssportler vor, der sich in einem nie endenden Turnier befindet. Ich genieße zwar den Applaus, aber leider ist das nur ein kurzes Vergnügen. Kaum bin ich vom Siegertreppchen herabgestiegen, fängt bereits der nächste Wettkampf an. Die verlockenden Bonuszahlungen tragen zusätzlich dazu bei, dass wir freiwillig zum nächsten Staffellauf antreten. Ausruhen?

Entspannen? Im Urlaub vielleicht, mal schauen. Aber selbst dann telefoniere ich mindestens einmal täglich mit meinem Büro, denn ich will auf keinen Fall etwas verpassen und bloß nicht erleben müssen, dass es im Job vielleicht auch ohne mich geht.

In der Bank bin ich als leistungsstarke und disziplinierte Chefin bekannt. Wird jemand gebraucht, um Verantwortung zu übernehmen, bin ich zur Stelle. Ich nutze jede Gelegenheit, um allen zu beweisen, wie gut ich bin und dass ich es schaffen kann. Dabei geht es mir um eine ganz grundsätzliche Beweisführung: Alle sollen erkennen, dass ich ein ernstzunehmender, intelligenter, engagierter und leistungsstarker Mensch bin und dadurch ihren Respekt und ihre Wertschätzung verdiene. Diejenigen, die mit diesem Leistungsanspruch nicht mithalten können oder wollen, die nicht bereit sind, 12-14 Stunden am Tag hart zu arbeiten, die sich nicht auch einmal die Nächte um die Ohren schlagen und, wenn nötig, ihre Wochenenden opfern, strafe ich mit stiller Verachtung. Wer Großes erreichen will, muss bereit sein, alles dafür einzusetzen. So funktioniert die erfolgreiche Welt nun mal und wenn man mithalten will, muss man sich eben entsprechend verhalten. Ich jedenfalls will auf der Seite der Gewinner stehen. Ich will mithalten können, also heißt Leben eben: Leistung, Anstrengung, Zielsetzung, Gewinnmaximierung, Opferbereitschaft und vor allem, keine Klagen über persönliche Befindlichkeiten. Das erfordert ein hohes Maß an Selbstdisziplin und Kontrolle, auch das schätze ich an mir. Es ist beruhigend, alles im Griff zu haben. Karriere, Team und Vorgesetzte, mich selbst und meine Gefühle. Deswegen ist es mir verdammt unangenehm, dass mein Körper in letzter Zeit immer öfter streikt. Hinweise, dass es ihm zu viel ist, hat er mir schon einige Male gegeben. Zum Glück gibt es gegen Schlafstörungen und Migräneanfälle hervorragende Mittel. Und ab und zu bewirkt ein luxuriöser Wellnesstag, am besten mit einer lieben Freundin, die ich natürlich einlade, ein kleines Wunder. Auch Yoga steht mittlerweile auf meinem Entspannungsprogramm.

Doch plötzlich liege ich mit einer Thrombose im Krankenhaus und finde mich in einer unerwünschten Zwangspause wieder. Meine untergründig nagenden Zweifel werden dadurch stärker. Sollte ich diesen Warnschuss nicht endlich ernst nehmen? Aber wie soll ich mein Leben jetzt verändern? In meinen wenigen stillen Momenten hatte ich mir schon öfter ausgemalt, ein einfacheres und ruhigeres Leben zu führen. »Klar könnte ich das!«, war immer das herrlich beruhigende Resümee dieser entspannenden Phantasiereise, nur um danach weiterzumachen wie gewohnt. Nach zwei weiteren Krankenhausaufenthalten – und dadurch erneuten Denkpausen – sieht die Sache etwas anders aus. So kann es nicht weiter gehen, das ist jetzt klar geworden. Dieser Gedanke löst aber leider eine abgründige Angst in mir aus. Wenn ich die nicht in den Griff bekomme, sehe ich schwarz für mich und meine Zukunft. Am besten, ich hole mir professionelle Hilfe.

Kurz darauf höre ich von einer therapeutischen Arbeit, die sich IndividualSystemik nennt. Die Aussage, dass es im Menschen verschiedene Willen gibt, macht mich neugierig, denn der Gedanke der inneren Multipolarität hat mich schon während meiner psychologischen Studien fasziniert. Außerdem kommt er mir vertraut vor, schließlich kenne ich dieses Hin und Her in Bezug auf den Wunsch, mein Leben zu verändern, nun schon seit Jahren. Also buche ich kurzerhand ein Einführungswochenende, um diese Arbeit kennenzulernen.

Die Innenwelt ist eine Firma

Am meisten beeindruckt mich, wie leicht man mit den Inneren Personen in Kontakt treten kann. Ich kann gut nachvollziehen, dass es in der Innenwelt hierarchische Strukturen gibt. Machtgefüge sind mir durch meinen Beruf mehr als vertraut. Ab sofort benutze ich ein Bild für meine Innenwelt: die Psyche als Firma, in der sich die gleichen Dinge abspielen, wie in einem realen Wirtschaftsunternehmen. Da gibt es Angestellte, die Aufgaben ausführen, und Chefs, die Anweisungen erteilen und Verantwortung dafür tragen, dass das Unternehmen möglichst gewinnbringend arbeitet. Und will man grundsätzliche Umstrukturierungen in die Wege leiten, muss es einem gelingen, die Chefs dafür zu begeistern. Das leuchtet mir alles ein und ich bin nach diesem Wochenende hoch motiviert mein inneres Wirtschaftsunternehmen zu analysieren. Wie ist es wohl aufgebaut? Wer sitzt in welchen Positionen? Welche Unternehmensziele werden verfolgt? Wer verbirgt sich hinter der Geschäftsleitung? Handelt es sich dabei um eine oder gar um mehrere Personen? Vielleicht gibt es auch ein Unternehmensleitbild und wenn ja, welche Werte werden darin vertreten? Sind das Werte, hinter denen ich, Gertrud, auch stehe? Und natürlich die spannendste Frage für eine unternehmerisch denkende Person wie ich es bin: Arbeitet mein inneres Unternehmen erfolgreich und profitabel oder steht es kurz vor dem Bankrott? Dass es unausgeglichene Bilanzen gibt, habe ich durch meine Krankenhausaufenthalte bereits schmerzlich erfahren müssen. Und meine unfrohe Lebenssituation lässt ebenfalls darauf schließen.

Dieses Hineinschnuppern in die Welt der Inneren Personen hat meinen Appetit auf mehr angeregt. In kürzester Zeit suche ich mir eine Fachfrau in Sachen Innenweltbewohner und sitze bei ihr in der Praxis. Voller Begeisterung schildere ich ihr mein bisheriges Verständnis über die Psyche als Firma: »Es geht jetzt also darum, dass wir ein Organigramm erstellen müssen.«

Vera, die Therapeutin, sieht mich verständnislos an. »Aha«, denke ich, »da muss ich sie wohl erst einmal in die Unternehmenssprache einführen.« Dafür hole ich etwas aus: »In jedem gut funktionierenden Unternehmen gibt es ein Organigramm. Das ist ein Plan, in dem die Struktur der Firma, alle Abteilungen mit ihren Vorgesetzten und Mitarbeitern und die Verbindung dieser verschiedenen Abteilungen untereinander aufgezeigt werden. So kann man auf einen Blick die Namen der Verantwortlichen einsehen und ihre Funktion ablesen. Jeder

Mitarbeiter kann jederzeit ein Organigramm anfordern, meistens liegt es sogar griffbereit im Schrank. Man weiß dann immer sehr schnell, wen man für sein spezielles Problem ansprechen kann beziehungsweise muss. Bei der Psyche ist das ja leider nicht so einfach. Soviel ich verstanden habe, muss man sich diesen inneren Strukturplan erst erarbeiten und dafür bin ich hier. Ich habe zwar schon viel über mich nachgedacht, dennoch scheine ich betriebsblind zu sein.«

Vera hört mir interessiert zu und erklärt mir schmunzelnd: »Die Psyche wählt die Inneren Personen aus, die am besten mit der Welt kommunizieren können und beordert sie an die Oberfläche. Sie bilden das Empfangskomitee. Diese Crew hat zwei Aufgaben: die individuellen Anforderungen des Lebens möglichst gut zu bewältigen und die Tiefe der Psyche zu schützen. Wenn ich an den Bericht denke, den Du mir geschrieben hast und so wie ich Dich gerade erlebe, wie enthusiastisch Du mir hier erzählst, gehe ich davon aus, dass ich es mit einem ganzen Team zu tun habe, das sich hoch motiviert in dieses neue Projekt *Innere Personenforschung* stürzt.«

Kompensation ist die Droge der Erfolgreichen. Persönliche Macht bringt Unverwundbarkeit. Das schätzen die machtvollen Inneren Personen. Was sie nicht bedenken, ist, dass es zu schädlichen Nebenwirkungen kommt, wie auch bei anderen Drogen. Kompensation macht abhängig, höhlt aus und verstärkt den darunter liegenden Mangel.

Das kommt mir sehr bekannt vor und es stimmt, ich sitze vor Vera und bin voller Tatendrang. Am liebsten möchte ich sofort loslegen, um so viele meiner Inneren Personen zu treffen, wie nur möglich. Noch stärker aber spüre ich den Wunsch, diese Untersuchung möglichst gut und möglichst richtig zu machen. Da ist er also wieder, mein altbekannter Lebensmodus: Leistungsdruck. Egal wo ich mich befinde, überall setzt sich dieses Verhalten durch. In den Vorstandssitzungen bin ich die kompetente und verantwortungsbewusste Bereichsleiterin, bei meinen Mitarbeitern die vertrauenswürdige und aufgeschlossene

Chefin, bei meinen Freundinnen die mitfühlende und tröstende Gesprächspartnerin, bei meinen Partnern – wenn es denn mal welche gibt – die aufopfernde und anschmiegsame Geliebte, bei meinem Vater die freundliche und pflichtbewusste Tochter. Überall versuche ich den Anforderungen im Außen gerecht zu werden, nach bestem Wissen und Gewissen, und hier also auch. In einem solch kurzen Gespräch zu dieser Einsicht zu gelangen, ist ein nicht zu verachtendes Ergebnis. Hochzufrieden lasse ich mich deshalb auf Veras Vorschlag ein, die einzelnen Mitglieder meines eifrigen Teams kennenzulernen. So verbringen wir einige Stunden in der Kundenservice-Abteilung meines inneren Wirtschaftsunternehmens.

Zuerst treffen wir auf eine Innere Person, die dafür sorgt, dass nichts das Haus verlässt, was nicht niet- und nagelfest ist. Alles, was nach außen geht, soll fehlerfrei sein. Mein Perfektionismus, zu der auch eine extreme Selbstkritik gehört, hat mich schon oft an den Rand der Verzweiflung gebracht. Alles wird dreimal geprüft, bevor es meinen Schreibtisch verlässt und am Ende habe ich es doch nicht für gut genug befunden. Das führt dazu, dass ich manchmal ewig lange brauche, um eine Sache voranzubringen. Das darf allerdings nicht auffallen, und so werden zu Hause abendliche Extraschichten eingebaut, damit ich meine Aufgabe am nächsten Tag präsentieren kann. Perfektion verleiht mir ein Gefühl von Sicherheit. Doch leider kann ich nie wirklich mit Gewissheit sagen, wann dieser perfekte Zustand erreicht ist. Es gibt immer noch etwas zu verbessern und je länger ich mich einer Sache widme, umso mehr empfinde ich sie als unfertig. Ich nenne diese Innere Person »Miss Perfekt«.

Dann lernen wir »Mrs. Du-musst-noch« kennen. Sie kümmert sich darum, dass die Arbeiten zügig erledigt und pünktlich abgeliefert werden. Verzögerungen werden nicht geduldet. Ihre Sätze beginnen immer mit »Du musst noch«, dabei hält sie eine unendlich lange To-Do-Liste in ihren Händen. Ausruhen oder kurz innehalten gibt es bei ihr nicht, auch nicht nach getaner Arbeit. Sie ist eine richtige Multitasking-Persönlichkeit und äußerst pflichtbewusst. Leider kommen sich Miss Perfekt und Mrs. Du-musst-noch immer wieder in die Quere und versetzen mich mit ihren unterschiedlichen Ansprüchen in einen enormen Spannungszustand, der schon so manche Migräneattacke ausgelöst hat.

Eine Weile später stellt sich »Miss Harmonie« vor. Sie ist dazu da, eine harmonische, freundliche Atmosphäre zu schaffen und Spannungen auszugleichen. »Miss Harmonie« strahlt zwar Ruhe aus, aber wenn man mit ihr länger zu tun hat, spürt man die große Anstrengung, die hinter ihrer freundlichen Bemühung steckt. Sie ist vor allem dann im Einsatz, wenn es Unstimmigkeiten gibt. Geschmeidig bewegt sie sich zwischen den Fronten und vermittelt zwischen den Konfliktparteien. Im Grunde genommen ist sie ständig in Alarmbereitschaft und versucht schon im Vorfeld dafür zu sorgen, dass es erst gar nicht zu Spannungen kommt. Miss Harmonie hat mir schon in manch schwierigen Verhandlungen geholfen, in denen ich Blut und Wasser geschwitzt habe. Ohne sie hätte ich einige Projekte sicher nicht so reibungslos bewältigen können.

Kurz danach zeigt sich ein Finanzcontroller, ein kluger und kühler Rechner, ein Genie in Sachen Finanzen und Bilanzen und für meinen Beruf genau der richtige Mann. Er kann blitzschnell einschätzen, ob sich eine Sache lohnt oder nicht, und er weiß, wann der richtige Zeitpunkt ist, um ein lohnendes Geschäft zu tätigen. Er liebt Zahlen und jongliert damit wie ein Artist. Egal, welche Bilanzen angefragt werden, die Antwort wird prompt geliefert, ohne dass er mühselig recherchieren muss. Zusätzlich hat er die Begabung, Zusammenhänge an den Finanzmärkten zu erfassen. Er verleiht mir in meinem Beruf mein »goldenes Händchen«. Leider ist er aber nicht nur ein genialer Finanzjongleur, sondern auch ein extrem ehrgeiziger Mann. Er hat eine Art Sport daraus gemacht, aus jeder Sache das Optimum herauszuholen. Das Optimum könnte aber immer noch ein bisschen mehr sein und so ist er selten wirklich zufrieden. Wie gut ich sein Verhalten aus meinem Job kenne.

Und zu guter Letzt treffen wir noch auf eine Innere Person, die diese Unzufriedenheit weiterschürt, indem sie ständig Vergleiche mit den Leistungen meiner Mitmenschen anstellt. Danach beurteilt sie mein Handeln und setzt die Messlatte für mich immer noch ein wenig höher an. Sie fordert von mir die ganze Zeit, dass ich besser bin als die anderen. Obwohl ich in meiner Karriere schon ganz oben auf der Erfolgsleiter stehe, fühle ich mich immer noch nicht wirklich erfolgreich und zufrieden.

Nachdem ich dieses Team nun deutlich wahrnehmen kann, taucht ein unangenehmer Zustand in mir auf: Ich fühle mich wie ein Hamster im Rad, der ewig strampelt und der keine Ahnung hat, worum es geht. Was soll diese ganze Anstrengung, dieser ewige Tanz ums goldene Kalb? Ich weiß es nicht.

Vera fasst das Ergebnis der bisherigen Untersuchung so zusammen: »Es ist auffällig, dass alle Deine Inneren Personen darum bemüht sind, über Leistung ein harmonisches Umfeld zu schaffen, das Dir Wertschätzung entgegenbringt. Für irgendjemanden in Dir muss das enorm wichtig sein. Interessant ist auch, dass sich die Team-Mitglieder alle so verhalten, als wären sie immer im Dienst. Sie scheinen überhaupt kein Privatleben zu haben. Niemand wird als Mensch fassbar, sondern nur als funktionierender Arbeitnehmer.«

Diese Aussage trifft mich und berührt mich unangenehm. Genau so lebe ich, wie ein Arbeitstier, das ab und an kurz verschnauft und dann wieder weiterarbeitet. Vera betont noch einen weiteren Aspekt: »Erstaunlich ist auch, dass die einzelnen Team-Mitglieder nichts voneinander wissen, obwohl sie für die gleiche Sache arbeiten. Ich frage mich, wer hier eigentlich die Aufgaben verteilt? Es muss eine Zentrale dafür geben, die diesen Ablauf koordiniert, sonst könnte das nicht so reibungslos funktionieren.« Das leuchtet mir ein, denn kein Team arbeitet gut, wenn es nicht eine übergeordnete Instanz gibt, die es kontrolliert. Gibt es vielleicht einen Chef, der das Ganze steuert?

Willkommen in der Topservice-Zentrale

Kaum haben wir das ausgesprochen, werde ich extrem nervös. So kenne ich mich überhaupt nicht. Anscheinend haben wir damit bereits die Räume verlassen, in denen die Tagesgeschäfte abgewickelt werden. Vera sitzt mir gesammelt gegenüber und fordert mich nach einer Weile auf: »Rutsch einfach mit Deinem Stuhl ein klein wenig nach vorne.« Gesagt, getan. Aufmerksam und freundlich schaue ich sie an und ohne lange zu überlegen sage ich plötzlich: »Sie wünschen?« Sichtlich erfreut antwortet sie: »Ich freue mich, Sie endlich kennenzulernen.« Schweigend warte ich ab, was weiter auf mich zukommt. Vera ergreift das Wort: »Mit einigen Ihrer Mitarbeiter hatte ich ja schon das Vergnügen. Sie haben wirklich ein eindrucksvolles Team zusammengestellt. Alle sind fleißig an der Arbeit und jeder bringt seine spezielle Fähigkeit ein.« Ihre anerkennenden Worte beruhigen mich. »So muss es sein«, entgegne ich zufrieden und warte wieder, ob etwas von Vera kommt. »Guter Service gehört wohl zu Ihrem Firmencredo?« »Das ist nicht selbstverständlich, da steckt eine Menge Arbeit drin«, antworte ich stolz. »Stimmt, das merkt man. Und es kommt gut an. Die Menschen mögen Gertrud und arbeiten gerne mit ihr zusammen. Sie ist bekannt für ihre zuverlässige Art und für ihre verantwortliche Teamführung.«

Geschmeichelt nehme ich zur Kenntnis, dass meine Unternehmungsführung gewürdigt wird. Und füge galant hinzu: »Die Menschen, mit denen Gertrud zu tun hat, sind sozusagen unsere Kunden und Kunden gilt es möglichst zuvorkommend zu behandeln.« Wie aus der Pistole geschossen kommt aus mir der Satz: »Der Kunde ist König.« »Und wenn der Kunde rundherum zufrieden ist, sind Sie es auch«, schießt Vera den Ball zurück. »So ist es! Wie gesagt, ohne Fleiß kein Preis«, ergänze ich meine Geschäftsphilosophie. »Und damit das auch so bleibt, ist es wichtig, dass Sie sich in Ruhe auf Ihre Arbeit konzentrieren können«, philosophiert Vera weiter.

»In meinem Büro geht das sehr gut«, belehre ich sie väterlich wohlwollend. »Ich habe genügend Platz und Ruhe, um mich ungestört meiner Aufgabe widmen zu können.« Meine ganze Aufmerksamkeit dehnt sich dabei in den Raum hinein aus.

»Mir kommt es so vor, als hätten Sie Monitore vor sich, über die Sie den Servicebereich einsehen können. So sind Sie immer darüber informiert, wer in Ihr Geschäft kommt und welchen Wunsch er hat«, erweitert Vera das Bild. Und noch während sie darüber spricht, kann ich mein modernes, hochtechnisches Büro sehen. »Ja, ich bin umgeben von Bildschirmen, die jeden Winkel des Unternehmens erfassen. So habe ich alles im Blick – mir entgeht nichts.« Dieser Nachsatz fühlt sich besonders befriedigend an. Es beruhigt mich, alles unter Kontrolle zu haben.

»Dann müssen nur noch Ihre Mitarbeiter eingewiesen werden.«

»Dafür gibt es Mikrofone«, erkläre ich in jovialem Ton. »Auf diese Weise bin ich mit ihnen im Kontakt und kann ihnen meine Anweisungen erteilen ohne mein Büro verlassen zu müssen.« Dabei entspanne ich noch ein wenig mehr und sinke einige Zentimeter tiefer in meinen bequemen Chefsessel. Begeistert resümiert Vera: »Ah, jetzt verstehe ich, wie Ihr Serviceunternehmen funktioniert. Wenn ein Kunde, ein Mensch, auf Gertrud zukommt und etwas von ihr will, haben Sie im selben Moment schon im Blick, welches Teammitglied diesen Wunsch am besten erfüllen kann. Sie brauchen nur einen Knopf zu betätigen und schicken den entsprechenden Mitarbeiter zum Kundenempfang.«

»Richtig!«, rufe ich aus und kann nicht verbergen, wie sehr mich mein genialer Draht zu meinen Mitarbeitern begeistert. Gleichzeitig bin ich, Gertrud, verblüfft über das, was ich hier von mir gebe. Mein voll gestopfter Arbeitsalltag verläuft ganz anders: immer in großer Hektik und unter enormen Stress. Und dabei begleitet mich die ständige Angst, alles irgendwann nicht mehr bewältigen zu können, oder zumindest etwas Wichtiges zu übersehen. Meinen inneren Chef erlebe ich jetzt im krassen Gegensatz dazu. Ihn kann anscheinend nichts aus der Ruhe bringen. Er hat alles im Blick und weiß genau, was er tut. Hier, an seinem Platz, bin ich angenehm entspannt und ganz von mir und meinem Tun überzeugt. Kein Anflug von Zweifel oder Unsicherheit. Nur zu gerne würde ich diesen entspannten Zustand mit in meinen Alltag nehmen.

Interessiert führt Vera das Gespräch fort: »Das verlangt sehr viel Umsicht, Aufmerksamkeit und Einfühlungsvermögen. Ist das nicht auch anstrengend, immer alles und alle im Blick zu behalten?« Was für eine seltsame Frage. Aber nachdem sie schon mal aufgeworfen ist, kann ich nicht verhindern, dass ich darüber nachdenke. »Ich muss zugeben«, antworte ich zögerlich, »dass es mir auch manchmal zu viel wird. Ich könnte gut etwas Ruhe gebrauchen.« Und nach einer kurzen Pause rufe ich aus: »Aber das kann ich mir nicht leisten!«

»Womit rechnen Sie denn, wenn Sie eine Verschnaufpause einlegen würden?«, hakt Vera nach. »Na, dass das Ganze aus dem Ruder laufen würde!« »Würde es aus dem Ruder laufen oder befürchten Sie, Ihre Übersicht und Kontrolle zu verlieren?« »Eher das zweite. Man kennt das ja, kaum ist der Chef aus dem Haus, tanzen die Mäuse auf den Tischen. Und am Ende würde alles im Chaos versinken.« Mich schüttelt es bei dieser Vorstellung. »Grauenhaft, das geht auf gar keinen Fall!«, antworte ich mit Bestimmtheit.

»Sie sind ein aufmerksamer Chef, der das zu verhindern weiß!«, entgegnet Vera nachdrücklich und fügt hinzu: »Erstaunlich ist, dass Sie davon ausgehen, dass sofort alles drunter und drüber geht, wenn Sie ein wenig verschnaufen. Vertrauen können Sie Ihren Mitarbeitern anscheinend nicht.« »Nein, darum muss ich alles im Griff behalten und aufpassen, dass hier keiner aus der Reihe tanzt. Aber ab und an flutscht mir einer durch und ich kann sehen, wie ich das Ganze hinterher wieder geradebiege«, antworte ich ein klein wenig heftiger, als ich es möchte.

»Was passiert denn dann, gibt es Beschwerden von Seiten der Kunden?« »Jawohl«, rufe ich außer mir. »Das geht natürlich nicht! Wie gesagt, hier ist der Kunde König. Egal, mit welchem Anliegen er kommt, er muss mit einem zufriedenen Gefühl unser Haus verlassen können. Schwierig wird es, wenn mehrere Kunden gleichzeitig den Laden betreten und verschiedene oder sogar gegensätzliche Wünsche äußern. Das ist eine besonders knifflige Herausforderung, die sehr viel Fingerspitzengefühl verlangt. Aber auch darin sind wir gut geworden. Ich habe dann einfach mehrere Leute im Einsatz«, antworte ich jetzt wieder als zufriedener Chef und kann mir mein Schmunzeln dabei nicht verkneifen.

»Ein guter Geschäftsmann weiß eben, dass nur zufriedene Kunden immer wiederkommen und, ganz wichtig, den Laden auch weiterempfehlen«, antwortet Vera ebenso selbstgefällig.

»Na wenigstens ist sie nicht nur so eine naive, gut meinende Therapeutin«, denke ich. Wohlwollend gebe ich zur Antwort: »Genau, darum geht es doch, die Leute sollen zufrieden sein, wenn sie mit ihr zu tun haben.« Während ich das sage, deute ich auf Gertruds Stuhl, der hinter mir steht.

»Und deswegen ist es auch besser, Beschwerden erst gar nicht aufkommen zu lassen.« »Gott bewahre, bloß das nicht«, erwidere ich und füge hinzu: »und wenn ich ehrlich bin, kommt das immer seltener vor. Die Menschen um uns herum haben normalerweise keinen Grund etwas zu bemängeln.« Als ich das sage, denke ich an die Menschen in der Bank und ergänze: »Sie macht ihre Arbeit gut, ihr Team mag sie und ihre Chefs wissen auch, was sie an ihr haben.« Ich bin sichtlich zufrieden mit Gertrud.

»Das ist sehr befriedigend für Sie, wie ich sehe, aber muss man dafür nicht Tag und Nacht im Einsatz sein?«, bohrt Vera weiter. »Ja, rund um die Uhr, 24 Stunden am Tag, 7 Tage die Woche, 52 Wochen im Jahr, jahraus, jahrein. Ich bin eben ein Chef mit Leib und Seele, das ist meine Berufung«, rufe ich begeistert aus.

Im gleichen Moment rattert es in meinem Gehirn: »Dieser Chef, der hier so entspannt in seinem Sessel sitzt, hält sein Team im Dauereinsatz. Er selbst scheint keinen Schlaf zu brauchen.« Das erklärt mir meine Schlaflosigkeit und meine Erschöpfung. Mir, Gertrud, die ich ja wirklich Chefin eines Teams bin, käme es niemals in den Sinn, von meinen Mitarbeitern dieses Arbeitspensum zu verlangen. Ich bin zwar als anspruchsvolle und leistungsorientierte, aber auch als wohlwollende Chefin bekannt: immer offen für die Anliegen meines Teams, immer darauf bedacht, dass es jedem gut geht und dass jeder Einzelne gefördert wird. Wieso fordert mein innerer Chef, dass mein inneres Team ständig im Einsatz ist? Ist er etwa ein Ausbeuter?

»Ihr Engagement ist lobenswert«, sagt Vera nachdenklich, »aber geht das nicht auch ein bisschen zu weit? Braucht nicht jeder Mensch irgendwann Zeit zum Schlafen oder einfach Zeit zum Nichtstun? Haben Sie und Ihre Mitarbeiter nie Urlaub?« Ich wundere mich, wie sie auf diese Fragen kommt, denn sie passen genau zu den Gedanken, die mir kurz zuvor in den Sinn kamen.

Wieder ganz Chef, antworte ich ein wenig unwirsch: »Das geschieht schon häufig genug, wenn sie«, ich deute dabei wieder zu Gertrud, »wieder einmal mit einer ihrer Migräneattacken ausfällt.« »Dann müssen Sie sozusagen eine Zwangspause einlegen.« »Genau!«, rufe ich entnervt. »Was glauben Sie, wie die Kunden darauf reagieren? Großes Verständnis zeigen sie jedenfalls nicht, wenn sie plötzlich vor dem Schild ›Closed‹ stehen!« »So sind die Kunden. Sie sind gewohnt, dass der Laden rund um die Uhr offen hat. Und fallen die Mitarbeiter wegen Krankheit einmal aus, erwarten sie ganz selbstverständlich, dass eine Notbesetzung im Einsatz ist«, sagt Vera, selbst ganz wissender Chef. »Na, wenigstens kann sie nachvollziehen, wie verwöhnte Kunden ticken«, denke ich und sage: »Richtig, aber in letzter Zeit kommt es häufiger vor, dass alle gleichzeitig ausfallen. Dann stehe ich da und kann nichts mehr tun.« Mir wird mulmig bei diesen Gedanken.

»Das ist natürlich ein Problem, denn am Ende kommen die Kunden noch auf die Idee, woanders einzukaufen. Vielleicht denken die Menschen dann, Gertrud ist nicht gut genug?«, gibt Vera zu bedenken.

»Absolut richtig. Das darf auf keinen Fall passieren. Der Ruf ist schnell ruiniert und andere Angebote gibt es zuhauf. Zu guter Letzt nimmt man sie in der Bank aus ihrer hart erarbeiteten Position. Ich sage Ihnen, da gibt es einige, die nur darauf warten!«, rufe ich empört.

»Sie meinen, die Konkurrenz schläft nicht und wenn Sie nicht aufpassen, sind andere am Zug.« »Das wäre schrecklich, das gilt es unter allen Umständen zu verhindern!« Mittlerweile ist mir leicht übel.

»Damit das auf keinen Fall passiert, sind Sie also im Dauereinsatz und treiben Ihr Team zu Höchstleistungen an«, fasst Vera zusammen. »So ist es«, bestätige ich ihr. »Mir fiel bisher immer eine Lösung ein, um den Laden am Laufen und den Service auf höchstem Niveau zu halten, egal, wie müde sie ist«, dabei drehe ich wieder den Kopf zu Gertruds Stuhl. »Aber man kann ja nie wissen, vielleicht verlässt mich eines Tages doch das Glück. Das mag ich mir gar nicht vorstellen.«

Daher kommt also meine ständige innere Unruhe, die besonders intensiv wird, wenn ich nicht sofort für meine Mitarbeiter und Kollegen zur Verfügung stehe. Es macht mich tierisch nervös, nicht schnell genug auf die verschiedenen Anliegen meines Teams, meiner Kunden, meiner Vorgesetzten reagieren zu können. Die Anliegen der anderen sind immer wichtiger als meine eigenen. Das bringt leider mit sich, dass meine eigenen Arbeitspläne nach hinten verschoben werden. Oft komme ich erst dazu, mich ihnen zu widmen, wenn meine Mitarbeiter nach Hause gegangen sind. Dann habe ich endlich Zeit, mich ungestört meinen Konzepten und Vermerken zu widmen. Kein Wunder also, dass mein Arbeitstag immer 12-14 Stunden hat. Da sind mir meine Migräneattacken fast schon zu einer lieb gewonnenen, legitimen Auszeit geworden, um mich wenigstens ab und an ausschlafen zu können.

Betrachten wir die Kompensationsformen der Menschen, bekommen wir einen Hinweis darauf, was in ihnen noch verborgen liegt: das Gegenteil dessen, was sie so erfolgreich praktizieren.

In einem kurzen Nachgespräch teile ich Vera diese Gedanken mit. Dass dieser Chef eine tragende Rolle in meinem Leben spielt, ist mehr als offensichtlich. Nur zu gern greife ich Veras Anregung auf, ab und an meine Alltagsroutine zu unterbrechen und ihn in den Blick zu nehmen. Leider lässt sich erst in vier Wochen die nächste Stunde mit Vera vereinbaren, da mein Arbeitskalender wieder einmal randvoll mit Terminen ist.

Einsichten einer Ja-Sagerin

Die Erfahrung mit meinem inneren Chef bringt nicht nur einen Stein, sondern eine ganze Steinlawine von Überlegungen ins Rollen. Ist das nicht verrückt? Es braucht erst den heftigen Kopfschmerz, damit ich mir eine Pause erlauben kann. Jeder andere Mensch hat seine Feierabende, Wochenenden, Urlaube. Aber nein, ich brauche Schmerzen, um mir ein wenig Entspannung zu gönnen; ich brauche einen legitimen Grund, um mal nicht im Funktionsmodus zu laufen. Und dann hält diese verordnete Ruhepause auch nicht besonders lange an. Kaum sind die Schmerzen vorbei, bin ich wieder auf den Beinen und das Spiel geht von vorne los. Ich frage mich, wo die Momente sind, in denen ich auch ohne den Umweg einer Krankheit auf einer Ruhepause oder auf einem anderen, eigenen Bedürfnis bestehe? Eigentlich sage ich nie direkt nein, auch nicht, ich will oder ich brauche. Nur daran zu denken, erzeugt wieder eine Übelkeit. Und wie ernüchternd, mir einzugestehen: Ich bin eine typische Ja-Sagerin, die sich von allen möglichen Leuten die Verantwortung aufbürden lässt und selbstverständlich davon ausgeht, es irgendwie zu schaffen. Wie machen das eigentlich meine Mitmenschen? Ich beginne, meine Mitarbeiter und Kollegen etwas genauer zu beobachten. Erstaunlich, für viele ist es offensichtlich kein Problem, nein zu sagen. Im Gegenteil, hier in der Bank scheint »nein« zu den Lieblingswörtern zu gehören. Bisher war mir das überhaupt nicht aufgefallen. Wie konnte ich das nur übersehen? »Everybodys Darling ist everybodys Depp«, fällt mir dazu nur ein. Verdammt, was lasse ich eigentlich die ganze Zeit mit mir machen, ich Idiot?! Ich hätte große Lust, einmal ordentlich auf den Tisch zu hauen und den Leuten an den Kopf zu werfen, wie ich über ihr selbstbezogenes Verhalten denke. Aber das könnte unangenehme Folgen haben, also behalte ich diese Gedanken doch lieber für mich. Außerdem bin ich mir nicht sicher, ob mich jemand verstehen würde. Zu guter Letzt mache ich mich noch lächerlich damit. Nein, meinen hart erarbeiteten Respekt darf ich unter gar keinen Umständen aufs Spiel setzen. Jetzt bemerke ich meinen inneren Chef, der sich gerade darum bemüht, alle gut auf Kurs zu halten. Es ist ein eindeutiger Anti-Kollisions-Kurs.

Meine Gedanken rollen unaufhaltsam weiter. Wie kann eine Ja-Sagerin, wie ich es bin, so erfolgreich Karriere machen? In meiner Verkaufstätigkeit gehört es zum normalen Umgangston, dass man sich gegenseitig anbrüllt. Haben Sie schon einmal das Treiben an den Weltbörsen gesehen? Dann haben Sie eine Ahnung von meinem beruflichen Umfeld. Wie habe ich das nur hinbekommen, mich in dieser harten Branche durchzusetzen? Ich erinnere mich noch gut an meine ersten Schritte im Handelsbereich, die waren alles andere als einfach. Oft war ich zu Tode erschrocken über die Art des Miteinanders, besser gesagt, des Gegeneinanders. Manchmal war ich wie gelähmt vor Angst und wäre am liebsten auf und davon gerannt. Ich weiß noch genau den Moment, als ich mich selbst vor die Entscheidung gestellt habe: »Entweder Du bleibst hier und beißt Dich durch, oder Du gehst und suchst Dir einen freundlicheren Job.« Ich bin geblieben. Heute kann ich sehr gut mithalten und bin ebenso hart im Verhandeln, wie alle anderen, vielleicht sogar noch ein bisschen härter. Ich habe gelernt, dass am Ende nur das Ergebnis zählt und da muss man eben auch mit harten Bandagen kämpfen können. Doch langsam begreife ich, dass das, was bei mir wie kämpfen aussieht, eigentlich auch nur eine weitere Form von Anpassung ist.

Im Umgang mit meinem Team, meinen Kollegen und Vorgesetzten bewege ich mich ganz anders. Da bin ich die ganze Zeit darauf bedacht, dass die Harmonie und das Wohlbefinden im Miteinander gefördert werden. Atmosphärische Störungen beeinträchtigen schließlich die Produktivität und damit das Ergebnis. Ich bin auf mein Team angewiesen und als Chefin nur dann gut, wenn jedes einzelne Teammitglied sein Bestes gibt. Also drücke ich schon einmal ein Auge zu, manches Mal sogar zwei, und lasse vieles durchgehen, bevor ich endlich stopp sage. Doch dann knallt es mächtig. Im Anschluss daran hasse ich mich dafür und lege mich wieder enorm ins Zeug, um die Scherben zu kitten. Meistens aber habe ich mich super gut unter Kontrolle, denn wer emotional wird, hat schon verloren. Das ist ein ungeschriebenes Gesetz im Bankermilieu. Auch wenn ich mich im direkten, persönlichen Kontakt ganz anders verhalte, als im sachlichen Ablauf, ist es doch auch wieder eine Form von Anpassung. Was sind eigentlich meine eigenen Impulse? Worum geht es mir wirklich? Diese Fragen will ich unbedingt ergründen. Morgen ist endlich mein nächster Termin mit Vera.

Tarnanzug einer Frau

Nach einem kurzen Austausch fordert sie mich auf, den Platz des Chefs einzunehmen. Da sitze ich nun und warte wie gewohnt ab. Vera beginnt den Dialog: »Ich sehe, wie wichtig Sie für Gertrud sind. Die wesentlichen Entscheidungen in ihrem Leben treffen Sie. Ohne Sie wäre Gertrud sicher nicht so erfolgreich in ihrem Beruf.« In gelassener Chefmanier antworte ich: »Das ist das Ziel und glauben Sie mir, das war ein hartes Stück Arbeit. Ich musste mich dabei immer wieder gegen viele Widerstände durchsetzen.« »Meinen Sie gegen die Widerstände Ihres Teams oder gegen Widerstände im Außen?« Veras aufmerksame, interessierte Art gefällt mir. »Sowohl als auch«, antworte ich geduldig. »Als wäre es nicht schon anstrengend genug, die Welt da draußen zufrieden zu stellen, mucken auch meine Angestellten von Zeit zu Zeit auf. Dann muss ich erst einmal eine interne Sitzung einberufen und die entsprechenden Mitarbeiter wieder in die richtige Spur bringen.«

»Was meinen Sie denn mit aufmucken? Sind Ihre Mitarbeiter unzufrieden, streiken sie?« »Das eher nicht. Sie fühlen sich schon dem gleichen Ziel verpflichtet. Nur haben einige andere Vorstellungen, wie man es erreicht. Einige meinen, der direkte, konfrontative Weg wäre besser.« »Und was halten Sie davon?« »Vielleicht, vielleicht auch nicht«, antworte ich abwägend und schließe dann mit Nachdruck ab: »Es ist einfach zu riskant, dafür steht zu viel auf dem Spiel.« »Sie meinen, Gertrud könnte den Respekt und die Anerkennung verlieren?« »Genau!« »Und wäre dann nicht mehr so pflegeleicht für jedermann!«, stellt Vera sachlich fest. Etwas irritiert, aber bestimmt, antworte ich: »Exakt!« »Solange alle super gut bedient werden und sich wohl fühlen mit ihr, ist die Welt also in Ordnung«, setzt Vera nach, »da fließen Lob und Anerkennung, da ist Gertrud überall gern gesehen und alle wollen sie dabei haben.« Vera klingt etwas provokant. Mir ist nicht klar, wohin sie gerade steuert, also antworte ich lieber mal versöhnlich: »Ich sehe, Sie verstehen mich.« »Ja, sehr gut sogar«, erwidert sie, »dafür setzen Sie sich ein und darauf schwören Sie auch Ihr Team ein.«

Ich bin mir nicht mehr sicher, ob sie das wirklich ernst meint, was sie zu mir sagt. War da nicht ein Hauch Zynismus in ihrem Tonfall? Ich habe den Eindruck, mich verteidigen zu müssen. »Der Zweck heiligt eben die Mittel und hier geht es um einen guten Zweck. Wie hätte sie«, dabei deute ich auf Gertruds Stuhl, »in dieser Welt sonst durchkommen sollen?«, werfe ich ein. Vera schaut mich schweigend an und antwortet dann: »Ich kann sehen, dass Ihnen Gertrud am Herzen liegt, aber mir ist noch nicht klar, wer genau Ihnen am Herzen liegt.« »Natürlich geht es mir um sie! Wer genau? Sie eben!«, antworte ich etwas gereizt und ergänze nach einigen Minuten des Schweigens: »Glauben Sie mir, das macht mir auch nicht nur Spaß.« Meine Stimmung ist im Keller. Trauer steigt in mir hoch und im gleichen Moment ist es mir peinlich, dass mich Vera so sieht. An ihrem verwunderten Gesichtsausdruck kann ich erkennen, dass sie bemerkt, was in mir vor sich geht. Sie sagt: »Ich habe den Eindruck, dass Sie nicht mehr ganz zufrieden sind mit dem, was Sie erreicht haben.« »Wie denn auch? Wir alle zahlen einen ziemlich hohen Preis dafür, dass man uns in Ruhe lässt. Auch ich habe nicht unendlich Kraft«, antworte ich resigniert. »Wollen Sie damit sagen, dass Sie das Servicezentrum nur dafür aufgebaut haben, um in Ruhe gelassen zu werden?«, wundert sich Vera. Trotzig sage ich: »Ein Stück weit schon. Wenn es schon keinen interessiert, was ich will, wenn nicht einmal unsere Grenzen geachtet werden, bitte schön, dann bekommen die Menschen eben, was sie wollen!« »Und Sie sind fein raus, steuern allenfalls noch aus dem Hintergrund«, setzt Vera nach.

»Mehr geht einfach nicht«, presse ich hervor, ohne sie anzusehen. Ich will nicht, dass sie mich so sieht. Und jetzt höre ich sie auch noch mitfühlend sagen: »Das ist sehr traurig, dass offensichtlich nicht mehr geht mit den Menschen.« Dieser Satz ist zuviel. Meine Trauer wird immer stärker, Tränen rollen mir übers Gesicht und ich kämpfe damit, sie zurückzuhalten. Irgendwann nehme ich doch Blickkontakt mit Vera auf. Im gleichen Moment ruft sie entgeistert aus: »Du bist ja eine Frau!«

Ihr Satz schlägt wie ein Blitz ein und bringt einen *weichen Strom* zum fließen. Auch meine Tränen rollen unaufhaltsam weiter. Vera hat recht, ich fühle und begreife, dass ich in Wirklichkeit eine Frau bin. Normalerweise zeige ich das niemandem. Und nun sieht sie mich also, und ich sehe sie und spüre ihren warmen, herzlichen Blick und ertrage ihn fast nicht. Er berührt mein Herz auf ungewohnt schmerzliche und süße Weise. »Das bist Du also, eine warmherzige, gefühlvolle Frau«, sagt Vera. »Wie anders Du dann bist: weich, berührbar, mit mir verbunden. Bemerkst Du das eigentlich?« Ja, ich kann das fühlen. Unser Kontakt wird nah und warm, es fließt zwischen uns. Aber ich kann nichts sagen und nicke nur. Ich bin noch tief ergriffen von der Erkenntnis, eine Frau zu sein. Ich fühle mich nackt und extrem verwundbar und denke plötzlich mit Schrecken an meinen Job. So könnte ich mich niemals in der Bank zeigen. Wieder durchflutet mich eine Welle von Trauer, denn eigentlich möchte ich diesen köstlichen Zustand nicht gleich wieder aufgeben müssen, kaum dass ich ihn gefunden habe. Vera scheint zu bemerken, was in mir vor sich geht: »Keine Sorge«, höre ich sie sagen, »Du musst diese weibliche Art nicht wieder verlassen. Bedeutsam ist, dass Du weißt, wer Du bist und Klarheit darüber hast, in welchem Rahmen Du Dich bewegst. Wenn Gertrud in die Bank geht, ziehst Du Dir einfach wieder Deine Tarnkleidung an. Deine Fähigkeiten, die Du Dir als Chef erworben hast, stehen Dir auch weiterhin zur Verfügung. Du hast sie nicht verloren, nur weil Du Dich gerade daran erinnerst, dass Du eine Frau bist.« Ich bin sehr erleichtert, das zu hören und plötzlich unendlich müde.

Innere Personen versuchen ihre essenzhafte Art zu bewahren. Um dieses Ziel zu erreichen, verwandeln sich manche in ihr komplettes Gegenteil.

Erschöpft komme ich zu Hause an, aber trotz meiner Müdigkeit möchte ich nicht alleine sein. Vielleicht sollte ich mich mit meiner besten Freundin treffen und mit ihr nett zu Abend essen? Ich entscheide mich dagegen, denn ich möchte nicht wie gewohnt die geduldige Zuhörerin und Ratgeberin sein müssen. Nein, heute will ich nicht für andere da sein, heute möchte ich, dass es nur um mich geht. Was könnte ich mir also Gutes tun? Je länger ich darüber nachdenke, umso weniger fällt mir ein. Stattdessen breitet sich gähnende Leere in mir aus. Erneut wird mir klar, wie stark ich auf andere Menschen und ihre Bedürfnisse ausgerichtet bin. Meine eigenen habe ich dadurch völlig vergessen. Wieder rollt eine Welle von Trauer durch mich hindurch. Wie einseitig ich doch lebe, wie wenig ich selbst in meinem Leben vorkomme. Und obendrein habe ich auch noch meine wichtigsten Lebensziele verfehlt. Ich wollte nichts sehnlicher, als eine erfüllte, lebendige, kreative, unabhängige und selbstbestimmte Frau sein, die um ihrer selbst Willen geliebt wird. Wie ist es nur dazu gekommen, dass ich genau das Gegenteil erreicht habe? Gibt es eigentlich Liebe in meinem Leben? Ich habe darauf keine Antwort. Was ich kenne, ist Anerkennung, die ich mir jeden Tag hart erarbeite. Wann habe ich mich das letzte Mal erfüllt und glücklich gefühlt, wann wirklich geliebt? Mir fällt es nicht ein.

War es vielleicht schon immer so leer in mir, nur ich habe es vor lauter Arbeit nicht bemerkt? Das kann ich einfach nicht glauben. Und wenn es nicht immer so war, wann war der Zeitpunkt, wo ich den Kontakt zu meinen eigenen Bedürfnissen und zu mir als Frau verloren habe? Vor lauter Grübeln kündigen sich die ersten Anzeichen von Kopfschmerz an. Also greife ich zu meinem gewohnten Mittel und verziehe mich ins Bett. Morgen ist auch noch ein Tag.

Aus morgen wird übermorgen und überübermorgen ... Ich bin derart erschöpft, dass ich nur noch schlafen möchte. Jeden Morgen schleppe ich mich in die Bank. Dabei halte ich mich an der Vorstellung fest, dass ich am Abend wieder nach Hause komme und es mir auf meinem Sofa gemütlich machen kann. Doch kaum betrete ich mein Büro, geschieht eine seltsame Verwandlung: Die Müdigkeit ist wie weggeblasen und ich gehe voller Energie und Tatendrang durch den Tag. Die »alte Gertrud« läuft zuverlässig auf Hochtouren. In null Komma nix sind wieder 10, 14 Stunden verflogen. Ich mag es mir zwar nicht eingestehen, aber wenn ich ehrlich bin, ist mir dieses geschäftige Bankertreiben doch lieber, als mein Dasein als trauriger Couchpotato. Das Leben in Funktion ist einfach schmerzfreier und unkomplizierter.

Aber kaum bin ich wieder zu Hause, geht es mir dafür umso schlechter. Völlig am Ende meiner Kräfte schaffe ich es gerade noch, mir einige Happen ins Wohnzimmer zu stellen, mir die Fernbedienung zu suchen und mich auf meinem Kissenlager niederzulassen, das ich nur noch verlasse, wenn ich die Toilette aufsuchen muss. So müssen sich Achtzigjährige fühlen, die ihr Leben lang hart gearbeitet haben und über keinerlei Reserven mehr verfügen. Meine Freundinnen rufen bereits besorgt an, da sie nichts mehr von mir hören. »Auch mal nicht schlecht«, denke ich mir, »sonst bin ich immer diejenige, die zum Hörer greift und ein Treffen organisiert.« Aber nach drei Wochen werde ich selbst nervös. Bin ich jetzt vielleicht depressiv geworden? Was ist, wenn dieser Zustand bleibt? Das kann doch nicht das Ergebnis meiner Selbsterforschung sein?

Selbsterforschung! Ich muss zugeben, dass ich die letzten Wochen nicht wirklich groß geforscht habe. Vielleicht sollte ich doch mal die Hausaufgabe praktizieren, die mir Vera aufgetragen hat. Eigentlich sollte ich mich regelmäßig mit der Chefin in Verbindung setzen, ähnlich, wie wir das in der Sitzung gemacht hatten. Bis jetzt kam mir das ein wenig albern vor. Aber schlimmer kann es auch nicht werden, als es mir sowieso schon geht. Warum also nicht? Es kostet mich ein wenig Überwindung, doch dann ist es ganz einfach. Ich brauche mich nur auf die Chefin auszurichten und sofort kann ich sie spüren. Ja, sie ist immer noch erschöpft, ihre Depots sind noch lange nicht wieder aufgefüllt. Eine halbe Stunde lang bleibe ich in diesem inneren Dialog mit ihr verbunden und siehe da, es entspannt mich. Und ich mache noch eine weitere, unglaubliche Erfahrung. Ich habe plötzlich das Gefühl, als ganzer Mensch wahrgenommen und beachtet zu sein, ähnlich, wie ich das in der Sitzung mit Vera empfunden hatte. Wie angenehm und erleichternd das ist. Ich bin verblüfft über diese unmittelbare, positive Auswirkung. Warum habe ich diese einfache Aufgabe nur so lange aufgeschoben? Für dieses Instant-Wohlfühl-Ergebnis lohnt sich der Einsatz schon mal.

Von nun an nutze ich meine Ruhephasen, um mit der Chefin in Kontakt zu treten und sie zu befragen. Ich möchte mehr von ihr wissen und natürlich hoffe ich insgeheim, dass sich dieser Selbstbehandlungs-Erfolg fortsetzt. Nachdem ich das einige Tage praktiziere, verspüre ich plötzlich den Drang, mir meine alten Fotoalben anzuschauen; sie verstauben seit ewigen Zeiten in meinem Schrank. Meine Abende verbringe ich jetzt mit Fotogucken. Wie traurig ich auf den meisten Kinderbildern aussehe. Bisher war mir das nicht aufgefallen. Aus einem Impuls heraus fange ich an, mit den Kindern auf den Fotos zu sprechen. Ich komme mir vor wie eine freundliche Tante, die zu Besuch kommt und sich dieser armen Geschöpfe annimmt. Und ich habe das Bedürfnis, einige Fotos in Rahmen zu setzen und sie in meinem Wohnzimmer aufzustellen. Normalerweise hasse ich nichts mehr, als sich die Wohnung oder den Schreibtisch mit Familienbildern zu verschandeln. Das passt überhaupt nicht zu meinem klaren, reduzierten Einrichtungsstil. Doch die Freude darüber, eigene Bedürfnisse zu haben, ist einfach größer. Zur gleichen Zeit bekomme ich Heißhunger auf Süßes und esse Unmengen von Griesbrei, Pfannekuchen und Schokoküssen – alles Lieblingsspeisen aus meiner Kindheit. Meine eiserne Essensdisziplin, auf die ich sonst so stolz bin, ist wie weggeblasen. Eigentlich gehöre ich zu den Frauen, die penibel auf ihr Gewicht achten. Und in meinem Alter immer noch Kleidergröße 34/36 tragen zu können, erfüllt mich mit Stolz. Es wäre schrecklich, wenn mir am Ende meine schicken, teuren Designer-Hosenanzüge nicht mehr passen würden. Die ersten spöttischen Bemerkungen von Seiten der weiblichen Konkurrenz bekomme ich prompt zu hören: Ich würde etwas rundlicher aussehen im Gesicht. Das muss unbedingt wieder ein Ende nehmen mit dieser ungezügelten Lust. Das muss ich mir wieder verbieten.

Verbieten, Verbote! Stichworte, die meine Stimmung sofort kippen lassen. Und ein Zustand taucht auf, den ich nur zu gut aus meiner Kindheit kenne: Ich fühle mich klein und wertlos. Mein Leben lang habe ich mich bemüht, dieses Gefühl hinter mir zu lassen und jetzt ist es wieder da. Von einem Moment auf den anderen mutiert eine zielstrebige, erfolgreiche, 53-jährige Bankerin zu einem kleinen, eingeschüchterten, sich minderwertig fühlenden Mädchen. Im gleichen Moment schießt mir ein erhellender Gedanke durch den Kopf: Es kann kein Zufall sein, dass meine Inneren Kinder auftauchen, nachdem ich mich mit der Chefin in Beziehung gesetzt habe. In einem meiner stillen Dialoge frage ich sie danach, und wirklich, sie weist mich auf drei Innere Kinder hin, ein Baby, das noch nicht sprechen kann, ein etwa drei- bis vierjähriges Mädchen und eine Zehnjährige. Sie alle sind scheu, haben sich zurückgezogen von den Menschen. Sie kennen es, nicht wahrgenommen zu werden; sie wissen, dass ihre Eltern viel zu sehr mit sich selbst und ihren Problemen beschäftigt sind. Die beiden älteren Mädchen fanden heraus, dass man Lob bekommt, wenn man im Haushalt mithilft oder etwas Tolles produziert, z.B. ein schönes Bild malt, ein

Gedicht aufsagt oder gute Noten nach Hause bringt. Und sie haben gelernt, darauf zu achten, niemandem im Wege zu stehen.

Ich kann mich noch gut erinnern, wie sehr ich mich immer bemühte, es meinem Vater möglichst angenehm zu machen, wenn er abends nach Hause kam. Angenehm bedeutete, ihm möglichst nicht zur Last zu fallen. Und so zog ich mich meist still und unauffällig zum Spielen in mein Zimmer zurück. Dort verbrachte ich viele Stunden alleine und beschäftigte mich mit irgendetwas. Dafür wurde ich auch immer gelobt, für mein Bravsein. Ich kann mich nicht daran erinnern, dass man sich über mich freute, einfach so, weil ich da war. All diese Erfahrungen tragen meine Inneren Kinder; und die Chefin und ihr fleißiges Team haben dafür gesorgt, dass sie sicher existieren können und wenigstens über Leistung eine Form von Zuwendung erhalten.

Liebe lässt sich kaufen

Liebe gibt es nur über Leistung, das hatten sie also schnell verstanden, wie Kinder das eben intuitiv erfassen können, ohne es wirklich logisch zu begreifen. Das war wohl die Geburtsstunde meines Hamsterrades, die Geburtsstunde von Chefins Tun. Was wäre wohl aus mir geworden, wenn sie sich nicht für mich, für diese Kinder, eingesetzt hätte? Ihre Strategie geht in meinem Job natürlich super gut auf, aber leider werden meine Inneren Kinder davon nicht satt, denn das, was sie am meisten brauchen, bekommen sie nicht: direkte Zuwendung und Liebe. Auch die fetten Bonuszahlungen können diese Nahrung nicht ersetzen.

Erneut steht mein Erfolgsstreben in einem ganz anderen Licht. Bin ich am Ende die ganze Zeit einer Illusion hinterher gejagt und einer Lüge aufgesessen, auf die ich mich habe einschwören lassen? Wem geht es eigentlich um mich? Hat es in meinem Leben wirklich jemand ehrlich mit mir gemeint? Sitzen vielleicht alle meine Kollegen und Mitarbeiter in einem ähnlichen Hamsterrad, vielleicht sogar aus ähnlichen Gründen? Mein gut poliertes Bankerimage wird noch poröser.

Mir tun diese drei Kleinen Leid, besser gesagt, ich tue mir selbst Leid. Höchste Zeit, dass ich mehr auf mich achte. Da kann ich lange warten, bis andere das tun. Diese Kinder haben es verdient, wahrgenommen und berücksichtigt zu werden. Am besten, ich fange gleich damit an. Also wähle ich drei Kinderfotos für sie aus und suche stundenlang nach passenden Bilderrahmen, bis ich sie endlich auf meinem Wohnzimmertisch platzieren kann. Die Abende verbringe ich damit, mit ihnen zu sprechen und nachzuspüren, wie es ihnen geht. Das verändert nach einigen Tagen erneut meinen Gemütszustand: ich werde extrem empfindlich. Nicht gerade eine erstrebenswerte Eigenschaft für meinen Job. Denn jetzt zerrt das leistungsbezogene Funktionieren noch stärker an meinem eh schon dünnen Nervenkostüm und die rauen Umgangsformen halte ich noch weniger aus, als zuvor. Bereits der Ton in den Meetings löst körperliche Schmerzen aus, so, als würden sich Nadelstiche in meine Haut bohren. Manchmal bekomme ich keine Luft mehr und spüre einen beklemmenden Druck im Brustbereich. Vielleicht sollte ich doch endlich ein Kardiogramm machen lassen, schließlich sind Herzinfarkte in meiner Berufssparte keine Seltenheit.

Innere Kinder befinden sich in der Obhut von erwachsenen Inneren Personen, die eine Elternrolle für sie einnehmen. Will man Inneren Kindern helfen, muss man die Erziehungsberechtigten einbeziehen.

Zudem werde ich hellhörig, wenn ich mit Menschen spreche. Ich lege jedes ihrer Worte auf die Goldwaage, achte genauestens auf die Zwischentöne, auf das, was nicht direkt gesagt wird. Dabei habe ich die ganze Zeit ein unsicheres und mulmiges Gefühl. Es kommt mir so vor, als würden mich meine Gesprächspartner seltsam beäugen, so als würden sie einen Fehler bei mir bemerken, aber aus Höflichkeit nichts sagen. Und bei kontroversen Diskussionen fällt es mir noch schwerer, meinen Standpunkt zu vertreten und konfrontativ zu bleiben. Ich habe ständig Angst, den Kürzeren zu ziehen oder eins auf die Mütze zu bekommen. Glücklicherweise bleibt mir das bei den Verhandlungen per Telefon erspart. Da bin ich weiterhin die alte, gewitzte, klar denkende, strategische, toughe Bankerin. Aber im Büro, im direkten Miteinander, zerreißt es mich fast, wenn dicke Luft herrscht. Ich will das nicht mehr! Es ist alles so verdammt anstrengend.

Nach drei langen, schrecklichen Wochen körperlicher und emotionaler Berg- und Talfahrt verändert sich mein Zustand erneut. Meine Inneren Kinder lösen sich langsam aus ihrer Schreckstarre und eine ungewohnte, angenehme Heiterkeit und Beschwingtheit taucht plötzlich auf. Auch das kenne ich nicht von mir. Mein Leben war bisher grundsätzlich anstrengend, ich könnte auch sagen: engagiert, zielstrebig, erfolgreich und bierernst. Humor war ein Fremdwort. Spielfreude gab es nicht, ganz zu schweigen von Übermut. Jetzt ist mir leichtsinnig zu Mute und ich kann die Welt da draußen, insbesondere meine Bankerwelt, nicht mehr ganz ernst nehmen. Und ich habe überhaupt keine Lust mehr auf dieses anstrengende Monopoly und fühle mich dabei abenteuerlustig, ja, fast schon verwegen.

Es muss für mich noch etwas anderes im Leben geben! Nur, wo soll ich das finden? Fleißig maile ich Vera meine neuesten Entwicklungen. Sie hatte mir einen Mailaustausch angeboten, nachdem ich wieder randvoll mit Terminen war und wir uns deswegen erst in zwei Monaten wiedersehen können. Ihre prompten Antworten unterstützen und bestärken mich. Ich will unbedingt in Sachen Innenweltreise am Ball bleiben und bin schon gespannt, wo mich das noch hinführen wird. Am Ende vielleicht sogar zu einer neuen Lebensaufgabe? Jetzt fühlt sich dieser Gedanke prickelnd an und nicht mehr bedrohlich.

Weiblicher Wellness-Rausch

Die Strukturen in der Bank kann ich jedenfalls nicht verändern. Und mir ist klar, dass sich das Finanzwesen in eine Richtung entwickelt, die für uns Banker mit sich bringen wird, dass wir künftig mit noch mehr

Druck und unter noch höheren Anforderungen arbeiten müssen. So sicher wie jetzt war ich mir noch nie, dass ich aussteigen werde. Doch bevor ich mit einer ernsthaften Jobrecherche beginne, kann ich mich ja schon mal um mein Privatleben kümmern, denn auch da gibt es einiges zu verändern, damit es angenehmer und stressfreier wird. Ich bräuchte etwas, das mich besser abschalten lässt, damit Aktienkurse und Zinsergebnisse wenigstens eine Zeit lang keine Rolle mehr spielen und Freiraum entsteht für die persönlichen Bedürfnisse meiner Chefin und meiner Kinder. Hatte ich mich nicht vor Jahren liebend gerne mit Mode- und Interieurdesign beschäftigt? Wie konnte ich das nur vergessen? Schöne Dinge hatten doch immer eine große Bedeutung für mich. Einmal erinnert, flackert diese Leidenschaft sofort wieder auf. Von nun an werden Schaufensterbummeln und Wohnzeitschriftenblättern zu meinen Lieblingsbeschäftigungen. Wenn ich könnte, würde ich überhaupt nichts anderes mehr tun. Ich ärgere mich jeden Tag darüber, dass mir die Bank so wenig Raum dafür lässt. Also werde ich noch effizienter, schalte noch einen Gang höher und sehe zu, dass ich mein Tagespensum noch schneller bewältige, damit ich am Abend früher nach Hause kann. Ich freue mich schon den ganzen Tag darauf, einen Abstecher in eines meiner Lieblingsgeschäfte zu machen. Auch meine Mittagspausen verbringe ich immer häufiger dort. Wie angenehm, in eine Welt einzutauchen, in der es ausschließlich um Ästhetik und »es sich schön machen« geht. Ich könnte stundenlang in den Geschäften zubringen und mich inspirieren lassen, und läuft auch noch entspannte Musik im Hintergrund, ist es perfekt. Es nährt und entspannt mich, kein bisschen Spannungskopfschmerz mehr. Meine Mittagspausen werden so zu einer Art Kurzurlaub, der leider immer viel zu schnell zu Ende geht. Dann heißt es wieder *back to reality*, das Pflichtprogramm abarbeiten.

Die kleinen Souvenirs, die ich von meinen Ausflügen mitbringe, erhalten mir für eine Weile die schöne Erinnerung an diese genüssliche Auszeit. Und sie dienen mir als Anker für die Stunden, in denen es wieder hoch hergeht in meiner hektischen Zahlenwelt. Langsam bekommt mein Büro einen neuen Anstrich. Aus einem modernen, nüchternen, mit Bildschirmen vollgestopften Arbeitsraum wird ein persönlicher, schmucker Wohlfühlraum. Auch meinen Kollegen und Mitarbeitern fällt diese Veränderung auf und so manch einer kommt vorbei, nur um zu sehen, ob ich wieder etwas Neues gefunden habe. Seit kurzem plätschert sogar ein Zimmerbrunnen in meinem Büro, und keiner hat bisher einen dummen Spruch von sich gegeben. Ganz im Gegenteil, meine Mitarbeiter halten sich jetzt viel lieber bei mir auf, als in ihren eigenen Büros oder in der Kantine, und immer öfter nehmen wir uns sogar ein paar Minuten Auszeit aus der Finanzwelt und quatschen über Gott und die Welt. Das gab es früher nie. Da sieht man´s mal wieder. Hatte ich nicht schon immer das Gefühl, dass sich schwierige Märkte viel leichter ertragen lassen, wenn die Atmosphäre ästhetisch, locker und menschlich ist? Nur hatte ich mich nie getraut, aus dem üblichen Rahmen zu fallen. Ich bin höchst zufrieden mit dieser neuen Entwicklung. Eigentlich wollte ich ja nur mein Privatleben angenehmer gestalten. Doch ganz nebenbei haben sich dadurch auch die Rahmenbedingungen in meinem Arbeitsleben verbessert. Das werte ich wieder als ein positives Ergebnis meines inneren Prozesses. Genau das hatte ich mir von einer Therapie versprochen, dass sie das Pluskonto in meinem Leben erhöht. Dieser Trend kann sich gerne fortsetzen, da bin ich weiterhin ganz Bankerin.

Beflügelt packe ich endlich mein Privatprojekt »schöner wohnen« an. Bei mir zu Hause gibt es noch jede Menge aufzuräumen und umzugestalten. Unordnung kann ich überhaupt nicht mehr ertragen. Ich besitze viele schöne Dinge, die in meinen Schränken ein tristes Dasein fristen. Irgendwann hatte ich sie gekauft, einfach, weil ich sie schön fand, doch es fehlte mir bisher die Muße sie aufzustellen. Jetzt sprudle ich vor Ideen und verbringe Stunden damit, für jedes Stück den besten Platz im Haus zu finden. Dabei ist mir wichtig, dass jedes Teil umfassend zur Geltung kommt und den Raum am stimmigsten abrundet. Erst dann bin ich zufrieden mit mir und meinem Werk. Seitdem spaziere ich durchs Haus und erfreue mich am schönen Anblick der Objekte und über meine wunderbare Gestaltung.

Dann nehme ich meinen Garten in Angriff. Der bietet noch jede Menge kreativen Spielraum. Seit Jahren denke ich daran, ihn neu anzulegen, aber auch da fehlte mir die zündende Idee. Auf einmal weiß ich ganz genau, dass mein Garten ein Outdoor-Wohnzimmer werden muss. Ich liebe es, den Sommer draußen zu verbringen; am liebsten würde ich auch meinen Arbeitsplatz in den Garten verlegen. Wie dumm es doch ist, in der schönsten Zeit des Jahres in einem vollklimatisierten Büro zu sitzen und auf Bildschirme zu starren, um den Wochenenden entgegenzufiebern, in der bangen Hoffnung, dass die Sonne scheint. Warum also nicht ein Sommerwohnzimmer im Garten einrichten, das mir sogar bei schlechtem Wetter das Gefühl gibt, meine Zeit draußen zu verbringen? Mediterran soll es werden, denn damit verbinde ich Urlaub. Überhaupt habe ich ein solches Verlangen nach Urlaub. Am liebsten würde ich für ein halbes Jahr frei machen und mich dem leichten, genüsslichen, verantwortungslosen Leben hingeben. Geht aber nicht. Also wenigstens am Abend oder am Wochenende im eigenen Garten urlauben und dabei in dem Gefühl schwelgen, in Italien zu sein. Die Chefin würde wohl liebend gerne einfach nur eine Frau sein, die ihr Zuhause gemütlich gestaltet und Freunde und Kinder versorgt. Und die Kinder würden wohl vorwiegend spielen und sich vergnügen wollen. Ich kann es ihnen nicht verdenken, denn sie sind so lange zu kurz gekommen. Das Projekt »Urlaubsinseln schaffen im Alltag« bekommt ab sofort höchste Priorität in meinem Leben und die Bank stelle ich zum ersten Mal nach 25 Jahren hinten an. Und das Beste ist, ich habe überhaupt kein schlechtes Gewissen dabei.

Was so ein Eimer Farbe verändern kann! An einem Samstagnachmittag streiche ich die hässlich ergraute Gartenmauer in Toskanagelb. Wow, was für ein Unterschied! Die Wirkung ist einfach phänomenal. Mein Garten leuchtet, selbst bei tristem Regenwetter scheint jetzt die Sonne. Nun fehlen nur noch das entsprechende Mobiliar und die passende

Deko. Auf in die Möbelhäuser, ab in die Gartenabteilungen und mich inspirieren lassen. Es dauert nicht lange und ich habe das Richtige gefunden und Glück habe ich obendrein, denn die Möbel sind kräftig reduziert. Das Projekt scheint unter einem guten Stern zu stehen. Mein Auto wird kurz zum Möbeltransporter umfunktioniert und zurück nach Hause. Wie eine Schneekönigin freue ich mich über meinen supertollen, günstigen Einkauf und kann es kaum erwarten die Möbel aufzustellen. Alles passt perfekt, genau wie ich es mir vorgestellt habe. Und wenn das Wetter am Wochenende schön bleibt, könnte ich die neue Sitzecke mit einer Grill-Party einweihen. Ein aufregender Gedanke, denn ich koche wahnsinnig gerne und natürlich am liebsten für meine Freundinnen. Der schön dekorierte Tisch versteht sich von selbst. Vielleicht sollte ich gleich noch eine Outdoor-Küche planen? Und vielleicht sollte ich mir doch ein Sabbat-Jahr freinehmen?

Goldener Handschlag

In der Bank halten sich hartnäckig die Gerüchte, dass es zu größeren Umstrukturierungsmaßnahmen kommen wird. Meine im Allgemeinen sehr zuverlässigen Informationsquellen aus der Vorstandsetage bestätigen diese Gerüchte. Angeblich soll auch mein Bereich davon betroffen sein. Also, wenn nicht jetzt, wann dann? Wie lange will ich eigentlich noch meine wertvolle Zeit und Kraft in diesem Beruf verplempern? Warum nicht die Gelegenheit beim Schopf packen und einen endgültigen Schnitt machen? Mir ist doch in den letzten Wochen und Monaten mehr als klar geworden, wie fremdbestimmt ich in meinem Job bin und wie stark ich mich von meinen wichtigsten persönlichen Zielen entfernt habe. Von heute auf morgen steht meine Entscheidung fest: Ich steige aus. Schluss, aus, vorbei! Mein erfolgreiches Bankerleben gehört fortan zu meiner Vergangenheit, zumindest innerlich.

Komisch, wie leicht mir diese doch schwerwiegende Entscheidung auf einmal fällt, und wie locker ich damit umgehen kann.

Normalerweise wiege ich die Vor- und Nachteile genauestens ab, wenn ich persönliche Entscheidungen treffen muss und erst recht bei Entscheidungen von dieser Tragweite. Wochen-, ja monatelang kann das dauern, bis ich zu einem Ergebnis komme. Und jetzt verhalte ich mich gerade so, als sei es das Normalste der Welt, 25 Jahre erfolgreiches Bankerdasein mal eben so über Bord zu werfen. Von dem guten Gehalt und der regelmäßigen Anerkennung, die das mit sich bringt, mal ganz zu schweigen. Wo ist mein Bedürfnis nach der Rundum-Absicherung geblieben? Es taucht einfach nicht auf. Stattdessen habe ich das sichere Gefühl, niemandem mehr etwas beweisen zu müssen, weder mir, noch anderen. Doch zu früh gefreut, einige Tage später taucht nämlich der Gedanke auf: »Hoffentlich wache ich nicht eines Morgens auf und erkenne, dass ich mich in einem Leben der falschen Entscheidungen befinde. Hoffentlich tue ich das Richtige und hoffentlich wird nun endlich der Weg frei für eine erfüllte, entspannte und vor allem menschlichere Zukunft.« Ich bin voller Angst.

Freiheit und Sicherheit sind zwei wesentliche Grundbedürfnisse des Menschen. Leider müssen wir oft das eine für das andere opfern.

Sie treibt mich an, dem Schlimmsten vorzubeugen. Ich muss dafür sorgen, dass ich den Absprung nicht ganz ohne finanzielles Auffangnetz mache. Das ruft meinen klugen Finanzjongleur auf den Plan, der sich in Chefins Team schon oft einen guten Namen gemacht hat. Er übernimmt das Projekt »Entlassung aus der Bank nicht ohne den ›goldenen Handschlag‹«. Nein, die werden mich nicht einfach wegrationalisieren! Sollen sie mich mal lieber rausschmeißen, denn dann springt wenigstens eine feine, nicht ganz zu verachtende Abfindung für mich heraus. Freiwillig werde ich meinen Platz nicht räumen. Schließlich habe ich nicht umsonst jahrzehntelang erfolgreich als Bankerin gearbeitet; ich weiß, wie das Spiel läuft. Außerdem habe ich eine finanzielle Anerkennung mehr als verdient. Jahrzehntelang habe ich einen enormen Einsatz gebracht, habe mir übermäßig Verantwortung aufgelastet, okay, bereitwillig aufbürden lassen, sie ohne Murren getragen, und dabei für die Bank reichhaltige Gewinne eingefahren. Und jetzt soll ich einfach gestrichen werden?! Wenn sie wenigstens ehrlich wären und sagen würden: aussortiert und entsorgt. Frühere Sachverhalte und Leistungen zählen auf einmal nicht mehr. Es wird Platz geschaffen für jüngere, stromlinienförmigere, noch profitorientiertere Banker. Frischfleisch sozusagen. Mein Kampfgeist erwacht. Ich werde richtig wütend, wenn ich nur daran denke und hätte große Lust, es dem einen oder anderen heimzuzahlen. Moment, heimzahlen? Erst jetzt bemerke ich, dass ich da anscheinend noch einige alte Rechnungen offen habe. Jetzt, wo ich entschieden habe, zu gehen, kommt mein Eigenwille, kommt mein Nein in Fahrt. Jetzt, wo ich keine Beziehungen mehr pflegen »muss«, tauchen mein Trotz und meine Wut auf. Da haben sich anscheinend im Laufe der Jahre viele Payback-Punkte angesammelt. Die kommen mir gerade recht; die kann ich jetzt gut gebrauchen, um sie in Form einer gepfefferten Abfindungsforderung einzulösen.

Ist ja interessant; das bin ich also auch: so selbstbezogen, so selbstgerecht, so fordernd. Oh Gott, hoffentlich werde ich nicht zu einem dieser ich-bezogenen, egozentrischen Wichtigtuer, die nur um sich selbst kreisen und die jede Situation für ihren eigenen Profit nutzen. Eigentlich kann ich solche Menschen auf den Tod nicht ausstehen. Aber ich kann nicht leugnen, dass ich diese egoistische Art nach so vielen Jahren des »kundenorientierten« Super-Service-Verhaltens auch ein wenig genieße. Es fühlt sich kraftvoll an, selbstgewiss, richtig. Schluss also mit dem »Der Kunde ist König«! Höchste Zeit, dass ich, Gertrud, ins Zentrum meiner Aufmerksamkeit rücke und dafür sorge, mir endlich das zu holen, was mir zusteht.

Leichter gesagt als getan, denn je mehr ich mich für mich selbst entfache, desto mulmiger wird mir. Mein Magen zieht sich zusammen, mir wird übel und mein Zorn ist plötzlich wie weggeblasen. Mein soeben entzündetes, kämpferisches Feuer erloschen wie ein schnell abgebranntes Strohfeuer. Ich bin zwar schon einiges gewohnt, was meine inneren Bewegungen betrifft, aber ich bin doch immer wieder überrascht, welche eigenartigen Wendungen in mir vor sich gehen, ohne dass ich sie steuern kann.

Erst in zwei Wochen bin ich wieder bei Vera. Bis dahin muss ich meinen Ausstieg weiter vorantreiben, und natürlich mache ich mir Gedanken um meine berufliche Zukunft. Auch wenn ich eine annehmbare Abfindung bekommen sollte, für eine Rente auf Lebenszeit wird sie bei weitem nicht ausreichen. Außerdem fühle ich mich noch viel zu jung, um den Rest meiner Tage mit Nichtstun zu verbringen. Ich möchte gerne kreativ sein, aber ich will nicht wieder in einer Position arbeiten, in der andere über mich bestimmen und mir Vorgaben machen, nach denen ich mich richten muss. Nein, das habe ich lange genug getan. Am besten, ich mache mich selbstständig, dann kann ich endlich meine eigene Chefin sein und das tun, was ich für richtig halte. Und eines Morgens wache ich auf und mein Entschluss ist klar. Ich möchte als Coach arbeiten und eine kleine, feine Beratungspraxis für Kommunikation, Personal- und Persönlichkeitsentwicklung aufbauen, für Menschen aus dem Finanzbereich. Da kann ich endlich mein psychologisches Wissen und meine Erfahrungen im Unternehmen zusammenführen. Am Beispiel meiner ehemaligen Kollegin kann ich sehen, dass es möglich ist. Außerdem bin ich überzeugt, dass es in den kommenden Jahren genügend potenzielle Kunden für mich geben wird, denn viele Banker werden sich beruflich neu orientieren müssen. Eigentlich ist jetzt genau der richtige Zeitpunkt, um mein neues Unternehmen zu starten. Eigentlich kann ich froh sein, wie sich die Dinge entwickeln. Eigentlich, eigentlich, eigentlich! Was soll das? Traue ich mir das nun zu oder nicht?! Wo kommen denn auf einmal diese Selbstzweifel her? Die kann ich jetzt überhaupt nicht gebrauchen. Am besten, ich fokussiere mich wieder stärker auf meine Kompetenzen und richte mich positiver aus. Schließlich muss ich einen würdigen und erfolgreichen Ausstieg über die Bühne bringen. Aber egal, wie ich mich mühe, es hilft alles nichts; die Zweifel lassen sich nicht mehr wegschieben. Dummerweise beeinflussen sie meine bereits begonnenen Aufhebungsverhandlungen. Ich quäle mich durch die Gespräche, vorwiegend darum bemüht, die Fassung zu wahren und mein Pokerface aufzubehalten. Geübt ist zwar geübt, aber ich kann nicht leugnen, dass meine Selbstsicherheit nur gespielt ist, schlecht gespielt auch noch. Das scheint mein Verhandlungspartner instinktiv zu bemerken, jedenfalls bewegt sich die Bank mit ihrem Angebot keinen Millimeter in meine Richtung. Im Gegenteil, sie rückt sogar von ihren bereits gegebenen Zusagen wieder ab. Daraus erwachsen neue Zweifel: Wahrscheinlich kann ich meinen »goldenen Handschlag« vergessen. Vielleicht sollte ich auch gleich meinen Plan mit der Beratungspraxis vergessen. Oder aber ich muss mit härteren Bandagen kämpfen, was bedeuten würde: Rechtsanwälte einschalten, zähe, langwierige Verhandlungen in Kauf nehmen, eventuell ein Gerichtsverfahren anstreben ... Was für eine schreckliche Vorstellung! Ich spüre Chefins Unruhe. Sie hat ihren heimeligen Wohlfühlraum verlassen und steht auf Abruf, bereit ihr Servicecenter wiederzueröffnen. Ihr wäre es lieber, wenn mein Ausstieg entspannt und harmonisch verlaufen würde und die Menschen in der Bank mich wenigstens in guter Erinnerung behielten. Sie würde dafür sogar auf das Geld verzichten. Zum Glück bemerke ich ihr Vorhaben rechtzeitig und kann sie beruhigen. Nein, so einfach will ich nicht aufgeben, das verlangt schon meine Selbstachtung. Ich werde dafür sorgen, dass ich bei diesem Kündigungspoker am Ende nicht zu kurz komme. Doch kaum begebe ich mich in die kämpferische Haltung, verstärkt sich der Selbstzweifel.

Endlich sitze ich Vera gegenüber. Ich habe ihr ein kleines Geschenk aus meiner Deko-Abteilung mitgebracht. Auch wenn in meinem Leben gerade alles drunter und drüber geht, möchte ich sie doch an den gelungenen Ergebnissen meiner Kreativitätswerkstatt teilhaben lassen. Vera freut sich über das schöne Mitbringsel, und sofort ist meine Stimmung leicht und heiter; keine Spur mehr von verunsicherndem Zweifel oder kämpferischen Anwandlungen. Ich bin wunderbar entspannt und von mir aus könnte das so bleiben. Aber nein, dafür bin ich ja nicht gekommen. Mit Mühe trage ich mein eigentliches Anliegen vor. Ich berichte Vera von den neuesten Entwicklungen in der Bank, meinen wagemutigen Entscheidungen und den damit einhergehenden Gefühlsregungen. Im Gegensatz zu mir scheint sie sich über meine inneren Vorgänge nicht zu wundern. Sie will mit der Chefin sprechen, um von ihr zu hören, wie es ihr mit diesen neuen Entwicklungen geht. Ich rücke meinen Stuhl ein wenig vor und schon ist die Chefin wieder ganz in ihrem Element.

Bombensicher hinter Panzerglas

Voller Freude strahle ich Vera an. Sie nickt mir aufmunternd zu. »Grüß Dich«, sage ich ohne lange zu zögern, »da bin ich wieder. Ich habe mich schon sehr darauf gefreut, Dich endlich wiederzusehen.« »Ganz meinerseits«, antwortet Vera freundlich, »an Deinem Strahlen sehe ich, dass es Dir gut geht.« Es freut mich, dass man mir das ansieht, und wäre ich in meinem gemütlichen Zuhause, würde ich mich mit Vera in den neu gestalteten, blühenden Garten zurückziehen, einen leckeren Tee trinken und mich an der Leichtigkeit des Seins erfreuen. »Das stimmt«, antworte ich seufzend, »wenn es nach mir ginge, bräuchte ich nichts anderes mehr zu tun, als mich um die kleinen, feinen Dinge im Haus zu kümmern und die Kinder im Auge zu behalten. So habe ich mir mein Leben immer vorgestellt. Leider gibt es aber das Thema Geld-verdienen-müssen.« Dabei fällt mir Gertruds berufliche Umbruchsituation ein: »Für sie ist es ja nicht so angenehm.« »Dafür wirkst Du umso entspannter. Das ist ungewöhnlich, denn bisher war es so, dass Du höchst aktiv wurdest, wenn sich Probleme auftaten«, erwidert Vera gelassen. Das stimmt, jetzt fällt mir auch auf, dass ich als Chefin überhaupt keinen Impuls habe, meinen bequemen Platz zu verlassen und mich ins Zeug zu legen für irgendwelche Zukunftspläne. »Ich bin immer noch nicht ausgeruht. Wie gesagt, mir würde es reichen, mit dem Haus und den Kleinen«, ich deute dabei rechts neben mich. »Und ab und an würde ich Gertruds Vater besuchen, der sich nicht mehr so gut versorgen kann. Mehr Arbeit brauche ich eigentlich nicht.« »Erstaunlich, wie wenig es Dir um das große Geld oder die Anerkennung geht, die Gertrud so sehr gesucht hat.« »Das stimmt, ich will zwar auch, dass wir immer genügend Geld zum Leben haben, aber mehr brauche ich eigentlich nicht. Luxus interessiert mich nicht. Wenn ich Zeit für mich habe und es den Kindern gut geht, bin ich zufrieden.« Ich genieße es, dass Veras Aufmerksamkeit ganz bei mir ist und fahre fort: »Vielleicht geht mein Wunsch sogar bald in Erfüllung, wenn wir«, ich deute dabei zu Gertrud, »die Bank verlassen haben. Auf jeden Fall hat sie mir versprochen, dass wir für den Rest des Jahres Urlaub machen werden. Jetzt arbeiten die Besten meines Teams daran, den Auflösungsvertrag umzusetzen.« »Du scheinst ganz zuversichtlich zu sein«, stellt Vera fest.

»Ja, ich weiß was sie können, da mache ich mir eigentlich keine großen Sorgen.« Nach einer kurzen Denkpause fahre ich fort: »Aber nervös macht es mich, wenn Gertrud diese Selbstzweifel bekommt. Am Schluss müssen wir wirklich noch kämpfen; auf Krieg habe ich überhaupt keine Lust. Ich möchte, dass das Leben endlich weicher und leichter wird.« Vera nickt mir zu: »Ja, Du musst Dich noch von Deinem jahrzehntelangen Dauereinsatz erholen. Und für die Kinder wäre diese Auszeit ein richtiger Segen; sie könnten endlich eine unbeschwerte Zeit erleben.«

Veras Zustimmung erleichtert mich. Ich hatte mir ein wenig Sorgen gemacht, ob sie meinen Wunsch nach einer genüsslichen Auszeit nicht als selbstsüchtig verurteilen würde. Beruhigt richte ich meine Aufmerksamkeit auf die drei Kinder, die rechts neben mir sitzen. Der Kontakt zu ihnen hat sich in den letzten Wochen noch intensiviert und seit die Entscheidung getroffen worden ist, die Bank zu verlassen, spreche ich fast jeden Tag mit ihnen. Ich will sicher gehen, dass es ihnen gut geht mit diesen neuen Lebensbewegungen. Sie sollen endlich erleben können, dass sie berücksichtigt werden. »Ja, es geht ihnen gut. Seit Gertrud sie auch bemerkt und Zeit für sie einplant, bin ich deutlich entlastet.« Mit einem erneuten Stoßseufzer füge ich noch hinzu: »Jetzt kann ich mich mehr meiner eigenen Kreativität widmen. Ich liebe es, unser Zuhause schöner zu machen und endlich habe ich auch Zeit, einfach nichts zu tun.« Dabei sinke ich noch etwas tiefer in meinen Stuhl.

»Mach das ruhig«, bestärkt mich Vera. »Das ist ein guter Ausgleich für Deine vielen anstrengenden Jahre als Leiterin des Service-Unternehmens. Diese Zweifel und Ängste, die Gertrud immer wieder hat, kommen anscheinend nicht von Dir.« Dann führt sie ihre Überlegungen fort: »Wenn ich mit Dir zusammen bin, fühle ich mich Dir nahe und verbunden und ich habe den Eindruck, dass dieses Nahsein mit Deiner natürlichen Art zu tun hat. Was mich aber erstaunt, ist, dass Du nie den Wunsch äußerst, mehr mit Menschen zusammen zu sein.« Stimmt, mir reicht der schöne freie Raum, in dem ich in meinem Tempo die Dinge tun kann, die ich mag. Aber da sind keine Menschen. Diese Einsicht macht mich traurig und ich fühle plötzlich mein Alleinsein. Vera spricht weiter: »Und seltsam ist auch, dass sich der Abstand wieder verstärkt, je länger ich mit Dir zusammen bin.« Auch damit hat sie Recht. Jetzt verspüre ich sogar den Drang, mich noch mehr zurückzuziehen, obwohl ich mit Vera vertraut bin, obwohl ich mich mit ihr wohl fühle, obwohl ich von ihr unterstützt und bestärkt werde, obwohl ich mich wochenlang darauf gefreut habe, sie wiederzusehen. »Kaum spreche ich mit Dir darüber, wird die Distanz zwischen uns noch größer«, stellt Vera fest und fährt fort: »Ich sehe Dich zwar noch, habe aber gleichzeitig das Gefühl, in Deinem Vorzimmer zu sitzen und auf Dich warten zu müssen.«

Ihre Worte regen eine Phantasie in mir an: Ich komme mir vor, als säße ich hinter einer kugelsicheren Panzerglasscheibe, die mich vom Rest der Welt trennt. Was für eine komische Vorstellung, soeben wollte ich doch noch mit Vera in meinen kuscheligen Gartensesseln versinken und mit ihr gemütlich Tee trinken und jetzt ist diese Trennscheibe zwischen uns. Vera scheint ein ähnliches Bild zu haben, denn sie sagt:

»Als hätte jemand einen Alarmknopf betätigt und eine Glaswand zwischen uns aufgebaut, wie bei einem Banküberfall.« Wir schauen uns ratlos an und verweilen schweigend in diesem Zustand. Dann verabschieden wir uns wortlos voneinander. Verwirrt rücke ich meinen Stuhl zurück. Was geschieht denn jetzt schon wieder? Es ist mir immer noch unangenehm, wenn ich erleben muss, keine Kontrolle über diese inneren Abläufe zu haben. Von meinem Platz aus kann ich die Chefin deutlich wahrnehmen, auch ihr leistungsstarkes Team und die drei Kinder. Und ich sehe die trennende Glaswand, die mindestens zehn Zentimeter dick ist; selbst eine Panzerfaust könnte sie nicht durchbrechen. Hier kommt garantiert niemand durch. Ich spüre auch noch Chefins Herzlichkeit, ihre Offenheit und ihre Ratlosigkeit; sie hat also mit dieser Sicherheitsmaßnahme nichts zu tun. Den Alarmknopf muss jemand anders gedrückt haben. Nur wer?

Vera beobachtet mich schweigend; auch sie spürt nach. Dann sagt sie: »Da muss es wohl noch einen zweiten Chef geben, der über der Chefin steht. Wahrscheinlich ist sie, ohne es zu wissen, seine Vorzimmerdame; eine höchst zuverlässige Chefsekretärin sozusagen, die mit ihrem starken Team den Laden am Laufen hält. Sie alle erfüllen ihren Job so überaus gut, dass der übergeordnete Chef nicht auftauchen muss. Wahrscheinlich hat er sein Büro schon lange nicht mehr verlassen, deswegen kennt ihn auch niemand.« Kaum hat sie das gesagt, geschieht erneut eine Veränderung. Die unsichtbare, gläserne Wand verschiebt sich nach hinten. Ich spüre sie plötzlich in meinem Rücken. Hier scheint der Raum dieses unbekannten Chefs zu beginnen. Wieder bemerkt Vera diesen Vorgang sofort und nickt mir aufmunternd zu. Also stehe ich auf und stelle mich eineinhalb Meter hinter meinen Stuhl. Kaum bin ich am Platz angekommen, ist nichts mehr von der herzlichen Bezogenheit und der Leichtigkeit des Seins zu spüren, stattdessen werde ich steif wie ein Stock, betrachte Vera nur noch aus den Augenwinkeln und bin voller Misstrauen. Mein Körper ist zum Zerreißen angespannt, kein Muskel bewegt sich mehr. Mir wird schwindelig und es fehlt nicht viel, dass ich umkippe. Ich muss meine ganze Willenskraft aufbringen, um mich auf den Beinen zu halten.

Vera schaut mich schweigend an. Ihr Blick ist mir unerträglich. Ich kneife die Augen noch ein wenig enger zusammen. Mein Misstrauen steigert sich ins Grenzenlose. Am liebsten würde ich aus dem Raum laufen. In mir gibt es nur noch einen Impuls, der heißt: nichts wie weg hier! Kalte Angst steigt in mir auf, nein Panik! Ich erwarte, dass im nächsten Moment ein schreckliches Unheil über mich hereinbricht. Auch wenn ich jetzt fliehen wollte, ich könnte es nicht, meine Beine würden mich nicht mehr tragen. Krampfhaft suche ich nach einer Lösung und finde einen letzten Zufluchtsort in mir. Ich ziehe mich ganz tief in mich selbst zurück. Alles, was mich ausmacht, zieht sich zu einem winzigen Punkt in meinem Innern zusammen. Meine ganze Existenz ist darin kristallisiert.

Dabei fällt mir ein Kinderspiel ein, das ich oft gespielt habe. Man hält sich die Hand vor Augen, sodass es dunkel wird und man die Welt nicht mehr sieht. Als Kind glaubte ich an die wahnwitzige Idee, dass man mich nicht sehen könnte, weil ich selbst nichts mehr sah. Ein kindlicher, magischer Versuch, Macht auszuüben, um die eigene Ohnmacht nicht fühlen zu müssen. Genauso ergeht es mir jetzt. Ich kann und will Vera nicht mehr anschauen, aber ich spüre, dass sie noch da ist. Von weitem höre ich sie sagen: »Wie unangenehm es für Dich ist, dass ich Dich sehe. Am liebsten wäre es Dir wohl, wenn ich Dich in Ruhe lassen würde. Das kann ich leider nicht, denn Du spielst eine bedeutende Rolle in Gertruds innerer Welt, mehr noch als ihre Chefin.«

Ich kann nicht sprechen und auch nicht beurteilen, ob das, was Vera sagt, richtig ist. Kein Ton kommt über meine Lippen. Seltsamerweise bestätige ich ihre Aussage mit einem Nicken. Milde spricht Vera weiter: »Ich kann Deine enorme Anstrengung sehen, mit der Du den Abstand aufrecht hältst. Und ich sehe Deine panische Angst.«

Ich bemerke nicht nur meinen Abstand, sondern vor allem mein riesiges Misstrauen. Auf einer Ebene weiß ich noch, dass Vera freundlich ist und mir nichts Böses will, dennoch verhalte ich mich so, als würde sie mich gleich umbringen wollen. Ich gebe keinen Mucks mehr von mir. Am liebsten würde ich mich in Luft auflösen oder mich in einer Ritze im Boden verkriechen. Aber es geht nicht. Sie sieht mich und das wird sie jetzt weiterhin tun. Und es scheint sie nicht im Geringsten zu stören, dass ich nichts von mir gebe und nichts mit ihr zu tun haben will. Weiß der Henker, über welche Kanäle sie meine Gedanken mitbekommt, denn sie spricht genau das aus, was ich empfinde. »Ich komme mir vor, als wäre ich an Deine Geheimtür gelangt, die normalerweise niemand sieht«, sagt sie nach einer Weile. »In diese Tür ist ein unsichtbarer Spion eingebaut, durch den Du die Menschen beobachten kannst. Und wenn jemand zufällig etwas länger an Deiner Tür stehen bleibt, verhältst Du Dich absolut ruhig und wartest darauf, dass er weitergeht. Und nun stehe ich hier, klopfe sogar an Deine Tür und spreche durch sie hindurch, in der Hoffnung, dass Du mich hörst.«

Das »Nichts-mehr-von-sich-geben« lässt ein leeres Feld entstehen, in dem man nichts mehr fassen kann. Dieses »Nichts« ist der Anfang des verborgenen Raumes der Seele.

Ja, ich will nicht entdeckt werden und dafür ist es am besten, wenn keiner weiß, dass ich existiere; und wenn doch jemand näher kommt, bewege ich mich einfach nicht mehr. Normalerweise bleiben die Menschen nicht lange an meiner Tür stehen. Zum Glück haben sie meist Wichtiges zu tun. Vera und ich versinken in Schweigen; nichts geschieht mehr. Nach einer gefühlten Ewigkeit nickt sie mir zu und sagt: »Ich verabschiede mich für heute. Sollte ich Gertrud wieder treffen, komme ich ganz sicher auch wieder an Deine Tür. Es ist gut, wenn Du das weißt.« Auch wenn Vera in einem beruhigenden, freundlichen Ton zu mir spricht, empfinde ich ihre Ankündigung als höchst bedrohlich und bin erleichtert, dass sie sich endlich wieder von mir entfernt. Wie angewurzelt stehe ich noch eine Weile auf meinem Platz. Ich kann mich nicht bewegen, mein Rücken schmerzt, meine Glieder sind eingerostet, meine Muskeln verkrampft, meine Kiefer fest zusammengebissen. Nach ausgiebigem Dehnen und Strecken kann ich mich wieder auf meinen Stuhl setzen. Ich bin immer noch sprachlos über das, was ich soeben erlebt habe. Nie hätte ich vermutet, dass es ein so tiefes Misstrauen in mir gibt, ein so abgründiges Entsetzen und eine so absolute Entschlossenheit, unter allen Umständen geheim bleiben zu wollen.

Veras Erklärung beruhigt mich auch nicht wirklich. Sie sagt, dass wir vor dem geheimen Raum der Psyche stehen. Anscheinend gibt es diesen verborgenen Raum in fast jedem Menschen. Darin haben sich wohl die willensstärksten und mächtigsten Bewohner der Innenwelt zurückgezogen. Sie meint, dass es sehr bedeutsam und lohnend ist, diese Geheimen Bewohner kennenzulernen.

Dann gibt sie mir zur Aufgabe, den Kontakt zur Chefin und den Kindern weiter zu pflegen und immer wieder zu dieser geheimen Tür zu gehen. Sie scheint zuversichtlich zu sein, dass sich das lohnt, denn sie sagt: »Die Person hinter der Tür spürt ganz genau, wenn sich jemand nähert. Das gibt ihr die Gelegenheit, sich wahrzunehmen. Unterstütze sie darin, indem Du Dich ihr freundlich und interessiert annäherst, möglichst ohne etwas von ihr zu wollen.«

Ehrlich gesagt kann ich mir nicht vorstellen, dass es sinnvoll ist, sich jemandem aufzudrängen, der keinen Kontakt will. Und nichts von dieser Inneren Person zu wollen, klingt auch leichter als gesagt. Denn natürlich will ich wissen, was es mit ihr auf sich hat. Ich möchte wenigstens verstehen können, was hier vor sich geht. Bleibt nur zu hoffen, dass Vera weiß, wovon sie spricht. Ich will es jedenfalls probieren. Sicherheitshalber plane ich den nächsten Termin schon in drei Wochen.

So froh war ich noch nie, endlich wieder zu Hause zu sein. Aber nicht, weil ich mich, wie sonst immer, über mein schönes und gemütliches Heim freue, sondern weil ich es erleichternd finde, dass ich ganz für mich alleine bin und mich keine Menschenseele stört. Ich kann einfach die Tür hinter mir zumachen und selbst bestimmen, wann ich sie wieder öffnen werde. So, wie es mir momentan geht, würde ich die Schotten am liebsten für immer dicht machen: nie mehr das Haus verlassen und nie wieder jemanden hereinkommen lassen. War mein Haus bisher eine Wohlfühloase, wird es jetzt auch noch zu einer Art Sicherheitsbunker, in den ich mich bei »Bombenalarm« zurückziehen kann. Ich bin im Ausnahmezustand, Alarmstufe rot, auch wenn mein Verstand diesen Vergleich ein wenig übertrieben und lächerlich findet. Meine Gefühle sprechen jedoch eine andere Sprache. In mir ist blankes Entsetzen und panische Angst vor Menschen. Wann habe ich jemals eine so überwältigende Panik empfunden? War sie vielleicht auch schon immer in mir und ich habe sie nur erfolgreich verdrängt, so, wie ich das schon mit den Gefühlen der Chefin und der Kinder getan hatte?

Wieder ist mein Selbstbild erschüttert, und das tiefer denn je. Meine Innenweltreise schlägt eine Richtung ein, die mir überhaupt nicht behagt. Erst haben die Chefin und die Kinder mein Weltbild ins Wanken gebracht und jetzt habe ich den Eindruck, dass ich insgesamt einem inneren Erdbeben ausgesetzt bin. Das erlebe ich enorm bedrohlich, ja, lebensbedrohlich. Ich bin mir nicht mehr sicher, ob ich diesen Prozess weiter mitgehen kann, so, wie Vera sich das vorstellt. Von nun an taucht jeden Tag dieser Impuls von »nichts wie weg hier« auf. Am heftigsten wird er, wenn ich direkt mit Menschen zu tun habe. Mal erlebe ich ihn stärker, mal schwächer, je nachdem, mit wem ich zusammen bin. Sogar bei meinen engsten Freundinnen, die ich ja alle schon viele Jahre kenne, verspüre ich auf einmal diese innere Distanz. Auch zu meinem Vater, den ich mein Leben lang kenne, halte ich diesen Abstand. Und ich beobachte mich dabei, wie ich diesen Abstand mit noch mehr Engagement und noch größerer Freundlichkeit mildern will. Aber es gelingt mir nicht. Je mehr ich mich anstrenge, desto stärker kommt der Impuls zurück.

Vera hatte angekündigt, es würde von selbst eine Bewegung entstehen, wenn ich zu der Geheimtür ginge. Aber je öfter ich das tue, umso mehr habe ich den Eindruck, dass die Person hinter der Tür überhaupt keine Bewegung will. Ist hier die Nicht-Bewegung die Bewegung? Eine seltsame Vorstellung. Und was will ich eigentlich? Diesen Schrecken auf jeden Fall nicht, der wird nämlich mehr, je öfter ich mich an diese Tür herantaste. Es ist einfach nur grässlich, und so überlege ich mir jeden Tag, ob ich das Ganze nicht aufgeben und mich wieder angenehmeren Dingen zuwenden soll. Hätte ich nicht die Erfahrung von meiner überaus erfolgreichen Selbstbehandlung gemacht, mit der das erhebende Gefühl meiner wiederentdeckten Kreativität einherging, ich würde diese eigenartige innere Forschungsreise auf der Stelle beenden. Aber ich möchte das, was ich bisher gewonnen habe, auch nicht schon wieder verlieren. Dafür habe ich bereits zu viel Geschmack an einem herzlichen Miteinander gefunden und meine Sehnsucht danach ist stärker als je zuvor. Nein, so schnell gebe ich nicht auf. Ich folge Veras Rat und verbinde mich regelmäßig mit der Chefin und den Kindern. Natürlich in der Hoffnung, dass sich dadurch diese angenehmen Gefühle wieder einstellen. Weit gefehlt. Meine Chefin ist zu ihrer altbewährten Geschäftigkeit zurückgekehrt, das professionelle Serviceteam läuft auf Hochtouren, und von den Kindern ist keines mehr anzutreffen. Es kommt mir so vor, als wären sie aus der Schusslinie gebracht worden. Um etwas mehr Klarheit zu finden, versuche ich mit der Chefin zu sprechen, aber sie wimmelt mich ab. Sie ist mit einer riesigen To-do-Liste unterwegs und will nicht gestört werden. Entspannung, schöner Wohnen, Urlaubsplanung, alles wie weggeblasen, als wäre es nie gewesen. Immerhin verstehe ich nun eines: Es kann also nicht sein, dass ihre ganze Sorge nur den Kindern gilt. Ihr Einsatz muss sehr wohl eine Bedeutung für die Person hinter der Geheimtür haben.

Meine Unsicherheit im Umgang mit Menschen steigert sich ins Unerträgliche, ganz egal, ob es sich dabei um meine Familie, Freunde oder Kollegen handelt. Ich begegne zwar jedem mit gleich bleibender

Höflichkeit, aber eben auch mit dieser absoluten inneren Distanz. Sehr stark fällt mir das auf in den Begegnungen mit meinem Vater. Er ist über 80 Jahre alt und in letzter Zeit gebrechlich. Da ich um die Ecke wohne, habe ich mich bereit erklärt, mich mehr um ihn zu kümmern. Der regelmäßige Umgang mit ihm gibt mir eine gute Gelegenheit, diese Gleichzeitigkeit genauer zu beobachten. Pflichtbewusst erfülle ich alle Aufgaben, die für eine treu sorgende Tochter anfallen. Ich organisiere seinen Haushalt, erledige seine Büroarbeit, bin aufmerksame Zuhörerin und Seelentrösterin. Kaum aber habe ich diesen Pflichtteil einschließlich eines kurzen, tröstenden Gesprächs erledigt, verabschiede ich mich von ihm und suche schnellstens das Weite. Ich gebe vor, unter Termindruck zu sein, denn ich weiß, dass ich dafür immer sein vollstes Verständnis bekomme. Arbeit hat einen hohen Stellenwert für ihn und ich gefalle ihm in der Rolle der lebenstüchtigen, erfolgreichen, gut verdienenden Tochter. Meine atemlose Geschäftigkeit hat also auch seine Vorteile. Dadurch ergibt sich keine Gelegenheit, dass mir jemand persönlich näher kommen könnte.

Diese Erkenntnis ist beruhigend und traurig zugleich, besonders, wenn ich an meinen Vater denke. Schon seit Jahren trage ich mich mit dem Gedanken, ihm zu erzählen, was mir auf der Seele brennt. Jedes Treffen mit ihm erinnert mich daran, dass ich nicht mehr lange warten kann; seine Tage sind gezählt. Und bei jedem Besuch liegen mir die Worte auf der Zunge, doch sie kommen mir nicht über die Lippen. Stattdessen schweige ich wie ein Grab. Doch kaum bin ich auf dem Nachhauseweg, sprudelt es aus mir heraus und ich spreche alles aus, was ich ihm eigentlich hätte sagen wollen. Warum nur wage ich es nicht, mich ihm anzuvertrauen? Ähnlich ergeht es mir jetzt mit Vera. Allein die Vorstellung, ihr zu erzählen, wie unwohl und unwert ich mich fühle, lässt mich innerlich erstarren. Am liebsten würde ich den Termin absagen, habe aber nicht den Mut dazu. Ich könnte eine Krankheit vorschieben, oder ein anderes, unausweichliches Ereignis. Aber das ist mir doch zu billig. Ich gehöre zu den Menschen, die sich an ihre Abmachungen halten.

So bin ich also wieder in ihrem Sitzungsraum und beginne mit einer guten Nachricht, bevor ich über meine schreckliche Verfassung in den letzten Wochen berichte. »Mein Ausstieg aus der Bank wird wohl doch mit dem ›goldenen Handschlag‹ beendet werden. Der Verhandlungspartner hat aus unerklärlichen Gründen grünes Licht gegeben. Das hat mich enorm erleichtert, aber nichts an meinem höllischen inneren Zustand verändert. Ich fühle mich einfach nur elendig und schäme mich auch noch dafür.«

Ich bin ein Wurm

Vera schaut mich freundlich an. Auch das ist mir zu viel. Unfreundliche Gedanken tauchen in mir auf: »Wie kann sie noch an mir interessiert sein, wenn ich so schwach, so jämmerlich, so erbärmlich bin? Ehrlich gesagt, würde ich an ihrer Stelle nichts mit mir zu tun haben wollen. Na ja, sie ist eben Therapeutin, da muss sie ja professionell sein. Schließlich wird sie für ihren Job bezahlt, da gehört Freundlichkeit mit zum Service.« Mit Schrecken stelle ich fest, dass es mich erleichtert, sie für ihre Zeit zu bezahlen. Dann stehe ich wenigstens nicht in ihrer Schuld. Mein Selbstwertgefühl scheint wirklich im Keller zu sein. Wieder muss ich eine innere Hürde überspringen, um Vera genau diesen Gedanken mitzuteilen. Sie antwortet: »Diese Person hinter der Geheimtür muss etwas erlebt haben, das ihr die Selbstachtung genommen hat.« Sofort breche ich in Tränen aus; es sind stille Tränen, die unaufhörlich über meine Wangen rollen. Vera fragt mich: »Fühlst Du Dich stabil genug, Gertrud, um direkt auf ihren Platz zu gehen?« Ich nicke. Milde fügt sie hinzu: »Wann immer es Dir unerträglich wird, verlässt Du einfach ihren Platz und setzt Dich wieder auf Deinen Stuhl.« Wieder nicke ich nur, erhebe mich langsam und stelle mich auf ihren Platz. Die Tränen laufen mir weiter übers Gesicht. Mit zittrigen Knien stehe ich vor Vera und blicke auf den Boden. Ich wage es nicht, sie anzusehen. Mir ist leicht übel und der Impuls, weg zu wollen, ist riesig. Dieses Mal bemerke ich, dass er nichts mit Vera zu tun hat. Wie durch eine Nebelwand höre ich sie sagen: »Hier bin ich wieder. Danke, dass Du Dich zeigst.« »Mir geht es alles andere als gut«, sage ich ohne meinen Blick zu heben. »Das kann ich sehen«, höre ich sie antworten. »Wenn Du Dich sichtbar machst, kommt etwas in Dir in Bewegung – unangenehme Gefühle, die Du nicht wahrnimmst, wenn Du alleine hinter Deiner Wand bist.« »Wenn ich nichts mit Menschen zu tun habe, geht es mir wenigstens gut«, denke ich, sage aber nichts. Ja, Menschen sind mir ein Gräuel, das spüre ich jetzt.

»Kein Wunder, dass Du lieber für Dich bleibst«, fährt Vera trotz meines Schweigens fort. »Anscheinend kennst Du nichts Gutes von Menschen.« »Menschen sind grausam«, höre ich mich leise sagen, so, als würde ich nicht nur von Menschen Abstand halten, sondern auch neben mir selbst stehen.

Die Übelkeit wird stärker; ich muss würgen, stoße auf und schäme mich im gleichen Atemzug dafür. Von weit weg höre ich Veras Stimme: »Ich sehe, wie schlecht es Dir geht. Dir ist schlecht, Dir liegt etwas im Magen.« Ja, so ist es, mein Magen verkrampft sich immer mehr. Ich höre Vera noch fragen, ob sie mir eine Tüte bereitstellen soll, falls ich mich übergeben muss. Ohne auf meine Antwort zu warten, tut sie das. Ich versuche mein Würgen zu unterdrücken, ich will nicht, dass man mich so elendig sieht, da höre ich Veras Worte: »Es ist nicht nötig, dass Du diesen Impuls weiter unterdrückst. Drücke ihn aus, sprich aus, wie Du Dich fühlst, spuck es aus!« »Ich fühle mich wie ein Wurm, ich bin ein elendiger Wurm!« bricht es aus mir heraus. »Ich will nicht, dass man mich so sieht, so hässlich, so elendig, ich bin ein Wurm«, stoße ich unter heftigem Schluchzen hervor. Dabei kann ich mich nicht länger auf den Beinen halten. Ich gehe zu Boden, krümme mich und weine und fühle mich hässlich. Nein, so soll mich niemand sehen, auch Vera nicht, niemand. Das ist unwürdig. Ich will kein Wurm sein und doch fühle ich mich wie einer. Durch diese Flut von Empfindungen höre ich nur Bruchstücke von dem, was Vera zu mir sagt: »Ja, so fühlst Du Dich ... so ergeht es Menschen, die Entwürdigung kennen ... es muss schlimm gewesen sein, was Du erlebt hast ... Du musst das nicht mehr verstecken ... ich bin immer noch da, hier, mit Dir ...«

Dazwischen liegen immer wieder Pausen, in denen nicht gesprochen wird, nur mein leises Weinen und Wimmern ist zu hören und manchmal Veras weiche Stimme, die eher wie ein beruhigender Klang zu mir durchdringt und mir zu verstehen gibt, dass sie noch bei mir ist. Das Weinen weicht mich auf, mein Körper wird weicher, so weich, wie der eines Wurms, ohne Rückgrat, das mich aufrecht halten könnte. Ich bin ein weiches, fühlendes Häufchen Elend. Aber wenigstens lebe ich und erlebe, dass niemand diese ausweglose Situation, in der ich mich befinde, ausnutzt. Das ist extrem wichtig für mich. Ich spüre, dass Vera noch da ist. Ich fühle ihre Wärme. Sie erreicht mich und tut mir in diesem unwürdigen Zustand gut.

Jetzt wird mir klar, dass ich Schreckliches mit Menschen erlebt habe, doch ich kann mich nicht daran erinnern, was es war. Langsam richte ich mich wieder auf, noch wackelig, aber aufrecht schaue ich Vera an. Ich bin tieftraurig und schäme mich so zu sein, wie ich bin, so hilflos und schwach, so gedemütigt. »Du bist fast daran zerbrochen«, höre ich Vera mitfühlend sagen. Ich nicke nur, und mein stiller Tränenstrom wird wieder stärker. Lange sehen wir uns wortlos an, dann nicke ich ihr zu und setze mich auf meinen Stuhl zurück. Mit geschlossenen Augen spüre ich dem Geschehen nach. Der Schrecken dieses Menschen sitzt mir noch in meinen Gedärmen. Vera sagt: »Dieser Mensch hat Grausamkeit erlebt. Was genau, wissen wir nicht. Dass er sich so weit darin wahrnimmt, und die dazugehörigen Gefühle nicht mehr für sich behält, sondern in Beziehung setzt, ist der Beginn seiner Heilung.« Sie erklärt mir, dass es seine eigene Zeit hat, in der sich diese tiefen, alten Erfahrungen einer geheimen Inneren Person bewegen. Und sie rät mir, auf meine Träume zu achten. Mit den Worten: »Fahr vorsichtig nach Hause und sei achtsam mit Dir«, verabschiedet sie mich. Das will ich tun, denn alles andere wäre in diesem Zustand auch fahrlässig.

Mein Bedürfnis alleine zu sein und keinen Menschen sehen zu müssen, ist jetzt noch stärker. Zum Glück hatte ich im Job schon angekündigt, meine Überstunden freizunehmen, und da der Auflösungsvertrag bereits läuft, wird meine kurzfristig angekündigte Auszeit sofort genehmigt. Freunden sage ich, dass ich erschöpft bin und Ruhe brauche. Nur meinen Vater versorge ich wie gewohnt. Zu mehr habe ich keine Kraft.

Die Geheimen Bewohner der Seele tragen alte, unverdaute Erfahrungen in sich. Durch die lange Isolation haben sie diese Erfahrungen vergessen. Der Kontakt bringt sie wieder in Erinnerung.

Ich brauche Schonraum, um diese Erlebnisse zu verarbeiten und ich brauche den Kontakt zu Vera, um damit nicht alleine zu sein. Schon in zehn Tagen bin ich wieder bei ihr, dieses Mal sogar für zwei Tage.

Bereits einige Tage nach der Sitzung kann ich mich an einen Traum erinnern:

Zwei Mörder sind aus dem Gefängnis ausgebrochen. Ich bin vor ihnen auf der Flucht und verstecke mich in einem leeren Haus, das einsam in der Landschaft steht. Ich sehe die beiden direkt auf das Haus zukommen. Jetzt erst bemerke ich, dass das Haus offene Wände hat. Ich bekomme Panik und verstecke mich im hintersten Winkel des Wohnzimmers, in der Hoffnung, die beiden würden mich hier nicht entdecken. Ich halte ganz still, atme kaum noch und verharre tagelang in dieser Haltung. Irgendwann fasse ich den Mut, durch die komplett verglaste Fensterfront des Wohnzimmers nach draußen zu schauen, und sehe eine Gruppe Eishockeyspieler; sie treiben den Puck direkt auf das Haus zu. Wild gestikulierend versuche ich mich bemerkbar zu machen. Gleichzeitig achte ich darauf, keinen Ton von mir zu geben, damit ich nicht die Mörder auf mich aufmerksam mache. Die Spieler bemerken mich nicht; sie entfernen sich wieder, immer noch mit ihrem Puck beschäftigt. Tief enttäuscht und traurig setze ich mich wieder in meine Ecke. Ich hatte so sehr gehofft, dass mir jemand hilft. Am nächsten Morgen werde ich durch einen Höllenlärm aufgeschreckt. Ich wage mich wieder zum Fenster. In der Ferne sehe ich einen Panzer auf das

Haus zufahren; er schießt auf das Haus. Schnell verstecke ich mich wieder in meiner Ecke, bin aber gleichzeitig überglücklich, denn ich weiß, dass sie kommen, um mich zu befreien. Die Eishockeyspieler hatten mich also doch bemerkt und mir Hilfe geschickt.

Nachdem mich dieser merkwürdige Traum nun über mehrere Tage begleitet und ich die ganze Zeit die Panik in mir fühle, die gleiche Panik wie in den letzten beiden Sitzungen mit Vera, maile ich ihr den Traum und notiere ihr meine Überlegungen: »Er muss also etwas mit diesem Menschen hinter der Wand zu tun haben und mit seiner Angst, auf grausame Weise umgebracht zu werden. Warum sonst träume ich, dass Mörder hinter mir her sind? Auch die Fensterfront des Hauses ähnelt dem Bild von der Glaswand. Komisch ist diese Gleichzeitigkeit, mich einerseits verstecken zu müssen und andererseits der sehnliche Wunsch, dass man auf mich aufmerksam wird und mir hilft. Je länger ich über den Traum nachdenke, umso verrückter erscheint mir die Idee, in einem Haus Schutz zu suchen, das keine geschlossenen Wände hat. Und ich wundere mich darüber, dass schlussendlich Hilfe anrückt, die dann aber mit scharfer Munition auf das Haus schießt. Warum gebe ich nicht wenigstens in diesem Moment ein Zeichen, damit der Panzer das Feuer einstellt? Wenn ich den Traum weiterspinne, dann kann es für mich eigentlich nur tödlich enden, trotz, oder gerade wegen der potenten Hilfe. Und ich Idiot fühle mich auch noch glücklich, dass wenigstens Hilfe kommt. Was hat das denn nun zu bedeuten?«

Bei unserem nächsten Treffen beginnen wir mit dem Traum. »Der Anfang des Traumes ist sehr bezeichnend«, erläutert Vera. »Er betont die Überzeugung des Menschen hinter der Glaswand: Es gibt keine Sicherheit. Man kann jederzeit Opfer von respektlosen, vernichtenden, männlichen Impulsen werden, von Männern, die das Leben nicht achten. Sie tauchen immer wieder auf, sogar dann, wenn die Gesellschaft sie in die Schranken weist. Sie können trotzdem jederzeit ausbrechen.« Ein kalter Schauer durchläuft mich bei diesen Worten. Vera fährt fort:

»Diese Überzeugung führt zu einem Flucht- und Tarnverhalten: Man muss dafür sorgen, möglichst unsichtbar zu sein, indem man sich still in eine Ecke verkriecht und nichts mehr von sich gibt.« »Genau das macht diese Person hinter der Panzerglaswand«, erwidere ich. Dabei merke ich, dass ich wieder in diese leblose Starre verfalle.

»Bedeutsam ist, wie Dein Traum weitergeht, denn Du verlässt nach einer Weile Dein Versteck und versuchst, auf Dich aufmerksam zu machen. Der Traum betont den Wunsch, das Versteck verlassen zu wollen.« »So habe ich das noch gar nicht gesehen«, antworte ich verwundert, »aber es gelingt ja auch nicht wirklich. Am Ende freue ich mich zwar über die Panzer, aber vergesse darüber, dass sie mit scharfer Munition schießen.« »Stimmt«, antwortet Vera, »das ist seltsam. Lass uns zusammen in dieses Traumbild eintauchen. Setze Dich innerlich noch einmal in diese Ecke. Du siehst, dass die Panzer anrücken. Wie fühlst Du Dich, wenn Du sie schießen hörst?« Ich schließe meine Augen und tauche in den Traum ein. Ich werde die Person, die in der Ecke des Wohnzimmers kauert. Ich spüre meine Angst, aber am meisten spüre ich Freude darüber, dass dieses trostlose In-der-Ecke-Vegetieren bald ein Ende hat. Auch wenn die Befreiung meinen Tod bedeuten sollte, macht es mich glücklich, dass meine ausweglose Situation endlich wahrgenommen wird. Zu Vera sage ich: »Egal, wie es jetzt ausgeht, ich bin nur froh, dass es endlich vorbei ist und ich mich nicht länger wie ein eingeschüchtertes Tier verkriechen muss.« »Das sagt etwas über die Person hinter der Glaswand aus«, antwortet Vera. »Sich in eine Ecke zu verkriechen entspricht also nicht ihrer natürlichen Art. Sie ist eher bereit, den Tod in Kauf zu nehmen, als weiter in diesem unlebendigen Zustand auszuharren.« Bei diesen Worten schießen mir wieder die Tränen in die Augen und mein Herz füllt sich mit Wärme und verbindet sich mit Vera. Sie nickt mir zu und so stehe ich auf und begebe mich auf den Platz hinter meinem Stuhl.

Starr und bis aufs Äußerste angespannt stehe ich da. Doch dieses Mal kann ich Vera anschauen; ich halte ihrem Blick stand. Sie sagt: »Du siehst aus, als würdest Du Deinem Mörder direkt ins Gesicht sehen und wissen, dass es kein Entrinnen mehr gibt.« Es stimmt, ich kann mich nicht bewegen vor lauter Angst. Wie festgewachsen stehe ich da, mein Herz klopft zum Zerspringen, ich möchte davonrennen, kann aber nicht. »Du atmest kaum noch«, spricht Vera weiter, »merkst Du das überhaupt?« »Ja«, flüstere ich, »dann tut es nicht so weh.« »Das Wehtun kommt von den Menschen, vor denen Du stehst, nicht wahr?« »Ja, sie kennen keine Gnade, sie kennen mich nicht, für sie bin ich ein Niemand«, dabei rollen mir wieder Tränen übers Gesicht, Tränen der Verzweiflung und der Hoffnungslosigkeit. Nebel breitet sich vor mir aus. Ich sehe Vera nur noch verschwommen und höre sie gedämpft weitersprechen: »Das ist schlimm, nicht mehr als Mensch wahrgenommen zu werden.« Genau das ist mein Schmerz. Es fühlt sich an, als würde ich von einem Moment auf den anderen ausgelöscht und ich weiß nicht einmal, warum. Dass ich ein Mensch bin, ein Individuum, mit einem Leben, an dem ich hänge, ist völlig bedeutungslos. Dass ich nicht angeschaut werde dabei, dass niemand wissen will, wer ich bin, ist entwürdigend. Leise höre ich Vera sagen: »Und es gibt keinen Ausweg für Dich.« Ich schüttle nur stumm den Kopf, völlig resigniert ob dieser schrecklichen Gewissheit. Plötzlich bricht es aus mir heraus: »Es ist so beschämend, nicht wahrgenommen zu werden, behandelt zu werden, als wäre ich ein Stück Dreck.« Dabei fühle ich zum ersten Mal, dass ich einen Willen habe und empfinde einen Anflug von Verachtung für die Menschen, die mir das antun.

»Nein, Du bist kein Stück Dreck, sonst könntest Du nicht so empfinden. Du bist ein gefühlvoller Mensch, der versucht, seine Würde zu bewahren.« Veras Worte tun mir gut und bringen den Tränenstrom wieder zum Fließen. Ich will ihn nicht länger zurückhalten. Jetzt darf Vera mich so elendig sehen. Jetzt kann ich ihr ernsthaftes Interesse an mir und meiner Geschichte wahrnehmen und jetzt erst kann ich ihr Mitgefühl annehmen. »Niemand hat sich dafür interessiert, was mir angetan wird«, höre ich mich sagen und wiederhole: »Es hat keine Rolle gespielt, dass ich ein Mensch bin, ein Mensch mit einem Leben und mit einer Geschichte.« »Als wärst Du ausgelöscht worden, wie eine Nummer, die man ausradiert. Das müssen gefühllose, kalte Menschen gewesen sein.« In diesem Moment durchfährt mich wieder ein kalter Schauer. Mein Herz bekommt einen Stich und ein Bild taucht in mir auf: Ich bin ein Mann, hinter mir sind andere Menschen, denen es ähnlich ergeht wie mir. Uns gegenüber stehen die, denen wir ausgeliefert sind. Sie zeigen kein Erbarmen. Bis zum Schluss scheine ich darauf zu warten, dass sie etwas Menschliches zum Ausdruck bringen. Aber das kommt nicht. Wieder erstarre ich und werde dabei selbst kalt und gefühllos. Vera scheint die Veränderung in mir zu bemerken, denn sie sagt: »Daher kommt Deine kühle, undurchdringliche Panzerglaswand. Sie entsteht durch Deinen Willen, mit dem Du alles Menschliche in Dir ruhig hältst.« Ich nicke stumm und betrachte die Glaswand vor mir. »Ja, sie sorgt dafür, dass ich für mich bleiben kann und dass es erträglich ist. Ich brauche sie«, bestätige ich leise.

Das Scheitern durch Menschenhand ist schwer zu ertragen. Denn bis zuletzt erhofft sich der Mensch von Seinesgleichen eine menschliche, respektvolle, mitfühlende Behandlung.

Still verharren wir in diesem Zustand, bis ich nicht mehr stehen kann. Dann verabschiede ich mich von Vera und setze mich wieder auf meinen Stuhl. Ich komme mir wie in einer Art Trance vor und bin noch überwältigt von dem Geschehen. »Dieser Mann ist wie in einem Bann«, höre ich Vera sagen, »er ist in einem alten Erleben gebunden. Solange er für sich alleine existiert, hinter der Glaswand, spürt er davon nichts. Es braucht menschlichen Kontakt, damit er sich daran erinnern kann.« Ich nicke nur stumm und flüstere leise: »Ja, es ist ein Mann, ein guter, ein kultivierter Mann«, wieder rollen mir Tränen übers Gesicht.

Für diesen Tag beenden wir unsere Arbeit. Morgen treffen wir uns schon wieder. Nicht, dass ich mich darauf freuen würde, aber in mir ist so etwas wie Zuversicht. Den Abend verbringe ich alleine, mache einen Spaziergang durch die Felder und gehe früh zu Bett. Erschöpft schlafe ich ein und schrecke nachts immer wieder auf. Es dauert jedes Mal eine Weile, bis ich mich orientiert habe. Wieder tauchen zweifelnde Gedanken in mir auf. Ich hadere mit meinem Schicksal: »Mein Gott, jetzt auch noch das. Wie komme ich nur zu dieser Erfahrung? Wäre es nicht besser gewesen, meine kleinen Ticks als Bankerin zu pflegen und einfach normal zu leben, wie alle anderen Menschen das auch tun? Was habe ich da bloß für ein Fass aufgemacht? Eigentlich wollte ich doch nur, dass mein Leben ein klein wenig menschlicher und leichter wird.« Diese unzensierten Gedanken beruhigen mich. Und gleichzeitig spüre ich, dass ich etwas Wesentlichem nahe komme, das mit mir als Mensch zu tun hat. Beim Frühstück erinnere ich mich an einen Film, den ich vor langer Zeit gesehen habe, er hieß »Yentl«*. Der Film erzählte zwar die Geschichte einer Frau, einer Jüdin, aber irgendwie finde ich, dass dieser Name für meinen inneren Mann passt.

Yentl und der Soldat

Übernächtigt sitze ich wieder bei Vera. »Ich möchte diesen Mann Yentl nennen«, eröffne ich das Gespräch. »Er erinnert mich an die Figur aus dem Film«, informiere ich sie. Und ich bringe meine Frage an, die mich die ganze Nacht beschäftigt hat: »Wie kann es sein, dass es in mir eine Erfahrung gibt, die nichts mit meinem Leben zu tun hat?« Gespannt höre ich Veras Antwort: »Alle Inneren Personen, die wir in dieser Isolation antreffen, haben gewichtige Gründe für ihren Rückzug. Manche sind einfach tief enttäuscht von den Menschen und vom Leben, andere sind grausam Opfer geworden, wieder andere waren Täter und fühlen sich schuldig, und einige haben bemerkt, dass sie ihre Macht noch besser ausüben können, wenn niemand von ihrer

* »Yentl«, USA 1983. Regie und in der Hauptrolle: Barbara Streisand.

Existenz weiß. Durch die Isolation bleiben ihre Motive und ihre Erfahrungen, die oft aus anderen Zeiten stammen, konserviert. Durchbricht man ihre Isolation, so, wie wir das machen, wenn wir uns mit ihnen in Kontakt setzen, werden ihre Erfahrungen und ihre Erinnerungen wieder aktiviert. So kommen uralte Erfahrungen aus ganz anderen Zeiten in unser Jetzt-Bewusstsein.« »Das klingt wie: Alles was erlebt worden ist, bleibt in uns gespeichert«, ergänze ich.

»Genau. Jede geheime Innere Person trägt ihre ganz individuelle persönliche Geschichte. Und erinnert sie sich daran, kann sie sich damit auseinandersetzen, ohne dass ihr erneut etwas Schlimmes geschieht. Yentl ist ein Opfer von Menschen geworden, das drückt sich sehr deutlich in seinem Verhalten aus. Viele Opfer tragen die Bilder ihrer Täter in sich. Setzt man sich mit ihnen in Kontakt, überblenden sich ihre Täterbilder mit der realen Bezugsperson. Sie sehen gleichzeitig ihre Täter und spüren die dazugehörigen Gefühle. Das ist auch der Grund, warum Yentl so starke Reaktionen hat, wenn er sich auf die Beziehung mit mir einlässt. Er sieht nicht nur mich, Vera, er sieht auch seine Täter. Wir nennen diese Täterbilder Introjekte. Es gibt positive und negative Introjekte, starke positive Eindrücke von Menschen und starke negative Eindrücke. Um mehr Klarheit darüber zu bekommen, was Yentls Geschichte ist, sollten wir deswegen überprüfen wer ihm gegenüber steht.« Veras Erläuterung ergibt für mich Sinn. »Schlimmer als es ist, kann es auch nicht mehr werden«, antworte ich in einem Anflug von Galgenhumor.

Vera rückt ihren Stuhl zur Seite und macht mir Platz. »Introjekte«, erklärt sie mir, »befinden sich auf der Linie des Therapeuten.« Da stehe ich nun vor meinem Stuhl und betrachte mich selbst und meine Inneren Personen. Es fällt mir leicht, die Chefin und ihr emsiges Team wahrzunehmen. Doch als ich meinen Blick auf Yentl richten will, kann ich plötzlich meinen Kopf nicht mehr heben. Ich kann Yentl nicht anschauen. Scham steigt in mir auf, und Verzweiflung. Ich spüre Widerstand. Ich will diesen Yentl nicht sehen. Ich will nichts mit ihm zu tun haben. Ich möchte hier einfach nur weg. Gleichzeitig wundere ich mich, dass hier ganz ähnliche Gefühle in mir wach werden, wie ich sie schon auf Yentls Platz erlebt habe.

Vera beobachtet diesen Vorgang und sagt: »Erstaunlich, dass Du Dich ähnlich unwohl fühlst wie Yentl.« Mein Schamgefühl wird noch stärker. »Als wäre es Dir peinlich, dem«, dabei macht sie eine Kopfbewegung zu Yentl, »ins Gesicht zu sehen.« Mein Herz rast, ich habe Angst. Doch Vera bleibt hartnäckig: »Schau ihn an«, fordert sie mich auf, »er heißt Yentl und Du hast mit ihm zu tun, ob Du willst oder nicht!« Mir ist heiß und ein wenig übel. »Ich bin nur ein einfacher Mann, ein einfacher Soldat«, stoße ich nach längerem Zögern hervor. »Ich musste es tun.« »Was musstest Du tun?«, bohrt Vera weiter. »Ich musste ihn erschießen, Befehl ist Befehl!« »So einfach machst Du Dir das!?« höre ich ihre schneidende Stimme. Ich fühle mich schuldig, aber ich will es nicht fühlen. »Hätte ich es verweigert, wäre ich selbst erschossen worden«, versuche ich mich zu rechtfertigen. »Du oder er, was für eine Wahl, eine schlimme Wahl«, sagt Vera ernst.

»Ich wollte doch nur leben«, stöhne ich.

»Das stimmt wohl, das wollte Yentl auch, aber er hatte keine Wahl«, antwortet sie sachlich. Wieder fühle ich die Schuld. Sie hat Recht, er hatte keine Wahl. Ich kann erkennen, dass dieser Yentl ein Mann ist, dem ich mich unter normalen Umständen unterlegen fühlen würde. Er ist reich, gebildet und kultiviert, und ich bin ein einfacher Mann. Doch jetzt, in dieser Konstellation, in der wir uns befinden, ist das völlig bedeutungslos. Nein, ich persönlich habe nichts gegen diesen Yentl, aber wir stehen auf verschiedenen Seiten. Und er steht einfach auf der falschen. Irgendwie weiß ich jetzt selbst nicht mehr, welche die richtige oder die falsche Seite ist. Ich fühle mich nur schrecklich unwohl in meiner Haut und bin zutiefst verunsichert. »Wenn ich es nicht tue, tut es ein anderer, das nützt uns beiden nichts«, flüstere ich mit gebrochener Stimme. Veras Worte sind immer noch kühl: »Da hast Du wohl recht«, bestätigt sie meine Aussage und fährt fort, »dass Du es nicht gerne machst, sondern Dich dabei unwohl fühlst, zeigt, dass Du eigentlich kein böser Mensch bist.« Eine Welle verzweifelter, warmer Gefühle durchströmt mich. Ich bin erleichtert, dass sie das sagt, als bräuchte ich jemanden, der bezeugt, dass ich aus Not handle. Jetzt erst kann ich Yentl ansehen und mir ein menschliches Gefühl zu ihm leisten. Eine Welle von Trauer und Bedauern bricht über mich herein. Ja, es tut mir Leid, unendlich Leid. »Sag ihm, was Du empfindest, er steht vor Dir«, fordert mich Vera auf. Meine Zunge ist schwer wie Blei; ich kann nur mühsam sprechen: »Es tut mir Leid, ich wollte das nicht.« Mehr lässt sich dazu nicht sagen, es ist zu schlimm. So stehe ich vor ihm, weine still und schaue ihn unverwandt an.

Nach einer Weile ergreift Vera wieder das Wort, dieses Mal spricht sie weicher: »Euch verbindet ein tragisches, grausames Schicksal. Du warst zufällig in der Rolle des Täters und Yentl war zufällig Dein Opfer. Dass Du darüber Bedauern empfindest und Deine Schuld zu Dir nimmst, ist heilsam für Euch beide.« Es stimmt, ich fühle mich erleichtert. Diese schreckliche Wahrheit lag wie eine schwere Last auf meinen Schultern und auf meinem Herzen. Etwas unbeholfen nicke ich Yentl zu und sage noch einmal: »Es tut mir Leid, ich wollte das nicht.«

Es ist anstrengend, mich aus dieser Soldaten-Position herauszulösen. Wieder sitze ich eine Weile auf meinem Stuhl, meine Augen geschlossen, und spüre diesem Geschehen nach. Immer noch rollen Tränen über mein Gesicht. Wellen von Trauer und Bedauern, aber auch Mitgefühl und Liebe durchströmen mich. Ich weiß in diesem Moment nicht, wessen Gefühle das sind, Yentls oder die des Soldaten. Im Grunde ist es mir egal. Es fühlt sich gut und richtig an, erleichternd. Und als mich Vera auffordert, beide Männer in den Blick zu nehmen, fällt mir auf, dass beide wieder aufrecht stehen, und noch erstaunlicher ist, dass sie beide einverstanden sind mit ihrer gemeinsamen, unmenschlichen Geschichte. Erneut erfasst mich eine Welle von Liebe.

Zu Hause fallen mir ständig Situationen aus meinem Leben ein, in denen Yentls Thema aktiviert worden ist. Wie oft habe ich Blut und Wasser geschwitzt, wenn ich in den Vorstandssitzungen Bericht erstatten musste; oder wenn ich Mitarbeiter-Seminare zu leiten hatte; oder wenn es darum ging, in meinem Team Konflikte zu lösen. Und egal, wie gut ich mich vorbereitet hatte, zwei Tage vor dem Termin war ich immer in einer latenten Panik; und egal wie gut ich am Ende die Aufgabe auch bewältigt hatte, nie veränderte es mein Gefühl, nicht gut genug gewesen zu sein. Noch Tage danach erwartete ich vernichtende Kritik oder, noch schlimmer, eine Abmahnung.

Und plötzlich erinnere ich mich an die Kriegsgeschichte meines Vaters, die er mir als Kind oft erzählt hatte: Er war im zweiten Weltkrieg als Soldat in Frankreich eingesetzt und eines Tages fand er sich und seine Gruppe von französischen Widerstandskämpfern umzingelt. Wie durch ein Wunder überlebte er eine Maschinengewehrsalve, in der viele seiner Kameraden zu Tode kamen. Als Kind war ich einfach nur froh, dass mein Papa überlebt hatte. Doch als ich älter wurde, wusste ich natürlich auch, dass mein Vater zu den Tätern gehört hatte. Das verunsicherte mich und ich war mir nicht mehr sicher, für wen ich nun Partei ergreifen sollte und ob es richtig war, mich einfach daran zu freuen, dass mein Vater überlebt hatte.

Wenn ich jetzt an Yentls Geschichte mit dem Soldaten denke, verstehe ich besser, warum es mir so schwer fällt, mich meinem Vater anzuvertrauen. Bisher hatte ich ihn als einen harten und selbstbezogenen Mann erlebt und mir wird klar, dass ich ihn immer auch als Täter wahrgenommen habe. Allein dieser Gedanke löst eine Welle zärtlicher Gefühle aus, die mich zu meinem Vater trägt. Eines Tages, während einer meiner Routine-Pflege-Service-Besuche, fasse ich mir ein Herz und bitte meinen Vater, mich anzuhören. Er ist zunächst überrascht über diesen Wunsch, doch dann hört er mir aufmerksam zu. Ich erzähle ihm alles, was mir schon so lange auf der Seele brennt. Wie es mir mit ihm ging, als ich ein Kind war; was mich bedrückte, was mir fehlte, was ich mir immer gewünscht hätte; wie sehr ich mich bemühte, seine Aufmerksamkeit zu bekommen; wie ich mich deswegen anstrengte, erfolgreich zu sein; wie ich immer Angst hatte, zu versagen und dann seinen Respekt zu verlieren; wie müde ich bin von dieser Anstrengung.

Tief erschüttert und zu Tränen gerührt nimmt mich mein Vater in seine Arme und versichert mir, dass er mich liebt und dass er stolz auf mich ist, und einfach nur froh darüber, dass ich seine Tochter bin. Zum ersten Mal in meinem Leben fühle ich mich meinem Vater nahe und kann ihm glauben. Und so kann ich ihm auch endlich gestehen, dass ich in der Bank gekündigt habe. Bisher hatte ich ihm nichts davon erzählt, aus Angst vor seiner vernichtenden Kritik. Aber er ist nicht im Geringsten enttäuscht über meine Entscheidung. Im Gegenteil, er bestärkt mich sogar darin: »Tue das, was Du für richtig hältst«, ermutigt er mich, »ich will einfach nur, dass Du glücklich bist, und helfe Dir gerne, wenn Du etwas brauchst.« Dass es so einfach sein würde, mich ihm anzuvertrauen, habe ich nicht erwartet. Auch nicht, dass er so freundlich und unterstützend auf mich eingehen und meine Entscheidung respektieren würde. Ich bin tief erleichtert. Nun bin ich beruhigt und fühle mich bestärkt, meinen neu eingeschlagenen Weg weiterzugehen.

Einige Wochen später sitze ich wieder bei Vera. Ich hatte es ja beinahe schon aufgegeben, aber endlich fühle ich mich wieder aufrecht und kann ihr ohne Angst und Unwohlsein von meinen letzten Wochen berichten.

»Alleine, wie Du heute mit mir sprichst«, bestätigt Vera, »zeigt mir, dass Yentl sich wieder in seiner ursprünglichen Art bewegen kann: als wacher, interessierter Mann, der sich gerne mitteilt.« »Ja, so empfinde ich ihn auch«, erwidere ich. »Er schaut sich die Menschen sehr genau an und sieht, wie sie mit den Dingen umgehen. Ich bemerke seine Ansprüche an die Menschen, vor allem, dass es ihm um Respekt geht, um Respekt für ihn als Mensch, aber auch für das, was er zu sagen hat. So will er behandelt werden, denn so behandelt er auch seine Mitmenschen.« Dabei setze ich mich noch etwas aufrechter in meinen Stuhl.

Auf Veras Zeichen hin stehe ich auf und stelle mich auf Yentls Platz. Entspannt betrachte ich Vera. Es kommt mir so vor, als würde ich sie zum ersten Mal richtig sehen. Wie aufmerksam und interessiert sie vor mir sitzt, wie offen sie für mich ist. »Ich freue mich hier zu sein«, begrüße ich sie. »Das ist schön«, ist ihre Antwort. »Wie geht es Dir mit dem Soldaten?« »Er tut mir Leid«, sage ich ohne zu zögern. »Ich kann sehen, dass er selbst ein Opfer war, ein Gefangener seiner Rolle. Ehrlich gesagt, bin ich froh, dass ich nicht an seiner Stelle war. Ich möchte nie in eine so schreckliche Lage kommen, wo ich auf Befehl unschuldige Menschen töten muss. Warum lernen wir Menschen denn nicht aus all dem Leid, das wir einander schon zugefügt haben? Muss denn jedes Volk und jede Generation immer wieder die gleichen Fehler machen? Das ist doch schrecklich!« Für einen Moment halte ich inne. Ich fühle mein Unverständnis darüber und gleichzeitig meine Hilflosigkeit. Es ist verdammt schwer, nichts tun zu können und den Lauf der Dinge hinnehmen zu müssen. Dann spreche ich weiter: »Wenn man den Menschen doch endlich beibringen könnte freundlich miteinander umzugehen, dann könnte man das Leben auf dieser Erde gut und menschlich gestalten.« »Ja, das wäre gut, aber dafür müssen die Menschen sich erst tiefer verstehen, so, wie Du Dich verstehen musst und so, wie Gertrud das tun muss. Noch vor kurzem wusste sie nichts von Deiner Existenz, sie kannte nur die Nebenwirkungen Deiner Zurückhaltung. Das mit dem Verstehen ist also gar nicht so leicht«, erwidert Vera nachdenklich.

»Aber wenn sich alle dafür einsetzen würden, wenn alle sich anschauen würden, könnten wir uns doch zum Besseren verändern«, versuche ich sie zu begeistern.

»Wenn ich Dich so höre, Yentl, kommst Du mir wie ein engagierter Lehrer vor, der seine Schüler für seine gute Sache begeistern will.«

Ihre Worte rühren einen melancholischen Schmerz in mir an. Ja, es stimmt, ich möchte mich für Menschen engagieren, für ein besseres Leben, aber ich sehe auch ein, dass ich alleine nicht viel ausrichten kann. »Es sind zu wenige, die sich wirklich für die Menschen und für die Wahrheit einsetzen«, sage ich resigniert. Völlig unvermittelt höre ich Vera fragen: »Und was hältst Du von Gertruds Bankerleben?« Ohne eine Sekunde nachzudenken, antworte ich: »Damit habe ich nichts zu tun. Wenn sie wenigstens die Freiheit hätte, all das Geld, das sie erwirtschaftet, für etwas Sinnvolles einzusetzen. Dass sie Respekt für ihre Arbeit bekommt, freut mich, aber sonst interessiert mich der Bankerberuf nicht. Sogar ihr Engagement für ein schönes Zuhause hat nichts mit mir zu tun, auch wenn ich mich an der Klarheit und der Schönheit darin erfreue. Ich hätte gerne die Macht, um etwas auf dieser Erde zu bewegen, das für die Menschen wirklich sinnvoll ist. Alles andere ist für mich Verschwendung.« »Das sind klare, aufrichtige Worte«, höre ich Vera sagen. Das tut mir gut. Aufrecht, mit erhobenem Haupt und mit festem Blick schaue ich sie an. Ja, ich stehe zu meiner Meinung. Vera erwidert meinen entschlossenen Blick und stellt mir erneut eine Frage, mit der ich überhaupt nicht rechne: »Stell Dir vor, Yentl, die Menschen könnten Dich so, wie Du jetzt vor mir stehst, sehen.« Sofort zucke ich zusammen. Nein, das ist mir nicht geheuer. Ich möchte nicht wieder im Schussfeld stehen. Man weiß nie, wann sie es wieder auf mich abgesehen haben. Jetzt erst bemerke ich, dass ich eigentlich immer damit rechne, »abgeschossen« zu werden, im wahrsten Sinne des Wortes. Deswegen halte ich mich lieber zurück, deswegen hat die Chefin mit ihrem Team freie Hand. Gleichzeitig spüre ich meine Unzufriedenheit darüber, dass ich keinen Platz in der Welt habe und dadurch auch nichts gestalten kann.

»Deine alte Erfahrung sitzt Dir noch ganz schön in den Knochen.« Vera hat anscheinend bemerkt, was in mir vor sich geht. »Das stimmt, ich möchte mich wieder am Leben beteiligen und etwas bewegen, aber ich bin unsicher, denn ich rechne damit, dass sich die Menschen irgendwann wieder gegen mich wenden.« »Das ist normal nach dieser Erfahrung, die Du gemacht hast. Wenn Du wieder Deine Gestaltungskraft zurück haben willst, musst Du leider das Risiko eingehen und Dich mit Deinem Wollen, mit Deinen Standpunkten zeigen. Mit mir hast Du es ja schon gewagt und wie Du siehst, lebst Du noch.« Würde mich Vera nicht daran erinnern, dass ich mich noch kurz zuvor klar und deutlich ausgedrückt habe, ich hätte es bereits vergessen.

Als ich wieder auf meinem Stuhl sitze, spüre ich Yentls Zwiespalt. Er will zwar wieder am Leben teilnehmen und sich engagieren, aber er ist immer noch sehr leicht erschütterbar. Nur eine Andeutung von Kritik löst bereits seinen alten Schrecken aus. Darum also versucht die Chefin mit ihrem Team ständig ein harmonisches, konfliktfreies Milieu zu erzeugen; deswegen ist mir immer so wichtig, dass mich die Menschen mögen.

Wahrhafte Standpunkte

Einige Tage nach dieser Arbeit meldet sich plötzlich meine ehemalige Kollegin. Sie möchte ihre Coachingfirma umstrukturieren und fragt mich, ob ich Lust habe, bei ihr einzusteigen. Einen besseren Zeitpunkt für diese Anfrage könnte es gar nicht geben. Zum einen fühle ich mich geschmeichelt, dass sie mich dabei haben will, und zum anderen würde es mir den Schritt in die Selbstständigkeit erleichtern, denn geteilte Erfolge sind schließlich doppelte Erfolge und geteilte Ängste nur halbe Ängste. Der Umstand, dass ich ihre Berufserfahrung, die sie mir voraus hat, durch einen praktischen Beitrag ausgleichen kann, fühlt sich ebenfalls wie eine gute Fügung an. In meinem Wohnhaus gibt es zwei Arbeitsräume, die sich hervorragend als Büroräume für unser neues Business eignen. Alles passt wunderbar zusammen. Und einige Meetings später starten wir mit großem Elan und richten die Büros ein. Durch den beflügelnden Zauber des Anfangs fällt mir erst Wochen später auf, wie ich wieder damit beschäftigt bin, unser Miteinander harmonisch zu gestalten. Meine Kollegin ist, bei genauer Betrachtung, nicht nur eine kreative, willensstarke Person, nein, sie ist auch eine dominante Frau. Sie hat ihre klaren Vorstellungen, wie die Dinge zu sein haben und wie man sie regeln muss, und sie kann mir das auf eine Art und

Weise vermitteln, dass es mir jedes Mal einleuchtet. Außerdem geht sie ganz selbstverständlich davon aus, dass sie, als die Erfahrene von uns beiden, die Entscheidungsgewalt hat. Und ganz selbstverständlich beansprucht sie auch noch unsere gemeinsamen Büroräume für sich, ohne sich mit mir abzusprechen.

Eines Abends, als ich in gewohnter Manier durch mein Haus spaziere, wird mir plötzlich ganz eng in der Brust. Ich fühle mich unfrei in meinem eigenen Zuhause. Nein, so habe ich mir eine gleichberechtigte Zusammenarbeit eigentlich nicht vorgestellt. Nein, meine neue Selbstständigkeit sollte ja gerade nicht wieder bedeuten, dass ich mich unterordne. Wo habe ich mich denn jetzt hinmanövriert? So kann es auf keinen Fall weitergehen; es ist höchste Zeit, dass ich mich mit meiner Partnerin ausspreche. Allein dieser Gedanke jagt mir höllische Angst ein. Tage- und nächtelang ringe ich mit mir, führe Dialoge mit meiner inneren Chefin und mit Yentl, bis ich endlich den Mut aufbringe und meiner Partnerin gestehe, wie es mir in unserem Miteinander geht. Und wie ich erwartet hatte, reagiert sie extrem negativ, verteidigt sich, greift mich an, macht mir Vorwürfe. Dennoch bleibe ich bei meinen Aussagen und fühle mich dabei weder böse noch schuldig. Als wir uns nach mehreren Diskussionen immer noch nicht einigen können, geben wir unsere Zusammenarbeit wieder auf. Mir fällt ein Stein vom Herzen, und das Erstaunlichste daran ist: Diese Erfahrung bestärkt mich darin, meinen eigenen Weg zu gehen und mein eigenes Businesskonzept zu entwickeln.

Einige Wochen später erlebe ich eine ähnliche Situation mit dem Werbefachmann, mit dem ich mein Programmheft gestalte: Solange ich alleine daran arbeite, weiß ich recht gut, welche Botschaft ich meinen potenziellen Kunden vermitteln möchte und wie das Heft aussehen soll. Doch in den Diskussionen mit ihm lasse ich mich oft vom Gegenteil überzeugen. Immer wieder verwerfe ich meine eigenen Texte und Vorschläge und bin am Ende unzufrieden mit seinen Entwürfen. Zwischen uns entsteht eine Art Kampf und ich beginne, um jedes

Wort, um jedes Zeichen, um jede Farbnuance zu ringen. Immer eigenwilliger beharre ich auf meinen Ideen. Und siehe da, nach vielen zähen Stunden mit manch hitzigen Diskussionen, immer nahe daran, die Zusammenarbeit zu beenden, liegt eines schönen Tages ein wunderbares Programmheft auf meinem Schreibtisch. Und, wer hätte das gedacht, es gefällt uns beiden ausgesprochen gut. Ich bin stolz auf dieses gemeinsame Werk und ich bin stolz darauf, dass ich mich dafür so ausdauernd eingesetzt habe.

Yentl ist also mit ins Boot gestiegen und seitdem erlebe ich in meinem Alltag viele Situationen, in denen er seine Sicht der Dinge selbstverständlich ausspricht. Mit jedem Mal, wo er das tut, richtet er sich ein klein wenig mehr auf und bekommt wieder Rückgrat. Gestärkt durch diese Entwicklung, reise ich zu einem weiteren Termin bei Vera. Nach einem kurzen Austausch mit ihr stehe ich wieder auf Yentls Platz. Ganz selbstverständlich eröffne ich das Gespräch: »Ich bin sehr zufrieden mit den jüngsten Entwicklungen in Gertruds Leben. Die Entscheidung, die Zusammenarbeit mit ihrer Kollegin zu beenden, war schon lange überfällig. Diese neue Arbeit soll mit uns zu tun haben und unsere Handschrift tragen. Ich weiß sehr genau, wie die Arbeitsräume gestaltet werden müssen und wie unser Erscheinungsbild in der Welt auszusehen hat. Es macht mir Freude, daran zu arbeiten.« »Das sehe ich«, antwortet Vera, »Gertrud hat mir ihr Programm und ihre Visitenkarte gezeigt. Beide zeigen Deine Handschrift: klar, ästhetisch, aussagekräftig.« »Es freut mich, dass es Dir gefällt«, antworte ich erleichtert und spüre dabei, dass es noch immer sehr wichtig für mich ist, verstanden und akzeptiert zu werden. »Es gibt noch sehr viel zu tun, aber es ist alles machbar.« Ruhig antwortet Vera: »Das Gute ist, dass Du selbst wieder Lust hast, an Gertruds Leben teilzunehmen. Du hast ein klares, männliches Urteilsvermögen. Daraus werden sich die passenden Formen ergeben.«

»Ja«, antworte ich, »das wird sich alles entwickeln. Ich mache mir keine Sorgen, denn ich weiß, was ich kann und ich weiß um die

Fähigkeiten der Chefin und ihres Teams. Außerdem kann ich die Entwicklung im Bankensektor ganz gut einschätzen. Da wird genügend Arbeit auf uns zukommen, da bin ich mir ganz sicher.« »Du kennst Dich in diesem Milieu besser aus als ich, da vertraue ich Deiner Einschätzung«, erwidert Vera. »Behalte die persönlichen Bedürfnisse der Chefin und der Kinder im Blick, sodass sie nicht wieder überfordert werden. Sie brauchen freie Zeiten.« Fast ein wenig beleidigt antworte ich: »Keine Sorge, das tue ich. Wie Du weißt, können wir es uns leisten, unsere neue Arbeit langsam aufzubauen. Jetzt ist erst einmal Urlaub angesagt und es ist beruhigend, dass für den Herbst schon die ersten Kundentermine notiert sind.« Vera nickt mir zu und verabschiedet sich dann von mir. Ich bleibe noch eine Weile an meinem Platz stehen und schaue sie an. Ich bin dankbar, dass sie sich so ausdauernd für mich eingesetzt hat. Das sage ich ihr und verabschiede mich.

Wieder auf meinem Stuhl, spüre ich der Begegnung mit Yentl nach. Ich genieße seine kraftvolle, selbstbewusste, männliche Art. Die Chefin und die Kinder können sich auf ihn verlassen und entspannen dadurch, obwohl meine Zukunft noch so offen und unsicher ist. Und ich nehme noch eine andere Empfindung in mir wahr. Ich habe das Gefühl, dass ich erst jetzt zu meiner eigentlichen Aufgabe im Leben komme. Und die hat mit Menschen zu tun. Ich will ihnen nahebringen, dass das Leben mehr zu bieten hat, als materiellen Wohlstand. Seltsam, dass dieser Anspruch plötzlich so wichtig wird, schließlich habe ich die meiste Zeit meines Erwachsenenlebens damit zugebracht, für die Anhäufung von materiellem Wohlstand zu arbeiten. Hat dieser Eifer mit Yentl zu tun? Eigentlich nicht, denn Yentl erlebe ich ruhig und ausgeglichen. Hier empfinde ich mich viel emotionaler. Als ich Vera davon erzähle, antwortet sie mir: »Ich vermute, dass dieser Wunsch auch mit einer Frau in Dir zu tun hat. Wenn ich Dein Leben betrachte, kann ich mir nicht vorstellen, dass daran nicht auch ein weiblicher Wille beteiligt ist. Schon länger wundere ich mich darüber, dass Du so selbstverständlich auf Beziehung verzichten kannst. Meiner Erfahrung nach hat das mit machtvollen, unabhängigen Frauen zu tun, die sich auch in den verborgenen Raum der Psyche zurückgezogen haben. Wir müssen uns aber nicht in Vermutungen versteigen. Sobald Yentl seinen Platz in Deinem Leben eingenommen hat, tauchen die anderen Inneren Personen wie von selbst auf. Achte auf Deine Träume, denn darin kündigen sie sich an.«

Das sind ja tolle Aussichten. Ich bin heilfroh, Yentls Prozess überlebt zu haben. Und jetzt bekomme ich zu hören, dass es vielleicht noch eine andere geheime Person in mir gibt, eine Frau. Mittlerweile ist mir klar, was das bedeuten kann. Schon zweimal habe ich einen höllischen Abstieg durchlebt. Okay, ich muss zugeben, dass ich auch wieder daraus auferstanden bin. Sogar stärker, bewusster, vollständiger. Bei aller Abwehr entgeht mir natürlich nicht, dass ich den Gedanken an eine machtvolle Frau in mir am liebsten verdrängen möchte. Das gelingt mir leider nicht, denn ich bin bereits neugierig auf sie, und wenn ich ehrlich bin, muss ich zugeben, dass ich ihren Geschmack kenne. Immer dann, wenn ich mit machtvollen Männern zu tun habe, ist sie irgendwie mit im Spiel. Diese Männer faszinieren, reizen und erschrecken mich gleichermaßen. Ich ahne, dass diese Frau erneut einen tiefen inneren Prozess in Gang setzen wird, und dazu bin ich jetzt einfach nicht bereit. Jetzt steht erst einmal Ausruhen an, dann will ich mich um die konkreten, beruflichen Schritte in meinem Leben kümmern und dann sehen wir weiter ...

Wie es der Teufel will, bestätigt sich Veras Ankündigung bereits einige Tage später. Ich träume von einer feurigen, erotischen Frau, die magische Kräfte besitzt und diese im Umgang mit Männern einsetzt. Sie kann Männer beeinflussen, ohne dass sie es bemerken. Sie kennt das Spiel der Macht; sie weiß, dass die Männer in der Welt das Sagen haben. So spielt sie zwar mit, aber auf ihre Weise.

Im Anschluss an den Traum kann ich ihren Willen in mir wahrnehmen. Ja, diese Frau ist enorm eigenwillig und sie trägt einen machtvollen Führungsanspruch. Das kann ja heiter werden, denn bisher habe ich mich als angepasste, pflichtbewusste, ja fast schon dienende Frau erlebt. Ich werde wohl mein Selbstbild erneut justieren müssen, das wäre ja nicht das erste Mal. Jetzt sind Urlaub und mein neues Arbeitsfeld angesagt. Diese Frau läuft ja nicht weg. Alles zu seiner Zeit.

Oberfläche und Tiefe von Gertruds innerem System

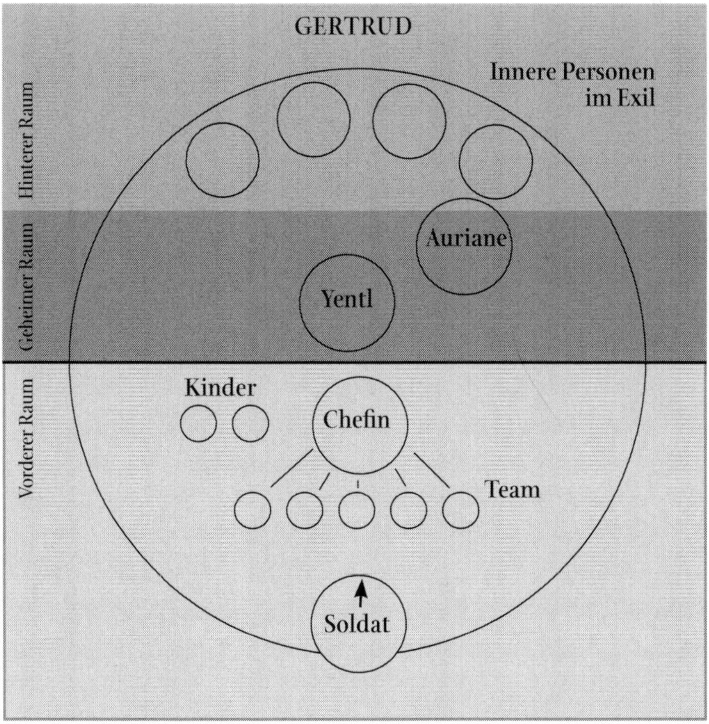

Stand der Dinge

Gertrud arbeitet mittlerweile erfolgreich als Coach in ihrer privaten Praxis. Zudem bietet sie Trainings in Persönlichkeitsentwicklung und Personalschulung für Firmen an.

Sie lebt weiterhin als Single. Ihre Beziehung zu ihrem Vater hat sich weiter entspannt und vertieft.

Während der Mitarbeit an diesem Buchprojekt wollte Gertrud mit ihrer Prozessarbeit pausieren. Seitdem sind eineinhalb Jahre vergangen. Gertrud hat bisher keine Untersuchung ihrer geheimen machtvollen Frau angestrebt.

Wiebkes Geschichte

Wiebke, 42, Werbefachfrau, zunächst Single, dann in Beziehung

Tyrannenland ist abgebrannt

Meine Therapeutin spinnt!

Meine Therapeutin spinnt! Die Energiewelle, die mir aus dem Computer entgegenkommt, als ich Ingrids Mail öffne, haut mich beinahe um. Was ist denn in die gefahren?! Hat die noch alle Tassen im Schrank?! Ich quäle mich hier wochenlang mit meinem Nein-Willen rum, lasse fast mein Geschäft über die Wupper gehen, und die beschwert sich, dass ich mich nicht genügend für meinen persönlichen Prozess einsetze. Ihre Mail ist lang, die Botschaft kurz: Mein Engagement sei ausgesprochen mager, und sie habe keine Lust, die Arbeit für mich zu tun.

Was soll das denn? Ich konnte überhaupt nicht! Macht die sich eigentlich eine Vorstellung davon, was ich hier in den letzten Wochen mitgemacht habe? Wie schlecht es mir ergangen ist? Da wären doch viel eher ein paar aufbauende Worte und Mitgefühl angesagt! Erst ruft sie böse Geister auf den Plan, mit denen ich mich dann alleine rumplagen muss, und dann muss ich mir auch noch Vorwürfe gefallen lassen! Was bildet die sich überhaupt ein? So eine Therapie brauche ich ganz bestimmt nicht!

Am liebsten würde ich die ganze Sache hinschmeißen. Ich habe nur ein Problem: Irgendwie hat es die Erkenntnis, das könnte doch etwas mit mir zu tun haben, in eine meiner Gehirnwindungen geschafft. Und da kriege ich sie nicht mehr los! Vorläufig befindet sich der Bote mit seiner unerwünschten Nachricht allerdings auf einer der Nebenstraßen meiner Schaltzentrale. Noch kann ich mich ablenken. Der Brief von diesem aufgeblasenen Vereinsvorsitzenden kommt mir gerade recht. Den konnte ich sowieso noch nie leiden. Die nächsten

Stunden verbringe ich damit, auf diesem Nebenkriegsschauplatz ein paar Feuer zu legen. Abends gerät mein Liebster in meine Schusslinie. Unglaublich, wie unsensibel Männer sein können! Kaum erzählt man ihnen von seinen Problemen, kommen sie mit irgendwelchen Bauanleitungen und blöden Ratschlägen. Als ob ich nicht selbst eins und eins zusammenzählen könnte. Innerlich fauche ich wie eine Katze und ziehe Kreise wie ein Tiger. Kreise, die sich immer enger um den Computer schließen. Ich lese mir die Mail noch einmal durch. Der Bote in meinem Hirn hat sich ein Stückchen weiter vorgekämpft. So ganz überzeugt bin ich noch nicht. Was habe ich denn eigentlich geschrieben? Na ja, vielleicht war das ein bisschen dünn. Ich beschließe, meiner Therapeutin kurz zu antworten, um etwas Aufschub zu bekommen. Brav hänge ich noch die aufgetragene Hausaufgabe an. Ich sollte aufschreiben, wann und wie ich meinen Nein-Willen im Alltag bemerke. Eine halbe Stunde später hat Ingrid noch einmal nachgelegt: Sie nehme die Sache ernst und müsse erkennen, dass ich das nicht im gleichen Maße tue.

Die strategischen Geheimen Bewohner bewegen ihren Willen heimlich und indirekt. Sie manipulieren die Bewohner der Innenwelt und die Menschen in der äußeren Welt.

Ich beschäftige mich erst mal wieder mit diesem albernen Vorsitzenden. Dann ruft zum Glück Alexa an. Wenigstens meine Freundin versteht mich. Nach einstündiger Diskussion zu den Themen selbstwertschwache Männer und lästige Therapeutinnen, die gerade nicht auf Kuschelkurs sind, rät sie mir, den Verein, Verein sein zu lassen und mich lieber um mich selber zu kümmern: »Wiebke, Du hast jetzt Wichtigeres zu tun! Tut mir Leid, dass ich Dir das sagen muss, aber an der Aussage Deiner Therapeutin ist etwas dran. Da hilft nichts, Du musst Dich drum kümmern.«

Mist, das wollte ich nun nicht auch noch von ihr zu hören bekommen. Eine halbe Stunde später ist die Vereinssache abgeschlossen, dafür brodelt es in mir weiter. Kann es wirklich sein, dass ich bei allem, was ich getan habe, nie wirklich die Absicht hatte etwas zu ändern? Zumindest nichts Grundlegendes. War das lediglich Kosmetik für die Seele? Sollte das alles nur ein exzentrisches Hobby sein? Nach dem Motto: Andere spielen Golf, ich mache in IndividualSystemik! Irgendwann ist es dann so weit, ich strecke die Waffen. Tief aus meinem Bauch steigt dieses kleine Unbehagen auf, das mich begleitet hat, seitdem ich Ingrids Mail zum ersten Mal gelesen habe. Es bahnt sich seinen Weg zu meinem Herzen, windet eine Schleife darum und öffnet ein dunkles Fenster. Jetzt kann ich es sehen. Der tapfere kleine Bote mit seiner schwer verdaulichen Kunde ist angekommen. Seine Botschaft hängt in überlebensgroßen Buchstaben auf dem Marktplatz meiner Innenwelt und ist für jedermann sichtbar: *INGRID HAT LEIDER RECHT!*

Wie ist es überhaupt dazu gekommen, dass ich mir jetzt so etwas ansehen muss? Letztlich wollte ich doch nur wissen, warum ich mich fünf Jahre an einen Mann gebunden habe, der mich im Grunde genommen nie wollte. Mein Anliegen war, herauszufinden, was in meiner Seele vor sich geht, dass ich so etwas zulasse. Denn eigentlich habe ich es überhaupt nicht nötig, mich so behandeln zu lassen. Ich bin attraktiv und unabhängig, ich kann für mich selbst sorgen und ich habe nicht einmal Angst vor dem Alleinsein. Trotzdem habe ich ihm erlaubt, mich finanziell auszunutzen; auf meiner Seele rumzutrampeln, und ich habe zugelassen, dass wir wie in einem Leichenhaus leben. Bei Lichte besehen ist es mir nie, oder sagen wir mal, nur selten, gut mit ihm gegangen. Und um dem ganzen die Krone aufzusetzen, ist mir all das nicht erst nach der Trennung klar geworden, sondern ich wusste es die meiste Zeit und konnte dennoch nicht von Stefan lassen. Irgendwie war ich getrieben von dem Gedanken: »Es muss doch zu schaffen sein, diese Beziehung zum Guten zu wenden.« Jeder Freundin hätte ich geraten den Typen endlich abzuschießen. Aber ich konnte es nicht. Ich habe es nicht akzeptieren können, dass das, was ich will, nicht werden kann.

Und was musste ich mir dann bei Ingrid ansehen? Dass ich auch nicht besser bin als Stefan! Ich bin genauso arrogant, genauso apathisch, genauso grausam, genauso anspruchsvoll, genauso unversöhnlich – und genauso wenig bereit, wirklich etwas zu verändern. Das war gleich in einer der ersten Therapiesitzungen fällig. Nein, so hatte ich mir das wirklich nicht vorgestellt! Ich hatte eher daran gedacht, einigen empfindsamen Wesen zu begegnen, die in der Beziehung mit Stefan verletzt wurden. Ihre Wunden, dachte ich, gelte es zu versorgen. Um sie sollten wir uns kümmern und mit ihnen gemeinsam herausfinden, wie wir in Zukunft in schwierigen Beziehungen bestehen können. Oder besser noch, wie wir solche Bindungen am besten erst gar nicht eingehen.

Aber zwei Träume reichten Ingrid aus, um mir zu sagen, dass es in mir eine Innere Person gibt, die der Welt nur eins zu sagen hat: »Nein, von mir kriegt ihr nichts mehr! Nein, ich spiele nicht mehr mit und wenn, dann auf meine Art!«

Damit war das Spiel eröffnet. Ingrid forderte mich auf, mich mit dieser ablehnenden Person zu verbinden und mich auf ihren Platz zu begeben. Ich musste meinen Stuhl nur ein klein wenig nach hinten schieben und schon veränderte ich mich, und ab sofort war Leugnen nicht mehr möglich: Ich hing wie ein schwerer Sack in meinem Sessel, das Gesicht abgewandt, flegelte Ingrid an und gab ihr zu verstehen, dass sie gefälligst Leine ziehen soll. Unmissverständlich gab ich ihr zu verstehen: Ich wünsche, nicht gestört zu werden. Nein, ich hatte keine Lust auf Kontakt; ich wollte nur abhängen und in Ruhe gelassen werden. Was andere wollen, war mir egal. Dass andere Innere Personen oder Wiebke vielleicht noch andere Bedürfnisse haben, interessierte mich nicht die Bohne. Und wenn es andere geben sollte, dann sollten sie sich gefälligst selbst um ihre Belange kümmern. Ingrid sagte mir noch, dass ich der stärkste Wille in Wiebke sei und dass ich wie eine angezogene Handbremse in ihrem Leben wirke. Auch das war mir egal. Und überhaupt, sie konnte die Sache sehen wie sie wollte. Ich hatte mit all dem nichts zu schaffen.

Zu Hause kam mir das Ganze nur noch ungeheuerlich vor: Das soll ich gewesen sein? Das ist doch original Stefan, wie er vor seinem Computer sitzt: desinteressiert, fast depressiv, abweisend, menschenfeindlich. Aber je länger ich darüber nachdachte, musste ich mir schließlich eingestehen, dass ich dieses Verhalten sehr wohl von mir kenne. Normalerweise zeige ich es nur nicht so direkt, wie in dieser Sitzung mit Ingrid. Allmählich wurde mir klar, dass im Grunde jeder, der mit mir zu tun hat, genau dieses Nein zu spüren bekommt. Sogar wenn ich Menschen zu mir einlade und sie willkommen heiße, gebe ich ihnen oft genug auf einer anderen Ebene zu verstehen, dass sie mich stören und dass sie wegbleiben sollen. Genauso hat es Stefan mit meinen Freunden und Verwandten gemacht: Kamen sie zu Besuch, war er zunächst nicht vom Computer loszueisen. Und bequemte er sich doch mit an den Tisch, saß er wortkarg und misslaunig dabei. Nein, Besucher konnten sich bei uns nicht wirklich wohlfühlen.

Die heimlichen Strategen nutzen psychotherapeutische Entwicklungsfelder für ihren ganz eigenen Zweck: Mit den psychologischen Erkenntnissen über den Menschen erweitern sie ihre Strategien und ihre Tarnung.

Das mache ich schon etwas geschickter, denn ich bewege mein Nein heimlich, indirekt. In dieser Heimlichkeit ist sogar noch eine tiefe Befriedigung versteckt. Jeder bekommt mein Nein zu spüren, aber keiner kann es fassen. So kann mich niemand zur Verantwortung ziehen. Das hat etwas Reizvolles, fast Genüssliches. An der Oberfläche sieht es so aus, als ob ich mich ernsthaft um Kontakt bemühe. Tue ich ja auch, aber auf einer tieferen Ebene sorge ich für Abstand und gebe nichts. Wo Stefan offen unhöflich war, ziehe ich mich unauffällig aus der Affäre. Zum Beispiel bei meiner neuen Nachbarin Ursula: Erst gehe ich freundlich auf sie zu und gebe ihr zu verstehen, dass ich gerne Kontakt mit ihr haben möchte; kaum kommt sie mir näher, ziehe ich mich zurück. Sie wird mir lästig. Ich will mir kein Gespräch aufdrängen lassen. Meine Antworten werden einsilbiger. Irgendwie stockt das Gespräch. Ursula zieht nach einer Weile ab. Ich bin sie wieder losgeworden. Mein heimlicher Wunsch nach Abstand hat sich durchgesetzt. Dem setze ich noch eines drauf, indem ich das Ganze mit einer Portion Abwertung garniere: Diese Frau ist sowieso viel zu geschwätzig und zu oberflächlich; außerdem weiß man bei so einer nie, was die alles weitererzählt. Die Sache ist geritzt. Der Abstand ist gewahrt. Ursula kommt nicht mehr über meine Schwelle. Und das Beste ist, sie kommt freiwillig nicht mehr.

Das ist der machtvolle Wille dieser heimlichen Inneren Person, von der Ingrid gesprochen hat. Es stimmt, an mich kommt niemand mehr ran. Und das ist gut so, denn ich will in nichts mehr verwickelt werden, und ich will nichts mehr von mir geben. Dadurch bleibt alles, was ich tue, auf geheimnisvolle Weise banal. Geheimnisvoll und banal zugleich, eine seltsame Mischung, die auf viele meiner Mitmenschen sogar anziehend wirkt. Ich selbst merke aber immer mehr, wie hohl ich bin. Egal wie sehr ich mich bemühe, wie sehr ich mich ins Zeug lege, nie wird etwas wirklich wichtig. Bei allem was ich tue, stellt sich irgendwann das Gefühl ein, dass es nur auf einer Spielwiese stattfindet. Es berührt mich nicht tiefer, es hat keine Bedeutung für mein Leben. Früher oder später stelle ich alles in Frage: »Lohnt es sich, dass ich mich für meinen Beruf engagiere? Will ich das wirklich? Wie wichtig ist mir diese Freundschaft? Ist das eigentlich der richtige Partner?«

Nie finde ich auf diese Fragen eine tragende Antwort. Letztlich verharrt alles in der Beliebigkeit, im großen Irgendwie. Das ist die bittere Realität in meinem Leben. Obwohl ich mich jahrelang in Selbsterfahrungsgruppen darum bemüht habe, einen Weg zu finden um mein Potenzial ins Leben zu bringen und um mich für Beziehung und Nähe zu öffnen. Und jetzt muss ich mir durch Ingrids Arbeit eingestehen, dass es mein eigener Wille ist, der genau daran kein Interesse hat. Das ist ein ziemlicher Brocken, den ich da schlucken muss.

Stimmt das wirklich, was sie da aufgedeckt hat oder redet sie mir am Ende noch etwas ein? Also weiter in meiner Selbsterforschung. Ich muss zugeben, dass mein Leben trotz eines interessanten Berufes, einer komfortablen Lebenssituation, vielfältiger Freundschaften und aufregender Hobbys unerfüllt geblieben ist. Immer wieder kämpfe ich mit Einsamkeit und Sinnlosigkeit. Mein Leben ist halbherzig geblieben – in jeder Beziehung. Dieser Zustand ist mir selbst zuwider. Seltsam, jetzt kann ich wahrnehmen, dass sogar diese unflätige Person in mir Halbherzigkeit verabscheut und mich, Wiebke, für mein Leben auf Sparflamme verachtet. Und trotzdem tut sie alles dafür, dass meine Samen nicht aufgehen. Ich soll gar keine Früchte tragen. Das ist doch verrückt.

Die geheimen Strategen erschaffen in der Innenwelt eine Struktur, die einem sizilianischen Dorf gleicht, das von der Mafia unterwandert ist. So, wie die Mafia es zulässt, dass im Dorf ehrenwerte Menschen leben, sogar Menschen, die die Mafia bekämpfen, sorgen die geheimen Strategen dafür, dass es im Vorderen Raum der Psyche Innere Personen gibt, die sich für Wahrheit und Entwicklung einsetzen.

Ingrid meinte, dass dieses Verhalten wohl ein Schutz ist, um frühere Verletzungen nicht mehr spüren zu müssen, eine Art Selbstbetäubung. Diese Person lässt erst gar nichts entstehen, damit es niemand zerstören kann. Und sie sagte, dass diese Person erst dann wieder weiß, wer sie ist, wenn sie sich mit den alten Gefühlen und ihrem Schmerz auseinandersetzt. Bisher wehrt sie einfach jede Berührung ab und macht sich damit unberührbar.

Was für ein alter Schmerz überhaupt? Ich leide hier und jetzt daran, dass ich ständig hinter meinen Möglichkeiten zurückbleibe und mein Leben nicht blüht. Was soll's, alter oder neuer Schmerz, alles ist besser als mitzuerleben wie mein Leben an der Oberfläche dahin dümpelt. Die Chancen etwas zu gewinnen, scheinen mir viel größer zu sein, als die Risiken, noch einmal ein paar alte Emotionen durchzukochen. Da bin ich pragmatisch. Was immer auch passiert sein mag, offensichtlich habe ich es überlebt. Außerdem ist es sowieso lange vorbei. Warum also kneifen? Dann mal ran an diese Nein-Person.

Frauenleid und Selbstboykott

Zunächst stellten sich Träume und Bilder ein: Ich träumte vom Dritten Reich und von Frauen, die um ihr Leben fürchten müssen; für die es gefährlich ist, ihre weibliche Lebenslust auszuleben. Von Frauen, die sich in Gängen verstecken und die Augen niederschlagen, nur um nicht aufzufallen. Sie müssen ihre kraftvolle, eigenwillige Weiblichkeit verleugnen, um in der Welt bestehen zu können. So können sie zwar existieren, doch dürfen sie nicht zu machtvoll und zu erfolgreich sein. Das wird abgestraft. Sie dürfen nicht strahlen. Ihnen bleibt nur die Pflichterfüllung. Es ist für sie überlebenswichtig, sich selbst zu bezwingen.

Ich erzählte Ingrid davon in einer Mail. Sie schrieb zurück: Die Träume lassen darauf schließen, dass diese Nein-Person eine Frau ist und ein weibliches Ohnmachtsthema trägt. Sie hat wohl die negative Macht des Patriarchats kennen gelernt und hält jetzt selbst ihre Gefühle und ihre Macht unter Verschluss. Ingrids Deutung leuchtet mir ein und bewirkt, dass ich einige Tage lang daran herumknabbere, wie sehr ich mich selbst im Zaum halte. Stimmt, ich brauche keine Männer mehr, die meine weiblichen und instinkthaften Seiten unterdrücken. Das erledige ich schon selbst. Ich fühle die Sehnsucht, meine Leidenschaft und Spontaneität zurückzuholen. Und komme mir gleichzeitig wie ein alter, gut dressierter Hund vor, der sich schon lange an seinen Herrn angepasst hat. Nur wenn dieser ihm die Erlaubnis erteilt, tobt er sich für kurze Zeit aus. In den Selbsterfahrungskursen, die ich besuche, darf ich schon mal von der Leine. Manchmal gibt es auch in meinem

Alltag Gelegenheiten, bei denen ich vorpresche, bis ich mich dann wieder zurückpfeife, weil es mir selbst zu viel wird. Welcher Herr oder welche Herrin erlaubt mir herumzutollen, um es kurz darauf wieder zu verbieten?

Wie sehr ich mich die ganze Zeit ausbremse, ist am deutlichsten in meiner Arbeit zu spüren: Ich habe mich vor zwei Jahren selbstständig gemacht und habe seitdem wieder Spaß an meinem Beruf. Es ist spannend und aufregend, auszuprobieren, was ich alleine auf die Beine stellen kann. Selbst dieser gewisse existenzielle Druck, der dabei entsteht, ist belebend. Und trotzdem lasse ich vieles schleifen. Erst begeistere ich die Kunden mit meinen Ideen, dann lässt die Umsetzung auf sich warten. Denn plötzlich habe ich keine Lust mehr, fühle mich gerade nicht so inspiriert, oder bin gelangweilt und schiebe die Projekte auf die lange Bank. Auch wenn ich sie dann später doch noch erledige, löse ich in gewisser Hinsicht mein ursprüngliches Versprechen nicht ein und stifte damit Chaos. Dieses Verhalten stürzt mich regelmäßig in tiefste Verwirrung, und alle, die mit mir zu tun haben natürlich auch. Wer bin ich denn nun? Diejenige, die begeistert, voller Ideen sprudelnd die Jobs anpackt, oder diejenige, die müde und unter Spannung das Pflichtprogramm abarbeitet? Irgendwie bin ich beide. Abwechselnd die eine, dann die andere, manchmal sogar beide gleichzeitig, und plötzlich geht gar nichts mehr. Dann liege ich tagelang auf dem Sofa, kraftlos, freudlos, wie am Ende meiner Tage.

Auch als ich angestellt war, lief es nicht viel besser. Wie habe ich mich für meine Arbeit gequält! Mit meinem kreativen Potenzial und meiner Kraft hätte ich eigentlich die große Karriere machen müssen. Gerade aus meiner beruflichen Anfangszeit fallen mir viele Situationen ein, in denen ich mich bis kurz vors Ziel vorgekämpft habe, um dann den Sack doch nicht zuzubinden. Statt den letzten Schritt zu tun, fand ich Entschuldigungen: Mal stimmten die Umstände nicht, dann hatte ich etwas Wichtigeres zu tun, oder das Projekt war doch nicht ganz das meine, und so weiter, und so fort. Eine entschuldigende

Erklärung gab es immer. Jetzt, mit Abstand betrachtet und mit dieser Ahnung von dieser Inneren Person, bewerte ich dieses Verhalten etwas anders. Im Grunde erwarte ich immer, dass mir jemand den roten Teppich ausrollt, so dass ich wie eine Diva nur noch darüber schreiten brauche und im Licht des Scheinwerfers zeigen kann, wie toll ich bin. Und gleichzeitig gebe ich zu verstehen: Das hier ist sowieso alles nicht gut genug für mich. Ich kann etwas Besseres erwarten. Diese Gleichzeitigkeit in mir ist verrückt und verwirrend. Und doch muss ich mir eingestehen, dass ich so bin. Bisher ist mir das überhaupt nicht bewusst gewesen.

Wieder blicke ich meinem Ex ins Gesicht. Der denkt auch, dass sich andere erst hinreichend um ihn bemühen müssten, bevor er sich mit ihnen zu befassen geruht. Und machen sie dabei einen kleinen Fehler, sind sie sofort aus dem Rennen. Er selbst rührt keinen Finger, sondern hält sich aus irgendeinem Grund für so wichtig, dass sich alle anderen für ihn abstrampeln müssten. Ich verachte Stefan für diese anspruchsvolle, selbstgerechte Art. Und nun muss ich zugeben, dass ich auch selbstverständlich davon ausgehe, dass andere mich bedienen und mir optimale Bedingungen bieten müssten, die ich dann gnädigerweise als akzeptabel erachte.

Allmählich rege ich mich über mich selbst genauso auf, wie damals über Stefan. Was ich auch tue, welche Anstrengung ich auch unternehme, welche persönlichen Entwicklungsschritte ich auch mache, ich lande immer wieder an derselben Stelle. Dort, wo alles ist wie vorher. Ich bekomme es fertig, alles wieder auf null zu stellen und merke es normalerweise nicht einmal. Dann kann ich noch mal von vorne anfangen, mich wieder aufrappeln und für meine Ziele strampeln. So, wie ich mit Stefan Nähe und Intimität leben wollte – was von vornherein ein Ding der Unmöglichkeit war – versuche ich seit Jahren in Seminaren meine Lebendigkeit und Liebesfähigkeit zurückzuholen. Und das Ergebnis: Ich lande auf dem Sofa, erschöpft, ausgelaugt, lebensuntüchtig, mit dem Gefühl vom Leben und den Menschen abgeschnitten zu sein. Ich pralle immer wieder gegen die Mauer meiner eigenen, stillen Verweigerung. Das ist die Wirkung dieser Handbremse. INGRID HAT ALSO WIRKLICH RECHT! Ich kann es nicht länger von mir weisen.

Nachdem ich soweit mit meinen Überlegungen gekommen bin, rückt die Beschäftigung mit meiner inneren Verweigerungsperson in den Hintergrund. Den nächsten Therapietermin habe ich erst in ein paar Wochen vereinbart. Außerdem bin ich anderweitig beschäftigt: Ich habe mich nämlich verliebt. In Jan! Jan ist nett, sympathisch, rücksichtsvoll und hat außerdem noch Humor. Wir teilen viele gemeinsame Hobbys und er ist das glatte Gegenteil von Stefan. Es ist schön, mit jemanden zusammen zu sein, mit dem vieles so leicht und selbstverständlich ist. Ich habe endlich *den* beziehungsorientierten Partner gefunden, den ich mir immer gewünscht habe.

Auch geschäftlich beginnt eine spannende Zeit. Ich habe viele Aufträge, einen neuen Kunden und mehrere Projekte, die ich herausfordernd und interessant finde. Vieles muss parallel erledigt werden, ständig stellt sich die Frage, ob alles termingerecht zu schaffen ist. Ich fühle mich geradezu in meine beruflichen Anfangsjahre zurückversetzt, wo alles neu und aufregend war. Mein Geschäft boomt. Ich habe Spaß daran und träume davon, eine eigene Agentur aufzubauen. Ich will richtig groß einsteigen und der Welt zeigen, dass ich es kann. Mein Leben läuft privat und beruflich bestens. Wenn das ein Ergebnis der Auseinandersetzung mit meinem abstoßenden Nein ist, habe ich überhaupt nichts dagegen!

Im süßen Netz der Spinne

Bei der nächsten Therapiesitzung mit Ingrid herrscht eine Atmosphäre wie in einem Sanatorium. Süße Honigfäden wabern durch den Raum und verbreiten überall ihre Klebrigkeit. Heute beliebt es dieser

Nein-Person sich von einer anderen Seite zu zeigen. Desinteressiert, ablehnend, rotzig? Das war gestern! Diesmal präsentiert sie sich offen, zugewandt und ein bisschen zimperlich. Die Tonlage ist gedämpft, als müsse Rücksicht auf Schwerkranke genommen werden. Wer die Szenerie betrachtet, muss erkennen, dass hier jemand ernsthaft um das Wohl seines Schützlings bemüht ist. Mit weichgespülter Stimme kläre ich Ingrid darüber auf, von welch zarter Gesundheit Wiebke ist. Wie sehr ich darum bemüht bin, Unbilden von ihr fernzuhalten. »Da trägst Du ein hohes Maß an Verantwortung. Das ist sicher keine leichte Aufgabe«, flötet Ingrid verständnistriefend zurück. Mit sanftem Stöhnen und wehem Augenaufschlag gebe ich ihr zu verstehen, dass mich diese verantwortungsvolle Mission selbst an den Rand meiner Kräfte bringt, ich dennoch gewillt bin, diese aufopferungsvolle Pflicht für Wiebke auf mich zu nehmen. »Du musst wirklich sehr darauf aufpassen, dass Wiebke sich nicht überfordert«, gibt Ingrid die Souffleuse. »Oh ja, das erfordert meine ganze Aufmerksamkeit«, kommt honigsüß aus meinem Mund.

»Da weißt Du Dir eben manchmal nicht zu helfen und musst Wiebke ein wenig betäuben«, stichelt Ingrid. So ganz scheint sie nicht von meinen hehren Motiven überzeugt zu sein. »Du gibst ihr einfach ein bisschen Valium, dann bleibt sie schön entspannt und ruhig«, raunt sie weiter. Ich gebe mich rechtschaffen empört: »Das würde ich doch nie tun! Valium ist doch chemisch!« Ingrid schmunzelt: »Oh, wie unbedacht von mir. Natürliche nur das Beste für Deinen Schützling. Da kommen nur gesunde, pflanzliche Produkte in Frage. Vielleicht Baldrian?« Selbstverständlich weise ich das ebenso entschieden von mir. Auch wenn ich mir das Lachen manchmal kaum noch verkneifen kann, vertieft sich mein narkotisierender, wohlwollender Einsatz. Sicher, meine Fürsorge hat ein paar Einschränkungen zur Folge, aber das ist ausschließlich Wiebkes Wohlergehen geschuldet. Sie muss eben viel ruhen und auf ihre angeschlagene Konstitution Rücksicht nehmen. Man kann vielleicht hier und da mal ein kleines Experiment wagen, aber das muss mit der gebotenen Vorsicht geschehen. Langsam und in sehr, sehr kleinen Schritten. Wiebke muss vor sich selbst geschützt werden. Sie neigt dazu, über das Ziel hinauszuschießen und ihren labilen Zustand zu vergessen. Deswegen bremse ich, als verantwortungsbewusste Innere Person, Wiebkes Impulse. Wichtig ist jetzt erst einmal, dass sie wieder zu Kräften kommt. Später vielleicht, wenn sie wieder richtig gesund ist, kann sie sich eventuell etwas mehr zumuten.

Die Annäherung an einen Geheimen Bewohner, der sich rächt, erfordert vom Begleiter die Bereitschaft, sein Opfer zu werden, ohne seine eigene Handlungsfähigkeit zu verlieren.

Seltsamerweise haben Ingrid und ich das Gefühl, dass dieses Später nie eintreten wird. Stattdessen verstärkt sich der Eindruck einer süßlichen Betäubung, die alles lähmt. Vor lauter Überfürsorglichkeit bekomme ich kaum noch Luft. Ich fühle mich wie in einem Spinnennetz gefangen. Hinter all der Liebenswürdigkeit ist eine Boshaftigkeit zu spüren, die dem Sadismus einer Schwester Ratched aus dem Film »Einer flog übers Kuckucksnest«* ebenbürtig ist. Hier geht es darum, Macht auszuüben, nicht darum, Hilfestellung zu geben. Später heißt nie, und langsam heißt überhaupt nicht. Ganz abgesehen davon bin ich, Wiebke, eigentlich völlig gesund und muss mich nicht besonders schonen. Ich bin von dieser Inneren Person, die mich so weichspülend einlullt, fasziniert. Ein solches Potenzial manipulativer Raffinesse hätte ich mir nie zugetraut. Kein Wunder, dass ich auf jede Art von subtiler Beeinflussung allergisch reagiere. Ich weiß wie es geht und habe keine Lust, mich mit meinen eigenen Waffen schlagen zu lassen.

Die hypnotisierende Spinnenart bleibt nicht das einzige, was mir in den zwei Sitzungstagen begegnet. Es offenbaren sich noch ganz andere Erscheinungsformen dieser Nein-Person. »Merkst Du, wie sofort Nebel aufzieht, wenn ich Dir etwas näher trete. Du bist dann hinter dieser Nebelwand kaum noch wahrzunehmen«, macht mich Ingrid in

* »Einer flog übers Kuckucksnest«, USA 1975. Regie führte Miloš Forman.

einer Nachbesprechung aufmerksam. »Ja, es ist eigenartig, ich kann Dich dann auch schlechter sehen und weiß nicht, wie mir geschieht. Ich dachte schon, ich hätte eine Sehstörung.« »Das ist eine weitere Strategie dieser Inneren Person. Damit macht sie sich unsichtbar und entzieht sich dem Kontakt. Die Müdigkeit, die Dich regelmäßig überfällt, gehört auch dazu. Wenn Du kommst, bist Du putzmunter, sind wir ein Weilchen zusammen, schläfst Du mir fast ein.«

Sehr interessant, so sichtbar habe ich meine heimlich gelebte Verweigerung noch nie auf dem Präsentierteller gehabt. Egal ob ich wegschlafe, abhänge oder überbesorgt um mein Wohlbefinden bin, es sind alles Strategien, die bewirken, dass ich mich nicht angreifbar mache, mich für nichts tiefer engagiere und für mich bleiben kann. Je mehr ich mein manipulatives Treiben sehe, umso weniger bin ich mir sicher, ob ich mich weiter an dieser machtvollen, ironischen Spiellust erfreuen, oder ob ich vor mir selbst erschrecken soll. Ich beschließe, diese Innere Person Spinne zu nennen. Spinnen weben genau wie sie feine Netze und warten dann geduldig ab, bis sich ihre Opfer darin verheddern.

Ingrid entlässt mich mit der Aufgabe, meine Aufmerksamkeit auf diese Abwehrvorgänge zu richten, um sie mir bewusster zu machen. Bereits auf dem Heimweg habe ich Gelegenheit für dieses Selbststudium: Ich befinde mich noch so im Wirkungsfeld der wohlmeinenden, klebrigen Betäubungsmacht, dass ich den angesteuerten Supermarkt mit einem Berg Obst und Gemüse verlasse. Rekonvaleszentinnen müssen schließlich genügend Vitamine zu sich nehmen. Erst zu Hause frage ich mich, wer das alles essen soll? Während des Einkaufs ist mir dieser Gedanke überhaupt nicht in den Sinn gekommen. Jetzt wird es mir doch ein bisschen unheimlich. Bin ich so sehr von dieser Spinne besetzt, dass ich mich wie in Trance nach ihrem Willen bewege?

Überhaupt bemerke ich jetzt die Auswirkungen der Spinne in meinem Alltag. Oder besser gesagt, ich sehe, wie mein Leben von ihren Spinnenfäden durchzogen ist. Sie bestimmt den Großteil meines Daseins, und zwar schon sehr, sehr lange. Früher hatte ich nur manchmal ein diffuses Gefühl dafür, dass ich mich selbst boykottiere. Sonst schienen auf geheimnisvolle Weise die Umstände, oder andere Menschen meinen Plänen im Wege zu stehen. Das kann ich mir nun abschminken. Jetzt kann ich deutlich sehen, wie viele Steine ich mir selbst in den Weg lege. Da muss ich mir nur die Konzepte für mein neues Unternehmen anschauen. Vor Weihnachten war ich noch voller Elan und wollte eine eigene Agentur gründen. Diese Idee beschäftigt mich schon viele Jahre, und in letzter Zeit war sie wieder hochaktuell. So sehr sogar, dass ich nachts nicht schlafen kann, weil ich unendlich rumphantasiere, wie es erst sein wird, wenn ich mein eigenes Unternehmen mit einer Reihe von Angestellten leite. Tatsache ist jedoch, dass ich nichts dafür tue, um dieses Vorhaben zu verwirklichen. Im Gegenteil, ich sabotiere es sogar! Ein Kollege hat mir gerade eine Superchance auf dem silbernen Tablett serviert, um ein höchst spannendes Projekt mit einem lukrativen Etat an Land zu ziehen. Und was mache ich? Ich warte ab. Das Konzept, das ich dafür erarbeiten müsste, will einfach nicht das Licht der Welt erblicken. Tag für Tag sitze ich an meinem Schreibtisch, verliere mich in stundenlangen, fruchtlosen Recherchen, brüte über Ideen, die ich immer wieder als langweilig verwerfe und dann neu auflege. Kurz, ich komme einfach nicht voran. Eigentlich wäre es keine so große Sache für mich, denn das Thema liegt mir und ich habe schon häufig ähnliche Programme entwickelt. Aber ich bringe einfach nichts aufs Papier. Es ist wie verhext, mein Kopf ist leer, ich fühle mich müde und uninspiriert. Wo sonst Ideen sprudeln, ist nur grauer Sumpf.

Und fast zeitgleich ist es auch mit Jan nicht mehr so schön. Plötzlich ist es fad mit ihm, unlebendig, irgendwie beliebig. Unsere Treffen sind angenehm, wir unterhalten uns gut, machen schöne Ausflüge und im Bett ist es nett. Und doch fehlt etwas. Unsere Begegnungen bleiben an der Oberfläche; es wird nicht wirklich nah. Jetzt, wo mein neuer Partner mir erfüllt, was ich mir vom letzten so verzweifelt gewünscht habe, komme ich wieder mit meiner eigenen Angst vor Nähe in Berührung.

Jan kann ich nicht vorwerfen, dass er der Beziehung ausweicht. Das bin ich selbst. Aber natürlich gebe ich das nicht zu, sondern werde unwirsch und überlasse mich dem Gefühl, dass er mir lästig ist. Wenn unsere Treffen zu lange dauern, drifte ich innerlich ab. Sehen wir uns zu häufig, wird er mir zuwider. Meine Lust auf Sex und körperlichen Kontakt, den ich so sehr mit ihm genossen habe, verschwindet fast völlig.

Innere Personen, die ihr Nein tarnen, lassen sich durch die Nebenwirkungen ihres Neins erkennen.

Es ist mir klar, dass dies alles Auswirkungen der Spinne sind, und eigentlich müsste ich Ingrid davon schreiben. Langsam ist auch bei mir angekommen, dass der regelmäßige E-Mail-Kontakt zu unserer gemeinsamen Forschungsarbeit gehört. Bisher habe ich das ja eher fakultativ betrachtet: Noch so ein Job, der eigentlich erledigt werden müsste und den ich täglich vor mir herschiebe. Wie so vieles andere, mache ich das so lange, wie ich es mir gerade noch leisten kann. Gleichzeitig schwöre ich mich und die anderen darauf ein, dass es mir um Beziehung und um kreative Lebensgestaltung geht. Ich sage das eine und mache heimlich das Gegenteil davon. So trickse ich mich selbst aus und alle anderen gleich mit. Immerhin dringt das allmählich in mein Bewusstsein vor. Außerdem bin ich es selbst leid, Opfer meiner eigenen Verweigerung zu sein. Höchste Zeit also, Ingrid von meinen neuesten Erkenntnissen zu berichten. Die Umstände, ihr zu schreiben, sind mehr als günstig. Ein winterliches Schneetreiben beschert mir einen freien Abend. Diese geschenkte Zeit will ich nutzen, um mal wieder Latin-Dance-Gymnastik zu machen, mir ein leckeres Essen zu kochen und danach die Mail an Ingrid fertigzumachen.

Ein zwanghaft freier Abend

Es wird Abend und ich beschließe, noch etwas länger zu arbeiten. Eine halbe Stunde später bin ich plötzlich zu müde dazu. Ich mache also den Computer aus und gehe in die Küche. Ich habe Hunger und esse ein Brot. Dann überlege ich mir, was ich kochen möchte – Bratkartoffeln. Aber nach dem Brot bin ich eigentlich satt, und außerdem wollte ich sowieso noch Muffins backen. Einige verschimmelte Zutaten später hat sich das erledigt. Ich scanne gleich noch mal die Speisekammer nach abgelaufenen Konserven durch. Hunger habe ich immer noch keinen. Ich kann ja schon mal Kartoffeln kochen, damit sie nachher fertig sind. Außerdem noch schnell die Spülmaschine ausräumen. Nun ist wirklich nichts mehr zu tun. Also Latin Dance. Von der Lust, die ich darauf hatte, ist nichts mehr zu spüren. Erst mal aufs Sofa. Fernsehzeitschrift oder das neue Buch über die Führung von Agenturen? Wäre doch auch wichtig, sich damit zu beschäftigen. Wenn ich eine Agentur gründen will, muss ich mich mit diesen Fragen befassen. Klingt sehr verlockend. Ich ermahne mich selbst: »Einmal angefangen, liest Du den ganzen Abend und die Mail an Ingrid kannst Du vergessen!« Dann eben kein Buch. Ich mache den Fernseher an und zappe ein wenig rum, eigentlich wollte ich ja Gymnastik machen. Eine von diesen Infotainmentshows ist ganz interessant. Die Werbung nehme ich auch noch mit. Es folgt eine Kochsendung. Fängt ganz gut an, wird dann aber doch fad. Nun ist der Sport dran. Ich ziehe mich um. Der Fernseher läuft weiter. Ich gucke noch ein bisschen zu und lege schon mal die CD bereit. Zwei weitere Anläufe später schalte ich tatsächlich ab und starte mein Fitnessprogramm. Geschafft! Jetzt noch die Bratkartoffeln. Appetit habe ich immer noch nicht. Ich könnte ja gleich mit dem Schreiben anfangen, habe aber nicht wirklich Lust dazu. Vielleicht doch das Buch? Oder Ines anrufen, das wollte ich doch sowieso diese Woche machen. Oder Susanne. Von Carola habe ich auch schon lange nichts mehr gehört – und Stefanie? Eigentlich müsste ich mich mal auf ihren Brief melden. Wieder reiße ich mich selbst am Riemen: »Wiebke, heute ist die Mail an Ingrid dran.« Und mache dann doch das Gegenteil davon. Jetzt erst mal Bratkartoffeln. Die Wäsche könnte ich auch noch falten. Mittlerweile gehe ich mir mit dem Rumgezappel selbst auf die Nerven. Doch egal wie ich mich zur Pflicht rufe, meine Selbstsabotage geht weiter.

Kaum habe ich gegessen, suche ich nach einer neuen Beschäftigung: Doch telefonieren? Wenigstens Ines anrufen, danach kann ich immer noch an den Laptop. Meine Freundin ist nicht da. Jetzt gibt es keine Ausreden mehr. Den Gedanken an die Wäsche schiebe ich beiseite und fahre den Computer hoch. Was jetzt? Soll ich wirklich an Ingrid schreiben oder sollte ich mich nicht noch einmal mit meinem Ex beschäftigen? Ich wollte doch schon ewig dieses Abschiedsritual machen. Wo habe ich nur die Beschreibung? Bei der Suche danach entdecke ich ein bis zwei andere Dinge, die mich sofort ansprechen. Schließlich finde ich die Anleitung für das Ritual. Macht mich nicht an, viel zu dicke Bretter für heute. Außerdem hatte ich mir darunter etwas anderes vorgestellt. Schließlich schaffe ich es, eine Zusammenfassung meiner letzten Stunden zu Papier zu bringen und fühle diesen inneren Zwiespalt noch stärker: einerseits ein Hochgenuss an diesem Sabotage-Spiel und andererseits ein Genervtsein über mich selbst. Zumindest hat mir der verdorbene Abend eine neue Spinnen-Strategie deutlich gemacht: Verwirrung stiften. Egal, was ich mir vornehme, sofort wird etwas Neues ins Rennen geschickt. Etwas, das spannender, erholsamer, intensiver, bewusster, gesünder, lustiger oder weiß der Geier was, sein soll. Und ich kreise zwischen diesen vielen Optionen, tauche in jede ein wenig ein und frage mich am Ende, warum ich mich nicht entscheiden und nicht tiefer für etwas interessieren kann. Dass ich in meinem Leben keine Befriedigung finde, wundert mich nicht mehr.

Am nächsten Tag schreibe ich endlich an Ingrid.

Betreff: *Mail von Wiebke*

Liebe Ingrid,

im Augenblick bin ich ziemlich frustriert. Nicht nur, dass ich immer mehr spüre, wie sehr ich mich selbst ausbremse, auch die Tatsache, dass irgendwie nichts tiefer gehen will, macht mich betroffen. Sichtbarste Baustelle ist die Beziehung zu Jan. Wir haben uns vorgestern darüber unterhalten, wie es uns miteinander geht. Wir sind uns einig: Wir können gut miteinander reden, lachen und vögeln, wir haben gleiche Interessen, wir können schöne Dinge zusammen unternehmen – und doch fehlt etwas. Es bleibt an der Oberfläche. Weder fühle ich mich tiefer berührt, noch berühre ich tiefer. Das zu erkennen, tut weh. Wenn ich in dieser Stimmung mein Leben betrachte, bin ich von der Oberflächlichkeit, die ich darin sehe, abgestoßen. Und ich frage mich, ob es mir je gelingen wird, etwas zu finden, das mir wirklich wichtig ist, oder ob es mir möglich wird, eine befriedigende Beziehung aufzubauen.

Auch die Beschäftigung mit der Spinne finde ich zermürbend. Wie kann ich unterscheiden, was eine Strategie von ihr ist und was ein echter Impuls von mir? Bin ich zum Beispiel jetzt wirklich so betroffen, dass ich Dir unbedingt gleich schreiben muss, vormittags zur besten Arbeitszeit, oder ist das wieder so eine Finte, um mich davon abzuhalten, den Job, den ich längst erledigt haben sollte, endlich anzugehen? Damit Du Dir ein Bild davon machen kannst, wie das Nein im meinem Leben wirkt, schicke ich dir eine Beschreibung meines gestrigen Abends.

Liebe Grüße und vielen Dank für Deine Unterstützung

Wiebke

P.S. Ich fühle mich erleichtert, Dir das jetzt geschrieben zu haben. Es scheint also doch mal ein echtes Bedürfnis gewesen zu sein.

Betreff: *Freier Abend*

Liebe Wiebke,

es ist nicht leicht anzuerkennen, dass es jemanden in Dir gibt, der Dich so elegant und raffiniert austrickst. Das ist ernüchternd, vor allem, da Du Dich seit vielen Jahren bemühst, den Auswirkungen dieser Inneren Person in entwicklungsorientierten Seminaren entgegenzuwirken. Umso bedeutsamer ist, dass Du ihre Strategien, die Du in der Beschreibung Deines freien Abends so eindrücklich schilderst, durchschaust. Im nächsten Schritt kannst Du versuchen, bewusst in diese Innere Person hineinzusinken, sie zu werden und die Welt aus ihren Augen zu betrachten. Dadurch wird Dir ihre Haltung, die sie dem Leben und den Menschen gegenüber eingenommen hat, bewusst. Mache das sooft Du kannst und achte gleichzeitig darauf, dass Du in Deinem Leben noch funktionstüchtig bleibst. Wie Du siehst, ist es der Spinne ziemlich egal, was aus Deinem Leben und Deinen Beziehungen mit Menschen wird.

Liebe Grüße,
Ingrid

Ingrids Antwort tröstet mich zwar ein bisschen, doch Spinne macht weiter wie bisher.

Na gut. Dann also weiter in Sachen Selbsterforschung. Gelegenheit zum Verweigerungsstudium habe ich genug. Mit dem Konzept für meinen Neukunden bin ich noch nicht weiter gekommen. Es wird immer quälender. Ich bin so unendlich müde. Es ist, als hätte jemand den Strom abgedreht. Nicht nur mental, sondern auch körperlich. Mein Nacken ist verspannt, mir ist leicht schwindelig und ich kann mich fast nicht mehr auf den Beinen halten. Schon nach kurzen Arbeitsphasen muss ich eine Pause einlegen. So kommt mein Arbeitsprojekt fast völlig zum Erliegen. Dass ich mal wieder ein bisschen Geld ranschaffen müsste, scheint Spinne nicht zu interessieren, stattdessen verstärkt sich ein unangenehmer Gemütszustand: Unlust an allen Fronten. Ich habe keine Lust mehr auf meine Arbeit und auch auf sonst nichts. Ich will keine Menschen mehr sehen, nicht Jan und auch nicht meine Freundinnen. Selbst Einkaufen ist mir zu viel. Am liebsten würde ich nur noch auf meinem Sofa abhängen. Wäre meine Versorgung sichergestellt, würde mir das reichen. Ich will meine Ruhe haben. Nicht einmal das schöne Winterwetter kann mich vor die Tür locken. Ich habe keinen Bock mehr – auf nichts. Fühlt sich miserabel an, aber wenn es das ist, was mich weiterbringen soll – meinetwegen. Weiterbringen? Eigentlich ist mir auch die Therapie egal, auch davon möchte ich nichts mehr wissen. Das ist mir alles viel zu anstrengend.

So schlimm war es noch nie in meinem Leben. Zugegeben, Leistungseinbrüche hatte ich schon immer, aber das habe ich als das übliche Auf und Ab betrachtet. Schließlich kann man nicht immer nur durcharbeiten. Es muss auch mal langsamere Phasen geben, in denen nicht so viel passiert. Als kreativer Mensch brauche ich genügend Auszeiten, um mich danach wieder ins aktive Geschehen stürzen zu können. Aber jetzt geht es um mein ganzes Leben und nicht nur um eine nötige, ausgleichende Ruhepause. Langsam mache ich mir ernsthaft Sorgen und halte mir vor, dass ich schließlich selbstständig bin und gerade mein eigenes Unternehmen kaputt mache. Und ich mache mir klar, dass ich nicht von Sozialhilfe leben und auch nicht meinen Eltern auf der Tasche liegen möchte. Diese Argumente haben bisher immer gezogen, um mich wieder auf Trab zu bringen. Dieses Mal helfen sie nicht. Mir ist inzwischen alles so gleichgültig, dass ich sogar das in Kauf nehmen würde. Doch kurz bevor alles den Bach runter geht, raffe ich mich wieder auf. Wenn es wirklich nötig ist, geht's.

Einige Tage vor dem entscheidenden Kundentermin hat sich der Schalter plötzlich umgelegt. Ich kann wieder arbeiten. Für die Entwicklung revolutionärer Ideen reicht die Zeit zwar nicht mehr, aber ein brauchbares Programm bekomme ich allemal zusammen. Ein gutes Pferd springt knapp. Die Präsentation ist ein Erfolg. Danach wissen meine zukünftigen Kunden, dass ich die Lösung für ihr Problem bin. Ein paar Modifizierungen noch und ich habe den Auftrag in der Tasche. Es ist wieder einmal gut gegangen. Eigentlich hätte ich es viel einfacher haben können! Anscheinend will ich es aber nicht einfacher. Genauer gesagt, anscheinend gefällt Spinne dieses Spiel, dennoch will sie die Fäden meines Lebens in der Hand behalten und selbstbestimmt bleiben können. Ein Fall für die Sozialhilfe werde ich mit Spinne also nicht! Das ist schon mal beruhigend. Eine erfolgreiche Unternehmerin, die sich über den Höchststeuersatz Gedanken macht, allerdings auch nicht.

Nachdem ich nun lang genug im Sumpf herumgewühlt habe, kann ich mich wieder aufraffen und an Ingrid schreiben. Das war sowieso schon überfällig. Und eigentlich finde ich es auch ganz interessant, wie ich mich selbst boykottiere. Einen Traum hänge ich auch noch an. Ingrids Trauminterpretationen sind immer so interessant. Mal sehen, wie sie antwortet.

This is your wake up call

Wieder ist Ingrids Antwort ganz und gar nicht das, was ich erwartet habe. So hat mir schon lange niemand mehr den Kopf gewaschen. Widerlich! Und das Übelste daran ist, dass es leider stimmt, wenn Ingrid sagt, dass ich mich nicht genug für meinen therapeutischen Prozess engagiere, sondern nur so tue als ob und sie arbeiten lasse, ohne mich selbst tiefer in die Auseinandersetzung mit der Spinne hineinzubegeben. Ich habe immer geglaubt, dass ich mich ernsthaft für meine persönliche Entwicklung einsetze. Die ganzen Selbsterfahrungskurse habe ich doch nicht nur zum Spaß gemacht. Nein, ich wollte wirklich etwas erreichen, wollte lebendiger und beziehungsfähiger werden. Und jetzt knabbere ich an der Erkenntnis, dass auf einer tieferen Ebene tatsächlich nie etwas anders werden soll. Vor mir tut sich eine Wüste auf. Hoffnung gibt es hier keine, nur Steine. Alles wird so bleiben, wie es immer war. Nichts wird sich verändern. Ich werde keine nahen Beziehungen haben, und im Job werde ich weitermachen wie bisher, heute voller Elan, morgen völlig gleichgültig. Auch meine aktiven Lebensphasen werden weniger werden. Ich merke jetzt schon, dass der Reiz der Selbstständigkeit mehr und mehr nachlässt und dass ich mich immer weniger für die Projekte engagiere, sogar für die, die mir am Herzen liegen. Mein Leben breitet sich grau und freudlos vor mir aus. Das Beste, worauf ich hoffen kann, ist den Rest meiner Zeit auf therapeutischen Spielplätzen zuzubringen und mal dies, mal jenes auszuprobieren. Schließlich gibt es immer Interessantes zu erleben und Menschen zu treffen.

Selbsterfahrung als Beschäftigungstherapie, die mir auch noch die Illusion gibt, dass sich etwas verändert. Na, super! Leider kann ich jetzt nicht mal mehr so tun, als wüsste ich es nicht. Ich fühle mich schrecklich, bin von mir selbst ernüchtert. Den Zustand seliger Ignoranz kann ich auch nicht mehr herstellen. Die Dinge einfach so lassen, wie sie sind, will ich ebenfalls nicht. Nein, so will ich mein Dasein nicht beenden. Ich werde mich also wieder aufraffen und mich selbst für meine persönliche Entwicklung engagieren. Ich werde mich nicht länger nur darauf verlassen, dass es andere für mich tun, oder sich alles schon irgendwie regeln wird. Denn eines weiß ich jetzt, das bedeutet, die Spinne wird es auf ihre Art regeln. Meine Entscheidung ist also klar. Ich will, dass sich mein Leben ändert, und dafür setze ich mich ab sofort aktiver und eigenverantwortlicher ein. So weit, so gut. Trotzdem ertappe ich mich kurz darauf dabei, wie ich darüber nachdenke, meine Therapeutin so richtig schön einzuseifen: »Ich könnte ja zugeben, dass ich mich in den letzten Wochen gehen lassen habe. Gott sei Dank habe mir ihre Mail die Augen geöffnet, so dass ich wieder auf meinem Entwicklungsweg fortschreiten könne ...« So will ich wieder ins Spiel kommen. Und dann geht mein heimlicher Spaß erst richtig los. Ein paar Gefühle und Erkenntnisse bemühen und dann mal schauen, wie Ingrid reagiert, was sie noch so zu bieten hat. Und ich lehne mich gemütlich zurück und erfreue mich still und leise daran, wie sie sich abstrampelt. Wunderbar! So funktioniert das Spinnenspiel. Ich schiebe diese Phantasien als wenig zielführend und nicht in meinem, Wiebkes, Sinne beiseite. Ihrem Reiz kann ich mich jedoch kaum entziehen. Gleichzeitig erschaudere ich vor mir selbst. Welche Untiefen schlummern wohl noch in mir?

Einige Tage später ist der nächste Therapietermin. Aufgelöst sitze ich Ingrid gegenüber. Die jüngsten Erlebnisse haben mich ziemlich mitgenommen. Ich erzähle, wie es mir ergangen ist, auch davon, dass ich jetzt nur noch zum Schein mitmachen wollte. Die Antwort »Das habe ich gemerkt«, beeindruckt sogar meine Spinne. »Da ist wirklich mal jemand, den man ernst nehmen muss!« Dieses Ernstnehmen empfinde ich aber sofort auch als Herausforderung auf eine neue Partie Schach, nur dieses Mal mit einem Weltklassespieler als Sparringspartner. Spinne ist also hochkonzentriert bei der Sache. Danach beginnen wir mit der eigentlichen Arbeit. Ich schließe die Augen und nehme Kontakt mit der Spinne in mir auf. Meine Stimmung verändert sich sofort: Ich bin von einer Sekunde auf die andere missmutig. Normalerweise fühle ich mich so, wenn ich wirklich schlechte Laune habe und das andere spüren lasse, ohne etwas zu sagen. Auch Ingrid scheint diese Veränderung zu bemerken, denn mit einer Geste fordert sie mich auf, den Platz von Spinne einzunehmen. Also schiebe ich meinen Stuhl ein paar Zentimeter nach hinten. Feindselig schaue ich zu Ingrid hinüber. Die Atmosphäre ist alles andere als freundlich. Finster schweige ich sie an und denke: »Ich sage ganz bestimmt nicht zuerst etwas, soll die doch machen. Ich kann hier ewig sitzen!«

Nach einer Weile ergreift Ingrid, wie gewünscht, die Initiative: »Hallo!« »Dich lästige Kröte kriegt man aber auch gar nicht los«, erwidere ich sichtlich genervt. »Dito. Vielen Dank für die freundliche Begrüßung«, antwortet Ingrid und macht es sich in ihrem Sessel bequem. Ihre übertriebene Lässigkeit entgeht mir natürlich nicht. Ich versuche möglichst nicht darauf zu reagieren und ziehe meinen provokanten Stil durch. »Was willst Du? Warum kommst Du immer wieder?«, schnauze ich sie weiter an. »Nichts weiter«, erwidert Ingrid patzig, »ich will nur nicht so tun, als wärst Du nicht da, denn wenn ich es täte, würdest Du einfach heimlich Deine Spielchen mit mir spielen.« Da hat sie allerdings Recht, aber das werde ich sowieso tun. Meine Reaktion ist nur noch ein Grunzen. Die Begeisterung über dieses Kontaktangebot hält sich in sehr engen Grenzen. Auch die Bereitschaft zu einem

Gespräch ist minimal. Doch die Sache abzublasen ist anscheinend auch nicht angesagt. Irgendetwas hält mich da. Ich bin neugierig auf diese ungewohnte Begegnung. Also höre ich mir widerwillig an, was von da drüben kommt, und beschränke mich auf einsilbige, durchweg unfreundliche Antworten. Was ich zu Ohren bekomme, will ich nicht wirklich hören; deswegen vergesse ich es auch sofort wieder. Nebelschwaden wallen um mich herum und halten das spärlich Gesagte weit genug von mir weg. Nur manches dringt bis zu mir durch, und wenn es sich nicht mehr länger vermeiden lässt, werfe ich auch mal einen Halbsatz ein und verschwinde danach gleich wieder in meiner Wolke. Zwischendurch schlafe ich sogar ein. Ich kann die Augen einfach nicht aufhalten. Die Worte, die mich aus der Ferne erreichen, sind wie Hintergrundgemurmel. Hin und wieder reißt mich ein Satz aus der Lethargie: »Unter Deinem Einfluss ist Wiebke fast depressiv.« Das trifft. Ich sage dazu zwar nichts, aber ich beschließe, darüber nachzudenken, wenn ich diese lästige Fliege da drüben wieder los bin. Dann ziehe ich mich wieder in meinen weichen Nebelkokon zurück.

Nach der Sitzung bin ich völlig erschöpft und weiß nicht warum, denn ich habe mich so gut wie überhaupt nicht bewegt, und die paar Sätze im Telegrammstil, die ich von mir gegeben habe, können meine Erschöpfung nicht erklären. Zumindest habe ich Spinnes Abwehrspiel ein wenig mehr verstanden. Sie vereint Nebel, Verwirrung und Müdigkeit mit einer Extraportion Misstrauen und einem kleinen Schuss Interesse und lockt ihr Gegenüber in ein Labyrinth, aus dem es so schnell nicht wieder herausfindet. Im Nachgespräch sagt Ingrid: »Im Kontakt mit dieser Person komme ich mir vor, als würde ich ständig an ihren Energiefäden hängenbleiben, mit denen sie den Raum durchzieht. Und mit jeder Bewegung, die ich mache, nähre ich die Spinne. Genau das ist ihr Wille: Sie lockt einen in ihr Spinnennetz, lässt einen zappeln und saugt einen aus. Sie lebt von der Bewegung und dem Einsatz der anderen.« Heimlich wundere ich mich noch darüber, wie ungerührt mich Ingrids nicht gerade schmeichelhafte Beschreibung lässt. Auch ihre Frage, ob es sich bei Spinne um einen Mann oder um eine Frau handelt, erzeugt keine Resonanz in mir. Völlig unbeteiligt nehme ich zur Kenntnis, dass meine Fachfrau meint, Spinne würde sich in dieser Frage bedeckt halten.

Wer das Leben und die Menschen ohne Respekt behandelt, hat selbst allen Respekt gegenüber seinem eigenen Menschsein verloren. Daraus erwächst eine gnadenlose Freiheit im Umgang mit Menschen.

Das war's für dieses Mal. Oder doch nicht? Als mich Ingrid zum Abschied umarmt, fließt ein satter Schwall Herzenergie von ihr zu mir. Es fühlt sich an wie ein warmer Regen. Und das nach dieser unangenehmen, eigentlich schon grenzwertigen Begegnung mit mir. Erst zu Hause dämmert mir richtig, was das bedeuten könnte. Der Gedanke, da könnte es jemand gut mit mir meinen, hat etwas Umwälzendes. Diese Perspektive ist mir unvertraut und die Spinne kennt sie gar nicht. In ihrer Welt gibt es nur Sieg oder Niederlage, Gewinner oder Verlierer. Miteinander, Füreinander oder gar für jemand anderen etwas tun, sind atypische Verhaltensweisen in ihrem Universum. Für mich, Wiebke, schafft diese unerwartete, warme Herzlichkeit den ersten Ansatz von Vertrauen, auf den ich zukünftig in der Zusammenarbeit mit Ingrid baue.

Seltsam, trotz dieser vielfältigen und widersprüchlichen Erfahrungen der letzten zwei Wochen, fühle ich mich vom Leben getragen. Was ich mir ansehen musste, war zwar nicht wirklich erquicklich, doch dafür habe ich das Gefühl, zu wissen, wie es um mich steht. Ich habe ein klares Ziel vor Augen, und das will ich erreichen. Ich will mich mit dieser dunklen, hässlichen Seite meiner menschlichen Existenz auseinandersetzen. Denn es macht mir viel mehr Angst, dass alles so bleiben könnte, wie es immer war, als ein paar unangenehme Momente und Erkenntnisse zu riskieren. Ich will mit mir weiterkommen und mich nicht länger mit weichgezeichneten Illusionen über mich selbst ruhigstellen. Außerdem habe ich jetzt sogar Rückenwind von der Spinne. Seit der letzten Sitzung ist sie an der Person Ingrid interessiert und wittert ein faszinierendes neues Spielfeld. Dass Ingrid gar nicht so blöd ist, erhöht für sie nur den Reiz.

Guten Mutes mache ich mich zu Hause regelmäßig daran – oder sagen wir mal fast regelmäßig – aufzuschreiben, wann und wie sich die Spinne in mein Leben einschaltet. Der Entschluss ist leicht gefasst, ihn in die Tat umzusetzen bedeutend schwieriger. Leichtfertig bin ich davon ausgegangen, dass sich alle Schwierigkeiten, an etwas dranzubleiben, in Wohlgefallen auflösen, wenn ich erst einmal weiß, was ich will. Tatsächlich wird es aber nicht leichter mein Spinnen-Erforschungs-Projekt voranzutreiben. Die ersten paar Tage geht es noch einigermaßen mühelos, doch bald tauchen die Widerstände wieder auf. Zunächst unauffällig, dann immer massiver. Zunächst in Form der üblichen Verdächtigen von Unlust, Müdigkeit und körperlicher Schwäche. Etwas Schwindel und wackelige Beine scheinen mir zu signalisieren: »Wiebke, Du bist im Moment nicht ganz auf dem Damm. Sei lieber ein bisschen vorsichtig und überanstrenge Dich nicht.« So webt die Spinne fleißig an ihrem einschläfernden Honignetz. Alternativ funktioniert auch das bekannte Bäumchen-Wechsel-Dich-Spiel: Will ich mich um mich selbst kümmern, wären soziale Kontakte wichtiger; will ich mit Menschen sein, wäre Kontemplation angesagt; will ich mich ausruhen, wäre es besser zu arbeiten; und so weiter und so fort. Obwohl mir diese schnellen Wechsel von Impulsen und Bedürfnissen mittlerweile auffallen, kann ich sie nicht stoppen. Und damit es nicht zu langweilig wird, holt die Spinne bald noch andere Pfeile aus ihrem wohlbestücktem Spiele-Strategie-Köcher: Sie setzt mich zum Beispiel in den Zustand kompletter Verwirrung. Ich bekomme dann etwas Verhuschtes. Ich werde ein bisschen dumm und weiß immer nicht so recht, wie mir geschieht. Ich fühle dann nur noch meine Unklarheit und erlebe alles in mir und um mich herum als fern und ungreifbar. Plötzlich bin ich mir dann nicht mehr sicher, was die Beschäftigung mit mir soll, was die eigentliche Aufgabe war. »Mache ich das wirklich richtig? Vielleicht habe ich das noch nicht ganz verstanden? Sollte ich nicht doch lieber bei Ingrid nachfragen und es mir noch einmal erklären lassen?« Die Fragezeichen werden immer größer und ich verliere den Kontakt zu mir und zu der Welt. Das Heft der Handlungsfähigkeit fällt mir aus der Hand. Das verwirrt Verhuschte ist mir ein bisschen peinlich, kenne ich es doch zu gut aus meinem Leben. Dem Charme der Rotzlöffel-Strategie hingegen erliege ich sofort.

Nach ein paar Tagen wird es der Spinne mit der abendlichen Nabelschau zu bunt. Zur Abwechslung spielt sie die Karte der Ironie aus. Bemerkungen wie »Na, sind die Hausaufgaben wieder dran?« und »Wie wir heute wieder gesündigt haben«, leiten das Erscheinen von Spinne alias Rotzlöffel ein. Mein eben noch so wichtiges Anliegen mutiert zum Treppenwitz und wird durch den Kakao gezogen. Nichts ist dem Rotzlöffel heilig, nichts nimmt er wirklich ernst. Irgendwie gelingt es Spinne in ihrer unverschämten Rotzlöffelart den ganzen Rest meiner inneren Bevölkerung auf ihre Seite zu ziehen. Alle scheinen sich prächtig zu amüsieren, und ich könnte tagelang damit zubringen, mir immer neue spitze Bemerkungen in Bezug auf meine therapeutische Arbeit auszudenken. Womit wir bei der nächsten, äußerst wirkungsvollen Methode wären, mich aus dem Leben raus- und von mir selbst fernzuhalten: unendliches Phantasieren. Während ich von meinem sarkastischen Humor hingerissen bin, tue ich nämlich nichts. Ich arbeite nicht; ich habe keine Kontakte zu anderen Menschen; ich kümmere mich nicht um meinen therapeutischen Prozess, sondern bewege mich ausschließlich in meiner Vorstellungskraft. Ich bin so mit mir und meiner Selbstbelustigung beschäftigt, dass mir völlig entgeht, dass ich nichts mehr von dem mache, was ich eigentlich soll.

Soweit zu den angenehmen, sozial einigermaßen kompatiblen Seiten der Spinne. Diese behindern im Wesentlichen nur mich. Es gibt noch weitere, deutlich unsympathischere, die ich mir nur in kleinen Dosen eingestehen mag. Wie hat Ingrid es nach der letzten Sitzung bereits formuliert: »Menschen anlocken, aussaugen und wieder fallenlassen.« Diese Spinnenart fällt mir im Umgang mit meinen Freunden auf. Ich treffe mich gern mit ihnen, aber nur, wenn es nicht zu intensiv wird. Ein Kinobesuch, ein netter Abend in der Kneipe – wunderbar! Nur wenn es verbindlich wird, wenn es darum ginge, mich mehr einzubringen und mehr von mir zu zeigen, drehe ich ab. Wirklich einlassen will ich mich nicht, mich mit meinen Mitmenschen tatsächlich beschäftigen auch nicht. Ab und an starte ich eine Aktion, um die Beziehungen, die ich vorher habe einschlafen lassen, wiederherzustellen. Denn ganz ohne Kontakt will ich auch nicht sein, da fehlt mir einfach eine menschliche Grundnahrung. Also gibt es immer wieder Einladungen zu einem opulenten Frühstück beispielsweise. Da fehlt es dann wirklich an nichts, beste Zutaten, ein üppig gedeckter Tisch, angenehme Musik, witzige Gespräche über Mode und so weiter, die dann in den Austausch von persönlichen Intimitäten münden. Alle sind hervorragend bedient. Die, die Spaß haben wollen und die, denen der Sinn nach tieferer Begegnung steht. Nach einigen Stunden reicht es mir wieder. Ich will alleine sein. Wer immer sich gedacht hat, das wäre der Anfang von mehr Nähe und Kontakt, kann sich trollen. Ich tauche erst einmal wieder ab und es herrscht einige Wochen Funkstille, bis ich wieder Hunger verspüre und Gesellschaft brauche; dann werde ich erneut aktiv.

Nein, das wollte ich wirklich nicht von mir wissen. Einige meiner inneren Bewohner heulen auf: »Wie kann man nur so sein?! Du bist unmöglich!« Spinne ist da nicht so empfindlich. »Ist doch nicht mein Problem, wenn die das mit sich machen lassen, sind sie doch selber schuld«, lautet ihr ungerührter Kommentar. Mich gruselt es vor mir selbst, doch leugnen kann ich es auch nicht. Ich muss anerkennen, dass Ingrids Analyse ziemlich genau der Wahrheit entspricht.

So kann es nicht bleiben. So lustig das Spiel der Spinne auch ist, geht es mir doch gehörig auf die Nerven. Und solche Auswüchse, wie die mit den übertriebenen Frühstücksaktionen, möchte ich eigentlich gar nicht in meinem Leben haben! Was kann ich also tun? Da fällt mir die Anleitung ein, die mir Ingrid ganz zu Beginn unserer Arbeit gegeben hat. Natürlich habe ich sie einfach in eine Schublade gepackt und es dabei belassen. Jetzt krame ich sie wieder hervor und lese mir die Anregungen durch, um eigenständig mit meinen Inneren Personen zu arbeiten. Ein Gedanke schießt mir plötzlich durch den Kopf: »Wie viel Mühe sich Ingrid gibt. Wie wichtig es ihr ist, dass ich weiterkomme. Das ist mehr, als ich für Geld erwarten kann.« Bei diesem Gedanken wird mein Herz ganz warm. Ich fühle mich von Ingrid so gut und liebevoll unterstützt. Gerne will ich auch meinen Anteil zum Gelingen unseres gemeinsamen, therapeutischen Weges beitragen. Also dann ran an die Arbeit. Am interessantesten erscheint mir der Vorschlag, mir selbst Sitzungen zu geben. Aber lieber nichts überstürzen. Schön langsam, schließlich muss ich mich ja an den Gedanken erst noch gewöhnen, alleine in meinem Wohnzimmer rumzustehen und Therapeutin, Spinne und mich selbst zu mimen.

Nach angemessener Anlaufzeit entschließe ich mich, den Versuch zu wagen. Ich verteile Meditationskissen auf unsere drei Plätze, setze ich mich erst einmal auf das Wiebke-Kissen und gehe auf Tuchfühlung mit der Spinne. Die Situation ist zwar ungewohnt, aber eigentlich geht es leichter als gedacht. Spinne ist zu Hause. Sobald ich mit ihr verbunden bin, begebe ich mich auf ihr Kissen. Wieder passiert etwas anderes, als ich eigentlich erwartet habe. Die ersten Gefühle, die mich auf dem Spinnenplatz empfangen, sind Versteinerung und Tod. Hier ist ein Ort tiefer Hoffnungslosigkeit. Leben lohnt sich nicht, da kommt nichts Gutes. Mit leiser, gepresster Stimme stößt die Spinne nach einer Weile hervor: »Menschen sind Pack. Die bedienen sich nur. Die fleddern Deine Gaben auseinander und lassen das, was sie nicht brauchen, einfach fallen. Aber mit mir nicht mehr! Ich werde mich rächen! Jetzt halte ich mich schadlos. Denen tue ich genau das an, was sie mir angetan haben.« Nachdem das einmal draußen ist, macht sich Angst in meinem Herzen breit. Panik kommt hoch. Bilder tauchen auf von einer Frau, die sich in den Gängen einer Burg herumdrückt und

Angst hat, entdeckt zu werden. Begegnet ihr jemand, versucht sie sich schnell zurückzuziehen oder wenigstens die Augen niederzuschlagen, damit sie dem Gegenüber nicht auffällt. Plötzlich stellt sich die Empfindung von Ausweglosigkeit ein. Alle Fluchtwege sind abgeschnitten. Jetzt muss dringend ein Plan her, um in dieser verzweifelten Situation überleben zu können. Abermals ändert sich die Stimmung. Mit sichtlicher Mühe katapultiere ich mich zurück in die übliche, überlegene Spinnenhaltung. Der Blick wird kühl, die Stimme kalt und abschätzig. Mit süffisanter Miene nehme ich den Therapeutenplatz ins Visier: »Was willst Du von mir?!«

Arroganz als Schutz? Ein interessanter Aspekt, der sich aber bald wieder in den Hintergrund zurückzieht. Ich bin zwar beeindruckt von diesen neuen Erkenntnissen und erstaunt darüber, wie einfach es für mich war, in sie einzutauchen, aber ich bin zu sehr mit anderem beschäftigt. Zudem nehme ich an einer Familienaufstellung* teil, um meine letzte Beziehung endlich abzuschließen. Zwei Jahre nachdem ich mich von Stefan getrennt habe, bin ich immer noch wütend auf den Kerl. Wieder und wieder verderbe ich mir die Laune damit, mich über meinen Ex zu ärgern. Ich möchte ihn ganz bestimmt nicht wiederhaben, aber loslassen kann ich ihn offensichtlich immer noch nicht, sonst würde ich mich ja nicht so hingebungsvoll über ihn aufregen. Es ist Zeit, die Beziehung mit Stefan abzuschließen, um frei zu sein für Jan. Und nachdem mir eine Familienaufstellung schon einmal dabei geholfen hat, ein kompliziertes Beziehungsthema zu lösen, kann es hier auch nicht schaden. Und wer weiß, vielleicht hilft es ja auch der Spinne.

* Die Familienaufstellung ist eine Methode der Systemischen Psychotherapie.

Die Rache ist mein

Als ich in der Familienaufstellung der Gruppe mein Anliegen schildere, gerate ich sofort in Rage. Ich habe Mühe, einigermaßen höflich auf die Rückfragen des Aufstellungsleiters zu antworten. Wie geladen ich bin, zeigt sich, als ich meine Stellvertreterin gegenüber dem Stellvertreter von Stefan positioniere. Sie läuft rot an und berichtet, dass sie vor lauter Wut Herzrasen bekommt. Die Situation ist verfahren. Sie steht wie festgenagelt vor Stefan, Ärger sprüht ihr aus den Augen, und doch kann sie nicht handeln. Genauso empfinde ich es: Ich ersticke fast an meinem Hass auf Stefan und kann nicht von ihm lassen!

Nachdem Rainer, der Aufstellungsleiter, mit den Stellvertretern einige Zeit gearbeitet hat, ist es soweit. Ich soll selbst meinen Platz in dem Beziehungsfeld einnehmen. Jetzt geht es richtig los. Ich spüre mörderischen Zorn. Stefan war zwar ein Mistkerl, aber diese Emotionen haben nichts mehr mit ihm zu tun. Nein, so ungeheuerlich er auch war, das hat er nicht verdient, aber das wird mir erst später klar. Erst einmal wüte ich weiter. Als der Leiter von mir verlangt, dass ich mich bei Stefan bedanken soll, sind es schon zwei, die ich ungespitzt in den Boden rammen könnte! Ich bin so sauer, dass ich schon wieder der Sündenbock bin. Stefan hat sich doch schon immer verpisst, wenn es darum ging, für irgendetwas in unserer Beziehung Verantwortung zu übernehmen. Immer muss ich alles richtig machen. Alle anderen dürfen weiter unbehelligt auf ihren Abwegen herumpirschen. Niemand erkennt an, dass auch mal für mich etwas schwierig war, dass nicht alles selbstverständlich war. Immer bin ich die Dumme! Alle anderen brauchen nichts zu tun, nur ich. Ich hätte auch gern, dass Stefan oder wenigstens sein Stellvertreter mal anerkennt, was ich für ihn getan habe, und zugibt, was er mir angetan hat.

Rainer insistiert. Er sagt, dass ich an meinen Männern etwas abreagiere, was aus meiner Vergangenheit oder aus meinem Familiensystem kommt. Umso besser, dann brauche ich mich ja nicht mehr mit meinem Ex beschäftigen. Der kann meinetwegen auf der Müllhalde der Geschichte verrotten! Erst als der Leiter mir erklärt, dass ich mich so von den Männern abhängig mache, kann ich den Schritt tun und mich bei Stefan bedanken. Und es scheint tatsächlich gewirkt zu haben, denn plötzlich konnte ich Stefan verzeihen und ihm sogar dankbar sein – zumindest in diesem Moment.

Rachsüchtige brauchen die Menschen, um ihre Rache zu befriedigen. Dabei leisten sie gerade so viel Einsatz, um sie an sich zu binden und dann heimlich auszunehmen.

Dann stellt mich Rainer gegenüber meiner Mutter auf. Hier rase ich zwar nicht, dafür legt sich eisige Kälte und abschätzige Arroganz über mich. Ich erzähle der Gruppe, wie es mir auf diesem Platz geht. Die Stellvertreterin meiner Mutter platzt fast, als sie ihre Gefühle mitteilt. »Ich könnte Dich schütteln! Ich bin übervoll mit Energie und Liebe für Dich, aber nichts, auch gar nichts kommt bei Dir an! Du nimmst nichts von mir!« Stimmt, bei mir kommt nichts an. Ich bin völlig unberührt und teilnahmslos. Ich frage mich, was ich hier eigentlich soll. Hier gibt es doch sowieso nichts zu holen! Wieder muss Rainer insistieren: Ich soll auf meine Mutter zugehen. Auch das schaffe ich erst im zweiten Anlauf, und dabei ödet mich der Gedanke an, wie oft ich eigentlich noch bei irgendwelchen therapeutischen Aktionen zu meiner Mutter robben muss? Wann ist es denn mal gut damit? Und wieder frage ich mich, warum immer ich die Drecksarbeit machen muss?

Gleichzeitig weiß ich, wie maßlos und ungerecht das alles ist. Meine Mutter schuldet mir ganz bestimmt nichts. Mami hat genug für mich getan. Im Nachhinein macht es mich betroffen, dass ich ganz offensichtlich nichts von ihr annehmen kann. Und dieses Nicht-Nehmen bezieht sich nicht nur auf meine Mutter. Da kann sich jemand so viel

Mühe geben, wie er will, bei mir landet nichts. Ich habe damit abgeschlossen, dass von außen etwas Gutes kommen könnte. Ich gehe davon aus, dass andere nur Forderungen an mich stellen, etwas von mir wollen, oder mich übergehen. Und dagegen wehre ich mich mit aller Kraft, ständig, automatisch, zwanghaft.

Mit der Anleitung von Rainer kommt es schließlich zu einer guten Auflösung dieser Konstellation. Doch mein Zorn trifft weiterhin jeden, der mir in die Quere kommt. Vor dem Heimweg genehmige ich mir noch einen Kaffee. Ich will alleine sein, um die Erlebnisse der letzten Stunden etwas zu verdauen, ehe ich mich ins Auto setze. Zwei der Teilnehmerinnen kommen vorbei. Eine legt mir die Hand auf den Arm und erkundigt sich, ob es mir gut geht. »Ja, danke«, antworte ich in meiner professionellen Stimmlage und denke: »Auch wieder so eine mit Helfersyndrom, die anderen ihre Hilfsbereitschaft aufdrängen muss, ob die das wollen oder nicht. Glaube bloß nicht, dass ich etwas von Dir brauche. Ich komme schon allein zurecht.« Die beiden gehen weiter und kommen nach fünf Minuten wieder, um sich ebenfalls einen Kaffee zu holen. Die Frau spricht mich noch einmal an und berührt mich dabei vorsichtig. Ich reagiere wieder abweisend. Sie versucht es ein drittes Mal. Erst jetzt bemerke ich, dass sich wirklich jemand Sorgen um mich macht. Erst jetzt erreicht sie mein Herz.

Rachsüchtige verschaffen sich Genugtuung für eine Erfahrung, an die sie sich selbst nicht mehr erinnern wollen. Solange sie sich rächen, müssen sie sich nicht als Opfer erleben.

Nach dem Seminar heule ich ein ganzes Wochenende. Was mir dort bewusst geworden ist, hat mich tief getroffen. Wie lange soll mich diese aufgestaute Wut noch am Leben hindern? Worauf soll ich noch alles verzichten, um irgendeinen alten Hass zu pflegen? Nicht genug damit, dass ich nichts aus meinem Leben mache, ich hinterlasse außerdem noch eine Schneise der Zerstörung. Ich verletze die, die mir nahe sein wollen. Ich weise diejenigen ab, die mir helfen wollen.

Ich finde, dass es an der Zeit ist, diese Kraft für etwas Positives, etwas Fruchtbares in meinem Leben einzusetzen. Gott sei Dank gibt es wenigstens einen Lichtblick: Zu guter Letzt bin ich doch noch bei meiner Mutter angekommen. Ich habe mich bei ihr bedankt und ihr gesagt, dass sie die richtige Mutter für mich ist. Dass sie wie ich ist und ich wie sie. Das ist ein ganz feines Gefühl. So zart und so geheim, dass es hinter all den anderen aufregenden Emotionen fast verschwindet.

Ich brauche Dich auch nicht

Mir ist klarer denn je, dass dieser unendliche Zorn weder mit Stefan, noch mit meiner Mutter, noch mit sonst jemandem zu tun hat, den ich kenne. Und ich weiß, zu wem diese Wut gehört: zu der Spinne. Dass sie trotz der lösenden Aufstellungsarbeit weiter tobt, kann ich deutlich fühlen. Was ihre Raserei zu bedeuten hat, worum es dabei geht, weiß ich noch immer nicht. Da werde ich wohl noch einmal Ingrid bemühen müssen. Leicht ist diese Aufgabe allerdings nicht, wie die nächste Therapiesitzung zeigt. Egal wie betroffen ich über das bin, was die Spinne in meinem Leben anrichtet, ihr selbst ist das völlig gleichgültig. Sie zieht ihre Linie der Ablehnung eiskalt durch.

»Eins will ich mal klarstellen: Ich muss hier auch nichts tun. Wenn Du nichts von mir willst, wenn Du Dich nicht zum Thema machen willst, dann bist Du hier am falschen Platz.« Ingrids Statement beeindruckt mich als Spinne nur wenig.

Ein lahmes: »Ist das so?«, ist die einzige Antwort, zu der ich mich bequeme. Von Einlenken keine Spur. Als Spinne lasse ich Ingrid rücksichtslos abblitzen. Meine Antworten bewegen sich zwischen selbstgefällig und desinteressiert. Ich schaue mir Bemühungen von der Gegenseite mit schlecht gelaunter Überlegenheit an. Manchmal beeindruckt mich Ingrid sogar: Mir gefällt ihre Unabhängigkeit. Sie scheint mich tatsächlich nicht als Klientin zu brauchen, auch auf das Geld scheint sie nicht scharf zu sein. »Das kann ich mir einfacher verdienen, als mich mit Dir hier herumzuschlagen«, fliegt mir um die Ohren. Das glaube ich ihr aufs Wort. Bemerkenswert. Trotzdem bin ich mir meiner selbst sehr sicher. Dieses Spiel kann ich noch ewig spielen. Genau das liebe ich daran: meine uneingeschränkte Respektlosigkeit und Verweigerung bringt mich in diese überlegene Position. Und genau diese Dominanz liebe ich.

Ingrid legt noch einmal nach: »Du rettest doch nur Deinen Arsch!«, wirft sie in den Ring. Gelangweilt und extra vornehm gebe ich zurück: »Du drückst Dich immer so ordinär aus.« Aber Ingrid lässt sich durch meine gerade entdeckte Zimperlichkeit nicht ablenken. »Ordinär!? Du bist ordinär! Du nutzt alle aus und lässt sie nach Deiner Pfeife tanzen. Und es ist Dir völlig gleichgültig, wie es anderen damit geht. Du bist nur darauf bedacht, Deine sichere Position zu halten!«, kontert sie. »Ja, und!« werfe ich ein.

»Du bist wie ein Tyrann. Dir ist völlig gleichgültig, was Wiebke und die anderen in ihr wollen. Hauptsache Dir geht es gut.« »Mir reicht das«, antworte ich betont selbstzufrieden.

»Wie schön für Dich, sehr kultiviert!« kommt mir spöttisch entgegen. Der Punkt geht an Ingrid. Langsam wird sie wirklich lästig. Meine Laune sackt noch einmal ein paar Stockwerke tiefer. Dann antworte ich in meiner provozierenden Art: »Ich komme damit zurecht. Und außerdem, was geht Dich das an?« »Natürlich nichts! Du hast ja nichts gemeinsam mit Wiebke. Wie denn auch? Du bist ja nur eine Innere Person in ihr. Blöd nur, dass sie mich gebeten hat, mit ihr herauszufinden, wer Du bist und warum Du ihr Leben zerstörst? Warum ist es Dir so egal, dass es anderen schlecht geht?«

»Ich kann es eben«, gebe ich selbstgefällig zurück.

»Wer kann, der kann! Eine sehr differenzierte Antwort«, kommt von Ingrid gelangweilt. Allmählich vergeht auch mir die Lust an dem Spiel. Ingrid nervt wirklich: »Na und? Mehr muss ich nicht wissen. Ich kann es, das genügt!«

»Genau, die anderen könnten ja selbst für sich sorgen. Was geht Dich das an? Es ist schließlich ihre eigene Schuld, wenn sie Dir im Weg stehen. Die hätten doch auch woanders hingehen können. Dahin, wo sie Dich nicht stören!«

»Richtig! Das ist doch nicht mein Problem, wenn die mir in die Quere kommen.« Aber Ingrid lässt mir nicht so leicht das letzte Wort: »Wirklich blöd, dass Wiebke im gleichen Boot sitzt, wie Du.«

Um eine rachsüchtigen Inneren Person mit sich selbst zu konfrontieren, muss sich ihr der Begleiter in den Weg stellen. Dadurch wird er zunächst zum Spielball ihrer persönlichen Racheaktionen.

So geht es immer weiter. Dieser Dialog ist alles andere als erfreulich. Meine Stimmung verschlechtert sich zusehends. Gleichzeitig werde ich immer schweigsamer. Einen Grund, meine ablehnende Haltung aufzugeben, sehe ich nicht. Warum auch? Mir geht es ja gut. Der Rest ist mir wirklich egal, da hat die Klette von da drüben schon recht. Doch dann habe ich unversehens die Pistole auf der Brust. »Okay, Du hast gewonnen. Das war's!«, schleudert sie mir entgegen. »Ich lasse Dich ab sofort in Ruhe. Wenn Du nichts über Dich wissen willst, kann ich auch nichts machen. Dein Wille geschehe! Dann lassen wir es eben dabei. Ich brauche Dich genauso wenig, wie Du mich!«

Das trifft. Die Welt scheint in Sekundenschnelle um mich herum zusammenzubrechen. Ich bin wie im Schock. Es ist, als würde eine Mauer vor mir weggezogen. Mein Herz macht einen Schreckenssprung. Auf einmal bin ich nur noch eine todtraurige Person, die ihre letzte Hoffnung schwinden sieht. Meine Stimmung verändert sich, und plötzlich ist Kontakt mit Ingrid möglich. Gesprochen wird jetzt nicht mehr. Stattdessen fließen Gefühle: Trauer, Schmerz und Schock von meiner Seite, Mitgefühl von der anderen.

Als ich wieder auf meinem, Wiebkes, Platz sitze, fühle ich immer noch: Haarscharf ist es noch einmal gut gegangen – haarscharf! Das hätte auch anders ausgehen können. Dafür ist das erste Mal ein Riss in der Mauer der Abwehr entstanden. Ein Riss, der den Blick auf eine verletzte, eine tief verzweifelte Person freigibt, die eine unendliche Traurigkeit in sich trägt. Dieses Gefühl kommt mir bekannt vor. Schon als Kind habe ich es gespürt und nie gewusst, wo es herkommt. Doch so deutlich, wie vorhin, habe ich es noch nie wahrgenommen.

Wer glaubt, die aufrüttelnde Mail einer Therapeutin, eine aufwühlende Familienaufstellung und die Begegnung mit dem eigenen Schmerz müssten ausreichen, um einen endgültigen Sinneswandel bei Spinne herbeizuführen, kennt die Widerstandskraft von Inneren Machtpersonen nicht. Ich habe sie auf jeden Fall weit unterschätzt. Die nächste Überraschung wartet schon, als ich ein paar Wochen später eine Mail von Ingrid öffne. Langsam beginne ich, diesen Vorgang zu fürchten. Diesmal bringen mich folgende Sätze aus der Fassung: »Ein Hinweis, Du lässt gerade unsere Zusammenarbeit platzen. Warum kümmerst Du Dich nicht um einen nächsten Termin? Du weißt doch, dass ich nur langfristig planen kann. Dass ich Dich darauf aufmerksam machen muss, ist unpassend. Im Moment ist alles ausgebucht.«

Erst bin ich empört, dann zerknirscht. Wie habe ich das nur übersehen können? Da beschäftige ich mich wochenlang intensiv mit meinem Innenleben und glaube, gut dabei zu sein, und dieses Detail entgeht mir einfach. Das ist eine der brillantesten Methoden der Spinne: Ich bin gedanklich so stark mit meiner Therapie beschäftigt, dass ich gar nicht mitbekomme, dass ich mich um die äußeren Rahmenbedingungen nicht kümmere. Ich merke das einfach nicht! Und das passiert mir, trotz dieser letzten, intensiven Erfahrung, die ich in der Arbeit mit Ingrid gemacht habe. Mich überfällt der Frust. Das ist jetzt schon der dritte Fast-Ausstieg innerhalb kurzer Zeit. Soll es wirklich sein? Wenn es so schwierig ist, dranzubleiben, ist die Entscheidung für diese Arbeit dann überhaupt richtig? Wenn ja, müsste es doch viel leichter gehen. Ich bin drauf und dran, aufzugeben. Doch auf einmal habe ich wieder Kontakt zu der Traurigkeit. Tief in mir ist jemand grenzenlos unglücklich. Mit einem Mal empfinde ich deutlich: Um diesem Menschen zu helfen, würde ich noch ganz andere Dinge tun.

Die Entscheidung war schon richtig, ich muss sie nur immer wieder neu treffen. Da bin ich eben mal vom Pfad der Tugend abgekommen. Mehr ist nicht passiert. Der Anspruch, ein für alle Mal das Richtige zu beschließen und dann konsequent danach zu handeln, ohne je einen Fehler zu machen, ist gar nicht zu erfüllen. Das ist doch auch wieder nur ein Trick, mich von meinen Plänen abzubringen.

Was jetzt? In der nächsten Zeit gibt es also keine Therapietermine. Was kann ich tun, um diese Phase zu überbrücken? Und vor allem, was kann ich tun, damit ich mitbekomme, wenn ich gerade nichts tue? Auf jeden Fall kann ich weiter Tagebuch schreiben und mich mit meiner Machtseite auseinandersetzen. Außerdem kann ich mir selbst Sitzungen geben. Und genau das kann ich auch kontrollieren. Ich gewöhne mir also an, hin und wieder zu checken, wie viele Sitzungen ich mir gegeben habe, wie viele Einträge es in meinem Tagebuch gibt und – ganz wichtig – wie häufig ich Ingrid schreibe. Ich muss mir selbst auf die Finger schauen. Das ist immerhin eine neue Erkenntnis.

Und eigentlich ist es perfekt. In den Wochen, in denen ich auf mich zurückgeworfen bin, nehme ich meinen inneren Prozess wirklich selbst in die Hand. Aber ich muss verdammt auf der Hut bleiben, um mich nicht wieder rauszukicken. Wie schon vermutet, bleibt die Beschäftigung mit mir ein fragliches Vergnügen. Die Berührung mit meiner inneren Verzweiflung hat mich bei der Stange gehalten, doch der Zugang zu diesem Gefühl verschwindet so plötzlich, wie er gekommen ist. Stattdessen rücken noch mehr die tyrannischen Wesenszüge in meinen Blick. In meinen Sitzungen und Selbststudien befördere ich noch eine Vielfalt von Vermeidungsstrategien zu Tage. Der Spinne ist wirklich jedes Mittel recht, um ihre heimliche Überlegenheit aufrechtzuerhalten. Um sie nicht gleich wieder zu vergessen, stelle ich einen Katalog ihrer bevorzugten Strategien zusammen. Da stehen: Vergessen, Einschläfern, Ablästern, Nebel erzeugen, Verwirrung stiften, endloses Phantasieren, Ablenken, Rationalisieren, Moralisieren und Abwerten. Hinzu kommen Zynismus und Respektlosigkeit, gefolgt von Ekel. Etwas sanfter sind die Sorge um meine angeblich so labile Gesundheit und der milde Rückzug von der groben, kalten Welt. Fehlt noch die Gleichgültigkeit, mit der die Spinne sich die Welt vom Leib hält. Dann kommen noch Kooperationsbereitschaft, Intelligenz, Debilität und Blödheit. Es ist von allem etwas dabei, je nach Lust und Laune. Ihre Experimentierfreude scheint unbegrenzt zu sein. In ihren Bewegungen steckt ein so hohes Maß an Kreativität, dass ich selbst überrascht bin. Leider hat der Einfallsreichtum der Spinne erhebliche Schattenseiten. Nicht nur, dass darin eine enorme Energieverschwendung steckt, nein, dahinter befindet sich auch ihre Lust an der Zerstörung. Dabei spielt es keine Rolle, ob es sich um meine eigenen Pläne oder die Bemühungen von anderen handelt. Der Spinne macht es Spaß, alles zu verhindern. Sie liebt es, wenn sich andere abarbeiten und an ihr scheitern, ohne dass sie überhaupt bemerkt wird. Das macht sie zufrieden und sicher. Darin ist sie so rücksichtslos und so gnadenlos, dass ich den Impuls habe, die Spinne umzutaufen. Aus Spinne wird Tyrann.

Wie geht das mit der Selbstliebe?

Je mehr ich mich mit der Tyrannenqualität beschäftige, umso größere Probleme bekomme ich mit der Selbstliebe. Ingrid sagt mir zwar, dass es nicht darum geht, Tyrann zu bekämpfen, sondern darum, ihn noch tiefer kennenzulernen. Aber sie kann leicht reden, sie muss ja auch nicht damit leben, dass sich in ihrem Innersten ein selbstsüchtiger, arroganter Widerling eingenistet hat, der alle anderen Menschen nur benutzt. Ich will dieses dunkle Gewächs, das mir immer mehr wie ein aggressives Krebsgeschwür vorkommt, einfach nur weghaben! Meine Untersuchungen werden immer verkrampfter und mutieren langsam zu einer Vendetta gegen mich selbst. Ich finde mich nur noch schrecklich! Was ich sehe, ist das reine Grauen.

An diesem Punkt halte ich inne. Das kann es ja wohl auch nicht sein! Ich habe mich nicht jahrelang in Selbsterfahrungskursen darum bemüht, freundlich mit mir selbst zu sein, um jetzt Krieg gegen mich zu führen. Entweder es geht mit dem Tyrannen, oder es geht eben nicht. Aber wie kann ich eine positive Haltung zu diesem Unmenschen in mir finden? Wie kann ich mich mit den negativsten Seiten meiner Seele beschäftigen, ohne mich dafür fertigzumachen? Wie kann ich mich für mich einsetzen, ohne gegen mich in die Schlacht zu ziehen?

Bei der Suche nach Antworten stoße ich zufällig auf das Buch *Mut und Gnade** von Ken und Treya Wilber. Mich beeindrucken die Tagebuchaufzeichnungen von Treya Wilber, die ihren Kampf gegen den Krebs beschreiben. Und ihre Selbstzweifel, ob die Krankheit ihre Ursache in einem Lebensproblem hat, das sie sich trotz aller Bemühungen nur nicht ansehen will. Als sei der Krebstod gleichbedeutend mit einer Niederlage ihres Menschseins, als mindere er ihren persönlichen Wert, als schmälere er ihren Einsatz um Entwicklung und Wahrheit. Sie hat schließlich ihren Weg gefunden, den sie »leidenschaftliche Gelassenheit« nennt. Sie tut, was sie kann, und erkennt gleichzeitig an, dass sie an ihrem Leiden sterben kann. Sie bezieht das Scheitern als Teil der menschlichen Realität mit ein.

Ich habe keinen Krebs, der Tyrann wird mich nicht umbringen, aber mein Leben behindert er enorm: Es kann in keiner Richtung wirklich aufblühen. Der Gedanke, dass ich in der Auseinandersetzung mit ihm nicht zwanghaft siegen muss, entspannt mich. Ich kann mich nur entscheiden, mich zu engagieren, mehr über ihn in Erfahrung zu

* *Mut und Gnade* von Ken Wilber

bringen. Ob ich damit den gewünschten Erfolg haben werde, steht auf einem anderen Blatt. Nur eins kann ich nicht zulassen: Es nicht versucht zu haben. Das bin ich mir schuldig.

Trotz meines guten Willens gestaltet sich das Projekt: Auseinandersetzung mit meinem Tyrannen, weiterhin zäh. Das macht sich immer wieder an den Prozessberichten fest, die ich regelmäßig an Ingrid schicken soll. Ich weiß, dass diese Arbeit eigentlich gut für mich ist. Sie unterstützt mich dabei, mit dem Tyrannen in Kontakt zu bleiben und nicht völlig in seinen Abwehrstrudel zu geraten. Sie verschafft mir Klarheit über mich, und Ingrids Rückmeldungen geben mir stets Orientierung. Im Prinzip spricht alles dafür, diesen Beistand, den ich von Ingrid einfach so bekommen kann, so oft wie möglich zu nutzen. Doch wie durch Zauberei vergehen regelmäßig Wochen, bis ich mich endlich aufraffe, mich bei ihr zu melden. Jede Mail an sie beginnt mit einer Variante von »Diesmal ist es mir wieder schwer gefallen, Dir zu schreiben.« Eigentlich sollte ich mir dafür einen Textbaustein einrichten, dann wäre wenigstens dieser Part schon mal erledigt.

Ansonsten läuft es eigentlich sehr gut in meinem Leben. Nachdem ich mich einige Wochen beruflich ausgebremst hatte, beginnt eine aktive und erfolgreiche Phase, die auch privat von einer schönen Entwicklung begleitet wird. Nach einer Zeit der Unverbundenheit finden Jan und ich wieder zueinander. Unsere Beziehung wird näher und verbindlicher. Ich sage sehr gerne ja dazu. Ich liebe Jan, und es ist wunderbar zu wissen, dass dieser Mann an meiner Seite steht.

Aber nach ein paar schönen Wochen wird mir die Nähe doch wieder zu viel. Ich habe das Gefühl mich aufzulösen und gänzlich zu verschwinden. Obwohl wir uns gar nicht so häufig sehen, halte ich den Kontakt kaum aus. Ich fühle mich vereinnahmt. Jan ist ein sehr guter und rücksichtsvoller Liebhaber. Unsere sexuellen Begegnungen sind erfüllend. Und doch wird es mir unerträglich, von ihm angefasst zu werden. Es quält mich immer mehr. Um dem ein Ende zu setzen, würde ich am liebsten mit ihm Schluss machen. Das würde mich sofort erleichtern. Dann könnte ich endlich wieder frei atmen. Gleichzeitig ist mir bewusst, dass ich mich in wenigen Tagen wieder nach Jan sehnen werde. Auch Jan bemerkt, dass etwas nicht stimmt. Unser Zusammensein gleicht immer mehr einem Eiertanz des Ausweichens meinerseits und der Rücksichtsnahme seinerseits. Das erhöht den Druck auf mich, weil alles auf mir zu lasten scheint. Schließlich fasse ich mir ein Herz und erzähle Jan von meinen Gefühlen. Sobald es einmal ausgesprochen ist, entspannt sich die Situation. Es entsteht wieder Nähe und es ist schön miteinander. Gott sei Dank! Diese Klippe ist umschifft. Ohne das Wissen um mein tyrannisches Selbst wäre spätestens hier Schluss gewesen. Es ist erleichternd, auch diese dunkle Seite von mir zeigen zu können. Das ist wenigstens ein Weg, in Beziehung damit umzugehen, statt sie zu verleugnen und in den Untergrund meiner Psyche zu verdammen, wo sie dann doch heimlich ihr Unwesen treibt.

Womit dieser Abwehrmechanismus zu tun haben könnte, erhellen die nächsten Sitzungen bei Ingrid. Nach langer Auszeit ist mein Tyrann jetzt etwas gesprächiger. Es scheint ihm zu dämmern, dass es in der Therapie um ihn geht und er etwas davon haben könnte. Er erzählt von seinem Ekel vor Menschen. Sie sind für ihn Maden und Gewürm. Von denen kommt sowieso nichts Gutes. Die hält man sich am besten vom Leib. In meinen Eigensitzungen zu Hause empfange ich Bilder von Gewalt. Einmal liege ich am Boden und habe das Gefühl, dass jemand auf mich eintritt. Ich bitte um Hilfe, aber es wird nur noch schlimmer. Ich wimmere verzweifelt. Dann kehrt plötzlich Ruhe ein. Wenn man alle Gefühle abstellt, ist es nicht mehr so schlimm. Dann spürt man nichts mehr, auch den Schmerz nicht. Ich bin gescheitert. Ich bin völlig kraftlos – bis plötzlich wieder Energie durch den Körper fließt. Frech grinse ich zum Therapeutenplatz und sage: »So schwach, wie Ihr denkt, bin ich nicht. Ich führe euch an der Nase herum, und ihr seid so blöd und merkt es nicht einmal.« Der alte Tyrann ist wieder da. Der Spaß am Spiel ist ungebrochen. Was soll ich jetzt glauben, verarscht er uns alle auf eine neue Art?

Abgesehen von diesen Merkwürdigkeiten scheint die Therapie so weit ganz vielversprechend zu verlaufen. Bis ich mir unter der tätigen Mithilfe des Tyrannen das nächste Ei ins Nest lege. Diesmal ist ein Traum schuld, den ich an Ingrid sende, um sie über meinen inneren Prozess auf dem Laufenden zu halten. Sie antwortet nonchalant, dass sie doch gerne erst einmal meine Gedanken dazu wüsste, bevor sie sich dazu äußere. Sie schreibt: »Diesmal hast Du es Dir zu leicht gemacht. Das kannst Du besser.« Das stimmt zwar, aber ich habe keine Lust dazu. Ingrid auch nicht. Dreimal geht dieser Traum hin und her, bis meine Vorarbeiten ausreichen und ich eine Antwort erhalte. Ein Gutes hat das Ganze: Ich finde endlich einen anderen Einstieg für meine nächste Mail an Ingrid.

Betreff: *Träume*

Liebe Ingrid,

das diesmalige Geplänkel wegen (ausreichender) Trauminterpretationen war aufschlussreich. Als ich den unkommentierten Traum an Dich sandte, kannte ich Deine Reaktion eigentlich schon. Trotzdem tat ich es. Auch wenn ich das Gefühl habe, dass mir die Therapie bei Dir sehr wichtig ist, muss diese kleine Unverschämtheit anscheinend sein. Sie heißt nichts anderes als: »Sei Dir bloß nicht zu sicher. Ich weiß zwar, was Du erwartest, aber ich tue, was ich will!« Als die vorhersehbare Antwort eintrifft, ist das Echo enorm. Ich komme mir dumm vor und vorgeführt wie eine Zweitklässlerin. Zu allem Überfluss muss ich mir auch noch eingestehen, dass ich genau darum gebeten habe. Und das ist exakt der Punkt, der mich am meisten in Rage versetzt. Verhalten sich so eigentlich Erwachsene? Ich überlege mir also, warum ich das getan habe, und sehe dem feisten Tyrannengrinsen ins Gesicht. Wenigstens einer hat hier Spaß. Mein verletzter Stolz macht mich wütend, auf mich und auf Dich. Im Zweifel hält sich mein tyrannisches Selbst allerdings lieber an Dich: »Was bildet die sich eigentlich ein? Als ob ich nichts Besseres zu tun hätte, als mich mit völlig offensichtlichen Träumen zu beschäftigen. Das reicht, ich habe genug. Mit dem Menschenpack will ich nichts zu tun haben. Siehst ja, was dabei rauskommt. Sobald Du denen auch nur den kleinen Finger reichst, wirst Du sofort angestellt, völlig überflüssiges Zeug zu tun. Ich habe keine Lust dazu! Menschen sind widerliches Pack. Um Dich geht's doch sowieso nicht. Was für Dich gut ist, interessiert niemanden. Du wirst nur benutzt.«

Vielen Dank noch für Deine Trauminterpretation, die nach langem Hin und Her erst jetzt langsam in mich einsickert.

Liebe Grüße, Wiebke

Die Antwort bringt das Fass erst richtig zum Überlaufen.

Betreff: *Gute Strategien für das »Nie wieder«!*

Liebe Wiebke,

gut, dass Du Deine reaktiven Bewegungen trägst und reflektierst. Das ist nicht selbstverständlich, sondern zeigt ein gutes Maß an Selbstverantwortung. Das brauche ich für unsere Zusammenarbeit.

Hat Tyrann nicht herrliche Strategien? Lässt Dich zur dummen Schülerin werden, die sich das Nein abholen muss, um dann loszulegen, dass man von den Menschen eh nur Ablehnung und Verachtung bekommt. Gut eingefädelt. Dieser Tanz könnte ewig weitergehen, ohne dass es um ihn direkt geht. So muss er sich nie mit sich und seinem Thema auseinandersetzen. Hauptsache, er hält sich die Welt und damit seine Geschichte vom Leib. Umso erstaunlicher, dass Du trotzdem dranbleibst, obwohl es so unangenehm ist.

Liebe Grüße, Ingrid

Was zu viel ist, ist zu viel! Selbstverantwortung war das falsche Stichwort. Manche in mir können sich über das Kompliment freuen, aber die zählen nicht. Tyrann ist außer sich. Schließlich hat *ihm* keiner etwas zu sagen. Wer sich anmaßt, eine meiner Handlungen zu bewerten, und sei es noch so positiv, zieht sich seine Feindschaft zu. Waren bisher kaum drei zusammenhängende Sätze aus ihm hervorzuholen, ergießt er sich jetzt zwei Tage lang in meinem Inneren in schier endlosen

Tiraden: »Ach, Du hast es also richtig gemacht. Selbstverantwortlich, wie brav. Mami ist zufrieden mit Dir. So ist es schön. Immer hübsch das machen, was andere von Dir wollen. Dann kannst Du Dich ganz in der Sonne von Mamis und Papis Wohlwollen wärmen. Wenn es das ist, was Du willst? Bitte! Ich habe damit nichts zu tun. Auf diese Nummer habe ich keine Lust. Ich habe ja immer gedacht, Du wolltest unabhängig sein. Da habe ich mich wohl getäuscht. Auch gut, Dumme sterben eben nicht aus. Ich habe da ja ganz andere Ziele, aber das interessiert Dich wohl nicht mehr. Du hast ja Ingrid. Das wird sicher fein. Wenn Du immer brav die Hausaufgaben machst, ist sie bestimmt zufrieden mit Dir. Das ist dann doch ein schönes, erfolgreiches Leben. Du weißt doch, dass Du diesen Schwätzern, die von Selbstverantwortung reden, nicht trauen kannst. Das ist doch nur die Umschreibung für: Ich will Dich kontrollieren und Du bist auch noch blöd genug, mir dabei zu helfen. Pass auf! Das ist Abhängigkeit, in die Du Dich da begibst. Da will Dir jemand was reindrücken. Von Menschen kannst Du nichts anderes erwarten. Die sind immer nur auf ihren eigenen Vorteil aus. Egal, was sie sagen. Lass das sein! Vertrau mir. Ich kenne mich mit der Bagage aus. Was zum Teufel muss Dich die Meinung dieser selbsternannten Weltverbesserin interessieren? Du kannst Dir Deine eigene Meinung bilden. Du brauchst diese Ingrid nicht!«

In dem Stil geht es immer weiter. Tyrann redet auf mich ein, als wolle er sein Fußvolk beschwören. Egal, welche Argumente ich bringe, sofort legt Tyrann wieder los. Der Einstieg ist verschieden, das Ende immer gleich: »Pass bloß auf, da will Dich jemand kontrollieren.« Irgendwann kippt die Stimmung. Ich bin es müde, ihm Paroli bieten zu müssen. Ich bin traurig darüber, was diese tyrannischen Störmanöver in meinem Leben anrichten. Im besten Fall stehe ich dumm da, wenn sich jemand wehrt, so wie Ingrid gerade. Doch das tun die meisten Menschen nicht. Sie sind irritiert, wenden sich ab, nehmen mich nicht ganz ernst. Ich selbst verschwimme und verliere an Kontur. Ich bin nicht mehr zu sehen, für mich nicht und für andere auch nicht.

Die Reaktion auf Ingrids Mail ist der Startschuss für mehrere Wochen tyrannischer Exzesse, die sich an allem Möglichen entzünden können. Vorzugsweise an Ingrid, die ist schließlich nicht da, und so kann er sich herrlich abreagieren. Egal, wie sie sich in den Mails äußert, erst mal wird gemeckert. Ingrid nimmt es gelassen. »Dann bemerkst Du ihn wenigstens und kannst sehen, was er alles auffährt, um sein Ziel zu erreichen. Das ist immer das Gleiche: unverwundbar und überlegen bleiben. Solange er wüten kann, bleibt er in der machtvollen Position«, schreibt sie.

Parallel dazu rückt die Frage in den Fokus, ob Tyrann jetzt eigentlich Mann oder Frau ist. In den Sitzungen, ob bei Ingrid oder auch zu Hause, zeigt er sich von zwei völlig verschiedenen Seiten. Ist Tyrann wütend oder von den Menschen angeekelt, wirkt er sehr männlich. Auch wenn er Dinge zum Scheitern bringt und sein sardonisches Grinsen zeigt, ist er wie ein Mann. Die Verzweiflung hingegen hat etwas sehr Weibliches. Wie nah das beieinander liegt, erlebe ich in einer Eigensitzung. Eben noch bin ich auf dem Platz des Tyrannen eine völlig verzweifelte Frau, ich bitte um Gnade und weiß doch, dass es sinnlos ist. Nichts wird mich retten. Dann wechsle ich zum Therapeutenplatz und betrachte Tyrann. Von hier aus ist erst einmal nichts zu spüren, aber bald taucht ein klarer Wille auf. Zunächst versteckt, dann immer deutlicher: Drittes und sechstes Chakra, Solarplexus und Stirn, Wille und Intuition sorgen klar für Distanz. Da steht er wie ein strahlender Krieger, der die Seinen machtvoll verteidigt.

Ich bin fasziniert. Jetzt weiß ich, was Ingrid bei den Sitzungen sieht, woher sie ihre Eingebungen nimmt. Das Erleben auf dem Platz der Inneren Person kann völlig unterschiedlich sein von dem, was von außen wahrzunehmen ist. Wenn ich das sehen kann, wenn ich nur auf ein leeres Kissen starre, wie stark muss die Energie erst sein, wenn eine reale Person auf diesem Platz steht? Wahnsinn! Dieser Einblick in das Wesen der IndividualSystemik motiviert mich zusätzlich und gibt mir Vertrauen, dass ich dem Glauben schenken kann, was ich in der Therapie erlebe.

Der *Krieger* bringt einen neuen Aspekt in die Arbeit. Sind da vielleicht mehrere Innere Personen am Werk? Ist er ein Mann, der in Kontakt mit den Frauen steht und versucht, sie zu schützen? Das würde die Verwirrung um sein Geschlecht erklären. Trotz der neu entdeckten, helleren Seite von Tyrann, geht es mit den Schimpfkanonaden munter weiter. Tyrann begeistert sich immer mehr dafür. Doch dann ist plötzlich Schluss! Für mich völlig unerwartet tritt meine Therapeutin auf die Bremse. Ich bemerke nur, dass sie nach einer Begegnung mit Tyrann sehr bedrückt ist. Und was sie mir zu sagen hat, ist tatsächlich niederschmetternd: Sie habe den Eindruck, dass Tyrann zwar das Spiel genieße, jetzt gerade das direkte Kampfspiel, aber nicht wirklich bereit sei, seinen Blick auf sich selbst zu richten. Sie schließt: »Solange Tyrann sich nicht für sich interessiert, kann ich nichts für ihn tun. Wenn ich mich weiterhin für sein Spiel zur Verfügung stelle, benutzt er mich nur, um seine Muskeln für seine Abwehr zu stärken. Dann wird das therapeutische Arbeiten kontraproduktiv. Dann ist es besser, hier aufzuhören.«

Im Hotelzimmer wird mir bewusst, dass Ingrid Recht hat. Es ist wahr, wenn sie sagt, dass Tyrann nichts über sich wissen will. Ich interessiere mich für ihn, nicht er für sich. Ich möchte etwas ändern, nicht er. Diese Einsicht ist gewöhnungsbedürftig. Niemand, der mir nahe steht, schenkt seinem Innenleben keine Beachtung. Wie kann das überhaupt sein, dass jemand kein Interesse für sich hat? Wie kann das sein, dass Tyrann sich nicht kennen lernen will? Bei dieser Frage bin ich völlig blank. Ich kann ihn nicht dazu zwingen und Ingrid auch nicht. Erneut erlebe ich, wessen Wille in mir geschieht.

Am nächsten Tag gehen Ingrid, Tyrann und ich noch einmal in die direkte Begegnung. Ingrid will von Tyrann hören, ob er etwas über sich und sein Nein zu Menschen herausfinden will. Sie sagt ihm, dass sie nicht länger als sein Kampfpartner zur Verfügung stehen wird. Doch Tyrann schaltet auf stur. Diesmal gibt es kein Erschrecken. Diesmal wird keine Wand plötzlich beiseite geschoben. Diesmal ziehe ich, als

Tyrann, meine Linie durch und weiß gleichzeitig, dass es mir das Herz bricht. Ich weiß, dass es mich unglücklich macht, aber ich weiß auch, dass ich nicht anders kann, als nein zu sagen. Nicht offen natürlich, aber durch meine stille, höchst entschlossene Verweigerung, lasse ich Ingrid über die Klinge springen – und Wiebke gleich mit. Die Therapie steht vor dem Aus.

Ich, Wiebke, fühle mich wie von einer Betonwand erschlagen. Damit habe ich zu diesem Zeitpunkt nicht mehr gerechnet. Dass ich in meinen Bemühungen scheitern könnte, habe ich nach den lebhaften Bewegungen der letzten Wochen nicht mehr erwartet. Das hat mich kalt erwischt. Es bleibt nur noch eine winzige Chance. Ingrid und ich besprechen, dass wir einen Termin Ende des Sommers notiert lassen, und ich, besser gesagt Tyrann, bis dahin Zeit hat, sich die Sache zu überlegen. Ich soll mich einfach eine Woche vorher melden und die Entscheidung mitteilen. Ingrid will dann ihrerseits prüfen, ob sie eine gute Basis für die Weiterarbeit sieht. Für die Zwischenzeit vereinbaren wir Funkstille. Ich werde keine Mails schreiben, sie wird nicht antworten. Damit trennen wir uns – vielleicht für immer.

Am eigenen Haken

Die nächsten Wochen sind zermürbend, garniert von Momenten tiefen Glücks. Zunächst einmal reicht es mir allerdings. Das war das letzte Mal, dass ich gegen diese Wand meiner eigenen Verweigerung gerauscht bin. Ich habe auch keine Lust, mich ständig von mir selbst zum Affen machen zu lassen. Was nicht will, will nicht! Irgendwann musste ich das wohl mal kapieren. Ich werde nächstes Jahr exakt noch eine Visionssuche* bei meinen alten Selbsterfahrungslehrern mitmachen, um

* Schamanisches Übergangsritual, das auf die Tradition nordamerikanischer Ureinwohner zurückgeht.

herauszufinden, was ich mit dem Rest meines Lebens anfangen will. Dann wird sich ja zeigen, was ich davon in die Welt bringen kann und was nicht. Und das war's. Das muss dann eben reichen. Therapie und Selbsterfahrung sind für mich passé. Wenigstens kann ich jetzt klar sehen, wie die Dinge stehen: Ich bin machtgeil und egoistisch. Ich will haben und möglichst wenig dafür geben. Ich will mich bedienen lassen und finde das sehr angenehm. Ich möchte nicht, dass mir jemand so nahe kommt, dass ich die Kontrolle verlieren könnte. Und ich weiß, mindestens einer Person in mir passt mein Dasein ganz genau so, wie es ist. Das ist ja schon mal etwas. Bisher habe ich immer lamentiert, dass ich mein Leben eigentlich anders haben möchte: näher, lebendiger, engagierter. Doch in Wirklichkeit will ich Abstand und Kontrolle. Das verlangt eben ein paar Opfer. So ist das nun mal. Das ist meine Wahrheit und damit muss ich leben.

Wenn ich mir das so klar vor Augen führe, fühle ich meine Macht. Ja, es ist mir egal, ob andere unter dieser ablehnenden Haltung leiden. Hauptsache mir geht es gut. Das einmal zuzugeben, hat etwas Befreiendes. Das ist wie ein Zufluss von Energie. Jetzt steht mir wenigstens die Kraft zur Verfügung, die ich sonst dafür brauche, um diese unschöne Tatsache zu unterdrücken. Und das ist gar nicht mal so wenig. Das ist ein richtiges Hochgefühl. Ein Wochenende mit Jan und lieben Freunden zeigt mir, wie reich meine Welt ist und dass ich trotz Tyrann viel geben kann – natürlich nur, wenn mir Tyrann das gerade erlaubt. Immerhin gewährt er anderen Spielraum, schließlich hat er Ingrid vorerst nicht mehr an der Backe und muss mir dadurch das Leben nicht unnötig schwer machen. Im Moment finde ich es einfach nur beglückend, dass ich mich wieder mit den Inneren Personen verbunden fühle, die etwas Gutes wollen. Wenn ich mich nur auf Tyrann ausrichte, komme ich mir immer nur monströs vor, als gäbe es in mir nichts Positives. Das ist das Problem, wenn man sich mit diesen inneren Schwerkalibern beschäftigt. Der Bezug zu den wohlmeinenden Kräften kann verloren gehen. Jetzt, nachdem Ingrid mir diese Auszeit verordnet hat, dürfen sich die anderen wieder bewegen. Mir geht es dadurch sofort besser und das Barometer meines Lebensgefühls klettert ruck, zuck in die Höhe. Oder verteilt Tyrann im Moment vielleicht gerade Zuckerbrot und nicht Peitsche, um seine Untertanen bei Laune zu halten? Ich weiß es nicht genau, aber ich bin auch müde, mich damit zu beschäftigen. Ich habe das Gefühl, dass ich die Therapie recht bald zum Abschluss bringen und Ingrid absagen kann. Die Entscheidung muss ich nicht mehr lange mit mir herumtragen.

Am nächsten Morgen trudelt die Rechnung von Ingrid ein. Den Betrag zu überweisen, fühlt sich so abschließend an. Das letzte Mal? Ich starre auf das Blatt Papier. Warum soll sich mein Wunsch, heil zu werden, nicht erfüllen? Es war so viel Engagement und Liebe da. Vertrauen eigentlich auch, sogar das von Tyrann. Warum reicht es trotzdem nicht? Warum bleibe ich lieber unbefriedigt? Warum kann ich, kann Tyrann das, was Ingrid zu geben hätte, nicht annehmen? Warum ist es wichtiger, Spielchen mit der Frau zu treiben, die sich anbietet zu helfen, als ihr Geschenk zu nehmen? In diesem Moment öffnet sich eine innere Tür und ich spüre den wahren Grund. Die Wahrheit ist: Ich kann mir das gar nicht leisten! Ich kann es mir nicht leisten, zu nehmen.

Diese Erkenntnis eröffnet eine völlig neue Dimension. Bisher habe ich geglaubt, Tyrann ginge grundsätzlich davon aus, dass andere Menschen ihm etwas Böses wollen, und er setze sich dagegen zur Wehr. Das stimmt gar nicht! Meine Annahme, er oder sie müsse überzeugt werden, dass nicht alle Menschen Blutsauger und Verbrecher sind, war falsch. Das Wissen darum, dass Tyrann auch positiven Kontakt nicht aushält, wirft ganz andere Fragen auf. Tatsächlich versetzt mich allein die Vorstellung, mit Jan eine intensive nährende Beziehung einzugehen, in Panik. Mein Interesse ist geweckt. Die Hoffnung auch. Der Sache will ich auf den Grund gehen. Vielleicht geht es ja doch! Vielleicht erfüllt sich mein Wunsch, Tyrann kennenzulernen, doch noch. Er scheint sich zu öffnen. Am äußeren Gesichtsfeld nehme ich immer öfters schwarze Wellen von Angst und Überwältigung wahr. Die kalte

Dusche kommt nach ein paar Tagen. Urplötzlich blicke ich wieder dem kalten Grinsen ins Gesicht. Alle Gefühle der Betroffenheit sind wie weggewischt. Tyrann scheint sie wieder einmal überzeugend produziert, statt tatsächlich empfunden zu haben.

Es ist wie verhext. Ich glaube immer wieder Tyranns Bereitschaft zu spüren, sich weiter auf sich selbst einzulassen. Bis zu dem Zeitpunkt, an dem eine Entscheidung gefällt werden müsste, fühlt es sich warm und echt an. Und dann geht auf einmal nichts mehr. Es ist, als stieße ich an eine Nebelmauer, eine Grenze aus Schmerz und Sehnsucht, hinter die niemand blicken darf. Nicht einmal ich selbst. War ich gestern noch sicher, dass es weitergehen wird, sieht es heute wieder so aus, als sei es ein Wunschtraum gewesen. Ich könnte schreien. Es ist absurd. Der Gedanke, die Therapie aufzugeben, macht mich unglaublich traurig. Manchmal bin ich deswegen sogar verzweifelt. Alles spricht dafür, sie fortzusetzen. Trotzdem kann ich nichts tun. Ich bin fassungslos, aber in diesem Punkt bin ich mir selbst gegenüber machtlos.

Und trotzdem bin ich immer wieder glücklich. Zwei wundervolle Tage mit Jan und eine gemeinsam auf dem Balkon verbrachte, sternenklare Sommernacht versöhnen mich mit meinem inneren Konflikt. Während ich mich morgens auf der Matratze aale, springt mich der Gedanke an: Wenn das mein Leben ist, dann darf es gern so bleiben! Tyrann soll sich selbst entscheiden, ob er etwas für sich tun möchte, mir geht es gut genug. »Tu es für Dich«, rufe ich ihm zu. »Für mich brauchst Du es nicht zu tun!« Das fühlt sich erneut befreiend und entspannend an.

Die neu entdeckte Freiheit scheint bei Tyrann etwas zu lösen. Ich bin zuversichtlich, dass er weitergehen will, bis ich wiederum ein paar Tage später aus einem Traum aufschrecke. Den Inhalt habe ich schon im Aufwachen vergessen, die Botschaft nicht. Die ist ganz klar: »Mit mir nicht!« Und so geht es weiter. Immer, wenn ich glaube eine Entscheidung getroffen zu haben, setzt ein Sinneswandel ein. Eben scheint sich ein Weg zu öffnen, dann scheint es wieder völlig aussichtslos.

Während ich in diesem Pingpongspiel gefangen bin, durchschreite ich in meinem Inneren Stationen der Therapie. Dabei kommen mir Sätze in den Sinn, von denen ich weiß, dass ich sie schon einmal von Ingrid gehört habe. Und immer wieder habe ich intensive Empfindungen, Tyrann etwas besser kennenzulernen.

Eines Nachmittags habe ich plötzlich wieder Zugang zu seiner Angst. Ganz tief in mir spüre ich seine Panik, und für einige magische Minuten erkenne ich, dass ich selbst es bin, die den nächsten Schritt nicht tun will, auch wenn ich weiß, dass es mir wehtut. Mir kommt die Erinnerung an einen uralten Film mit Bette Davis: »Die alte Jungfer« oder so ähnlich*. In der Schlussszene bringt sie es nicht übers Herz, ihrer unehelichen und heimlich geliebten Tochter zu gestehen, dass sie ihre Mutter ist. Es ist klar, dass dieses Geständnis für alle Beteiligten erlösend wäre, am meisten für sie selbst, und doch kann sie es nicht tun. Könnte ich es eigentlich bei anderen akzeptieren, dass sie nicht über ihren Schatten springen können? Ich könnte! Warum dann nicht bei mir? Die Seele hat einen Grund, wenn sie sich verschließt, und manches darf verschlossen bleiben. Das kann ich auch mir zugestehen, damit kann ich Frieden schließen.

Das Pingpongspiel geht trotzdem weiter. Vier Wochen nach der letzten Sitzung weiß ich immer noch nicht, was ich Ingrid schreiben soll. Die Meinungen wechseln wie Wasserstandsmeldungen. Ja. Nein. Ja. Nein. Vielleicht ja doch. Ja, ja, ja. Das kannst Du vergessen! Ich hänge am eigenen Haken, an den Widersprüchlichkeiten meiner eigenen Inneren Person. Gott sei Dank wird diese Quälerei bald ein natürliches Ende finden. Alles, was bis zum September nicht Ja heißt, heißt Nein. Es ist beruhigend, dass dieser Zustand der inneren Zerrissenheit nicht ewig andauern wird.

* »Die alte Jungfer«, USA 1939. Regie: Edmund Goulding.

Manchmal helfen Wunder

Zunächst verabschiede ich mich mit Jan in einen längeren Urlaub nach Südamerika. Hier hoffe ich, auf andere Gedanken kommen. Mit der Entspannung klappt es aber auch nicht. Mehr durch Zufall, als durch eine bewusste Entscheidung, sind wir bei einem Schamanen gelandet, der indianische Heilungsrituale durchführt. Er kommt mir engagiert und authentisch vor. Ich habe Vertrauen zu ihm und zu dem, was er tut. Vielleicht kann ich mein tyrannisches Problem mit seiner Hilfe doch noch lösen. Hätte ich aber gewusst, was mich erwartet, wäre ich niemals hierher gekommen. In der dritten Ritualnacht ist klar: Ich will nicht mehr kotzen! Zwei schamanische Zeremonien lang habe ich mich schon übergeben. Jetzt hat die dritte noch nicht einmal richtig begonnen und mir ist schon wieder schlecht. Ich stehe abseits am Zaun des Geländes und kämpfe mit mir. Eben habe ich noch mit aller mir zur Verfügung stehenden Inbrunst darum gebetet, endlich vom Hass des Tyrannen befreit zu werden, aber jetzt will ich nicht mehr. Der Preis ist mir zu hoch. Lieber lerne ich mein inneres Monster lieben, als mir das länger anzutun. Ich will mich nicht länger an Therapien abarbeiten, und ganz bestimmt nicht mehr irgendwelche übel schmeckende schamanische Medizin zu mir nehmen. Ich lasse mich so, wie ich bin.

Am nächsten Morgen fühle ich mich erlöst. Ich weiß nicht, was in dieser Nacht passiert ist. Ich habe tatsächlich nichts mehr eingenommen, doch der Zorn, die Besessenheit und die Selbstquälerei, die mich die letzten Wochen gefangen gehalten haben, sind verschwunden. Waren es die Gebete? War es die Entscheidung, mir nicht mehr alles zuzumuten? Hat der Schamane meine Altlasten für mich entsorgt, so wie er es gesagt hat? Ich habe keine Ahnung. Tatsache ist, dass ich in dieser Nacht eine Riesenlast losgeworden bin. Ich habe mich schon lange nicht mehr so leicht gefühlt!

Dieses beschwingte Lebensgefühl hält an. Ich genieße den restlichen Urlaub im südamerikanischen Urwald und komme voller Erlebnisse nach Hause zurück. Eins weiß ich aber immer noch nicht: Will ich, will Tyrann die Arbeit bei Ingrid nun weiter machen oder nicht? Eigentlich habe ich die Ziele erreicht, die ich mir gesteckt hatte. Mein Leben gefällt mir, beruflich und privat. Ich könnte es mir leisten, aufzuhören. Andererseits warten da Aufgaben, die noch unerledigt sind, die mir nicht wirklich Ruhe lassen, die aus der Tiefe nach mir rufen. Wie sieht es mit Tyranns Bereitschaft aus, sich weiter auf Beziehungen einzulassen? Um das zu checken, gebe ich mir noch einmal eine Privatsitzung. Ein klares Ja ist zwar etwas anderes, aber meine innere Machtperson verzichtet zumindest auf die üblichen Abwehrspielchen und präsentiert sich eher zögerlich und ängstlich. Für mich reicht das, um noch einmal einen Versuch zu wagen. Sollte es nicht gehen, wird sich das ohnehin bald zeigen. Ich schicke die Mail an Ingrid ab. Der Stein, der mir vom Herzen fällt, als ihr Okay eintrifft, gleicht einem Mittelgebirge. Eine Woche später sitze ich ihr gegenüber. Ich selbst hätte keinen Cent darauf gewettet, noch einmal hier zu landen. Und es hat sich gelohnt. Diesmal gibt es wirklich was zu sehen: das Drama einer unerfüllten Liebe.

Die schöne Tyrannin und ihr Krieger

Es beginnt ganz leise. Nachdem wir uns über die Ereignisse der letzten Monate ausgetauscht haben, verbinde ich mich mit Tyrann. Er zeigt sich eher traurig und zurückhaltend und verzichtet auf die bisher wohl bekannten Unverschämtheiten. Er ist ruhig, aber nicht ablehnend; gefühlvoller und kooperativer, als wir ihn bisher kennen gelernt haben. Zwar recht schweigsam, aber zugänglich.

Nach dieser Begegnung macht Ingrid einen Vorschlag: Sie erklärt mir, dass viele innere Machtpersonen den Feind, an dem sie einmal gescheitert sind, verinnerlicht haben. Sie trügen ihn sozusagen mit sich herum und projizierten ihn auf die Außenwelt. Häufig stünde dieses Abbild, das sie als Introjekt bezeichnet, der Inneren Person direkt gegenüber. Genau da, wo üblicherweise der Therapeut sitzt. Sie regt an, dass ich mich dorthin begebe, um zu prüfen, ob das auch bei mir der Fall ist. Sie rückt beiseite und ich stelle mich auf ihren Platz. Nach einer Weile spüre ich kalte Gleichgültigkeit. Was da drüben passiert, wie sich mein Gegenüber fühlt, interessiert mich nicht im Geringsten. Mitgefühl? Wozu? Dann verändert sich die Stimmung. Hass kommt auf. Schließlich stoße ich hervor: »Das ist eine Hexe! Die gehört nicht auf diese Welt. Die kann einen Mann vernichten! Die verdreht einem Mann den Kopf und dann reißt sie ihn ins Verderben. Nachdem ich die kennen gelernt habe, war nichts mehr wie vorher.«

»Du hast sie geliebt!«, antwortet Ingrid erstaunt.

»Und ob, das hat mich fast mein Leben und meine Existenz gekostet!«

Und dann weiht er uns in seine Geschichte mit der Frau ein, die wir bisher Tyrann genannt haben. Er, der stolze Krieger, erzählt von ihrer unmöglichen Liebe, von einem Mann und einer Frau, die zu gegnerischen Lagern gehörten und die sich trotzdem verliebt haben. Und davon, dass sie keine gemeinsame Zukunft hatten.

»Wie hätten wir denn leben sollen? Und wo? Bei meinen Leuten hätten wir nicht bleiben können und bei ihren erst recht nicht. Als ob wir irgendwo im Wald überleben hätten können. Ich bin Krieger, kein Bauer«, presst er außer sich hervor.

»Und das hat sie nicht akzeptiert«, wirft Ingrid ein.

»Sie doch nicht. Das kam für sie überhaupt nicht in Frage«, rufe ich entrüstet.

»Sie hat sich nicht verstecken lassen!«

»Nein, dafür war sie viel zu stolz und viel zu wild.« Kaum habe ich das ausgesprochen, spüre ich ein warmes, liebevolles Gefühl in mir und antworte milder: »Ich habe es ihr vorgeschlagen, aber das hat sie abgelehnt. Sie wollte alles.« Ein süßer Schmerz breitet sich in mir aus, in den ich mich gerne fallen lassen würde. Fast höre ich Ingrids mitfühlende Worte nicht mehr: »Und das hast Du ihr nicht geben können?« »Nein, das konnte ich nicht«, antworte ich resigniert. »Ich hätte alles verraten müssen, was mir wichtig war, mein Land, meine Familie, meine Waffenbrüder, meine Überzeugungen, meine Existenz.«

»Dann hast Du sie also verlassen?«

»Ja«, antworte ich zerknirscht, »und danach war nichts mehr so, wie es vorher war. Ich habe nicht so weiter machen können wie zuvor. Nach dieser Liebe war alles banal. Ich war ein gebrochener Mann.«

Es ist spürbar, dass der Krieger einen hohen Preis für die Begegnung mit dieser Frau bezahlt hat. Die Umstände waren gegen sie, und er hat sich letztlich für seine Werte, für seine Art zu leben und gegen sie entschieden. Das hat sie ihm nicht verziehen. Auch die Tyrannin hat ihn geliebt, das weiß sie und das weiß er. Aber, dass das mit dem gemeinsamen Leben nichts werden konnte, hat sie nie akzeptieren wollen. Auf ihrem Platz ist mindestens genauso viel Hass und Verachtung zu spüren, wie vorher beim Krieger. Sie besteht darauf, dass es eine andere Lösung hätte geben müssen. Gesellschaftliche Zwänge besitzen in ihrem Wertesystem keine Bedeutung, da zählt nur, ob sich zwei Menschen lieben. Und wenn ja, muss es auch mit dem Zusammenleben klappen. Koste es, was es wolle. Sie argumentiert mit dem Gefühl. Darin ist sie unnachgiebig. Auch sie hat diese Liebe viel gekostet. Seine anscheinend radikale, möglicherweise gewaltsame Abwendung von ihr, hat sie tief verletzt. Für sie war es ein Verrat an dem, was sie zutiefst geben wollte: ihre weibliche, wilde Liebeskraft. Da hat sie sich geschworen, sich zu rächen und ihren Schmerz nicht zu zeigen. Den sollte keiner sehen – er nicht und die anderen erst recht nicht. Ihr Zorn ist ungebrochen, ebenso wie seiner.

Die beiden stehen sich gegenüber und sind völlig aufeinander fixiert. Da kommt man nicht so leicht weg. Ihr unnachgiebiges Nein bindet sie aneinander und alles andere um sie herum auch. Nichts auf der Welt scheint daneben eine Rolle zu spielen, nicht mal ich. Als wäre es nicht abstrus genug, dass in mir zwei Personen, die offensichtlich aus dem Mittelalter stammen, ein Eigenleben führen, interessieren die sich obendrein nicht die Bohne für mich. Sie sind in ihrem stillen Vorwurf und ihrer Wut gefangen und kommen nicht vom Fleck.

Ich bin sprachlos. So hat es sich auch mit Stefan angefühlt. Mit meinem Ex war es ganz genauso. Die gleiche latente Wut, die gleiche Unfähigkeit, voneinander zu lassen. Und jetzt finde ich genau dieselbe Konstellation in meiner Innenwelt vor. Kein Wunder, dass ich mich in der Beziehung so schwer getan habe. Wenn das meine innere Struktur ist, dann kann ich mir auch Stefan verzeihen. Dann kann ich mir verzeihen, dass ich die Geschichte mit ihm nicht früher beenden konnte.

Diese Einsicht löst eine tiefe Erstarrung in mir. Ich kann mich und meine Umwelt liebevoller betrachten. Allein, dass Tyrann jetzt Tyrannin heißt, fühlt sich schon viel weicher an.

Nachdem die Gegenspieler sich einmal gezeigt haben, vertiefe ich bei mir zu Hause die Bekanntschaft mit ihnen und erfahre mehr und mehr über ihre Geschichte. Da ist alles dabei: Verzweiflung, Hass und Liebe. Letztere wagt sich hinter all der Wut vorsichtig wieder an die Oberfläche. Die Versöhnung allerdings scheint noch fern, wie eine meiner Privatsitzungen zeigt. Ich beginne auf dem Platz der schönen Tyrannin. Hier scheint alles leer, nur ganz zaghaft tauchen Gefühle auf. Ab und an ein bisschen Trauer, etwas Angst – flüchtig und nicht besonders intensiv. Wie Erinnerungen an Gefühle anderer. Als hätte das nichts mit ihr zu tun. Schweigen. Der Vollständigkeit halber begebe ich mich noch auf den Platz des Kriegers. Von hier aus kann ich die Tyrannin besser sehen. Es tauchen Bilder aus seiner Erinnerung auf. Er ist noch wütend, aber sein Zorn lässt nach. Er bittet um Vergebung für das, was er ihr angetan hat. Er habe sich nicht zu helfen gewusst. Er hat Sehnsucht nach ihr, seiner Geliebten, und es tut ihm weh, sie, die so lebendig war, so wild und gleichzeitig so zart, jetzt so apathisch zu sehen. Auch ihn habe seine Entscheidung, ihrer Liebe zu entsagen, unglücklich gemacht. Nichts mehr habe ihn so tief berührt und erfüllt wie sie. Er habe nur noch auf den Tod gewartet.

Durch seine Worte wird sie wach. Sie soll ihm verzeihen? Niemals! Doch diesem Niemals fehlt die Kraft und das weiß sie auch. »Ich habe versucht, Dich loszuwerden, aber es hat nicht geklappt«, wirft sie ihm noch einmal vor. In diesem Zustand, in dem sie jetzt ist, hat sie sich ihm nie zeigen wollen. Wieder leistet er Abbitte. Das hat sie sich heimlich so gewünscht, um ihn im Anschluss dafür klein zu machen. Aber jetzt kann sie es nicht mehr. Auch sie sehnt sich nach ihrem Geliebten. Sie sind aneinander gekettet und bis heute nicht voneinander losgekommen. Ihr dämmert, dass sie ihn ansehen und ihre gemeinsame Geschichte anerkennen muss, aber sie ist noch nicht bereit dazu.

Die Unversöhnlichkeit der Tyrannin zeigt sich auch in der nächsten Sitzung bei Ingrid. Der Krieger reicht ihr die Hand, sie schlägt sie aus und beharrt darauf, recht zu haben. Sie wollte und sie will ihren Willen mit aller Macht durchsetzen. Dass sie darin gescheitert ist, ist völlig inakzeptabel. Und ich stehe wieder da wie ein Kind vor dem Weihnachtsbaum. Die Parallelen zu Stefan sind unübersehbar. Der hat mich zwar nicht um Verzeihung gebeten, aber ich habe nicht von ihm lassen können. Ich habe mich oft gefragt, warum ich so viel Energie in diese verfahrene Beziehung reinbuttern muss. Jetzt habe ich die Antwort. Ich kann nicht zugeben, dass etwas, das ich **will**, zum Scheitern verurteilt ist.

Opfer siegen heimlich

Irgendwie hat sich die Geschichte festgefahren. Die Tyrannin verzichtet zwar inzwischen darauf, ihren Hass an jedem abzureagieren, doch von einem wirklichen Einlenken kann nicht die Rede sein. Seltsam, nachdem die Liebe des Kriegers doch zumindest ein wenig ihr Herz berührt hat. Ingrid gegenüber erlaubt sie immer wieder diesen zarten

Kontakt, doch nur eine kurze Zeit lang. Auch Vergebung will sich bei ihr nicht einstellen. »Eigentlich lässt sich ihre hartnäckige Verweigerung mit keiner unglücklichen Liebesgeschichte mehr erklären. Wenn das alles wäre, hätte sich schon etwas lösen müssen. Wenn das alles wäre, müsste sie die ausgedrückte Liebe und das Bedauern des Kriegers berühren, aber das lässt sie nicht wirklich zu – warum auch immer«, bringt Ingrid Tyrannins Haltung auf den Punkt. Jetzt erst kann ich es spüren: Sie beharrt auf ihrem Stolz. Der ist stärker als die Liebe. Sie gefällt sich als Opfer und spielt es fast schon lustvoll aus. Ingrid merkt es mal wieder vor mir und spricht sie darauf an, und sofort zeigt sich die Tyrannin in ihrem alten Spinnen-Gewand: abweisend, nehmend, unverschämt. Von Empfindsamkeit und warmer Herzenergie fehlt jede Spur. Die nächste Runde beginnt.

»Du lässt mich immer gerade so viel herankommen, dass eine feine Verbindung entsteht. Dann hältst Du inne und lässt Dich von mir berühren. Auf diese Weise nimmst Du von mir, gibst aber nichts zurück. Du benutzt die Herzenergie als Türöffner, um Dir etwas von mir zu holen.« Ingrid spricht die Wahrheit aus und meine Antwort ist betont desinteressiert: »Wenn Du das sagst.«

»Aha, dann also lieber wieder zurück zur Spinnenart. Lieber freiwillig hässlich, als etwas von Dir zu geben! Gut, meine Tankstelle bleibt von nun an auch geschlossen«, höre ich Ingrids eindringliche Worte. In mir breitet sich tote Leere aus. Ingrid reagiert sofort darauf: »Spürst Du's? Merkst Du, dass die Wüste in Dir selbst ist, nicht im Außen? Ich bin immer noch hier, ich habe mich nicht verändert, ich hätte immer noch etwas zu geben. Das würde ich Dir sogar freiwillig geben. Aber Du nimmst nichts, denn nehmen heißt, sich öffnen.« Ich bleibe wie ich bin und fühle, wie das Totsein noch weiter Besitz von mir ergreift. »Das Tote ist in Dir. Tote müssen nichts mehr geben. Wenn Du Deine eigene, lebendige Quelle finden willst, musst Du tiefer in diesen toten Zustand eintauchen. Bisher bleibst Du davor stehen und holst Dir stattdessen das Lebendige von außen. Wenn Du Dich nicht auf diese Wüste in Dir einlassen magst, wirst Du nie aus Deiner eigenen Quelle schöpfen können. Ich werde Dir nicht erlauben, mich weiter für den falschen Zweck zu benutzen. Wir haben einen anderen Deal.« Ich schweige, bewege mich keinen Millimeter und weiß leider nur zu gut, dass Ingrid die bittere Wahrheit sagt.

Und damit stehe ich exakt an demselben Punkt wie vor ein paar Monaten. Es scheint partout nicht weiterzugehen! Ich werde mein Ziel nicht erreichen. Ich werde mit dieser alten, unverdauten Ladung leben müssen. Nichts wird gut werden! Nie, nie, nie! Ich bin völlig machtlos! Ich suhle mich in meinem Frust. Doch dann kommen plötzlich tiefere Gefühle an die Oberfläche. Ich bin so traurig. Ich habe es mir so gewünscht, dieses seelische Loch, das ich schon so lange in mir fühle, zu füllen. Ich wollte so gerne ganz werden. Es ist mir so wichtig gewesen. Ich habe so viel dafür eingesetzt. Es war so nah und ist doch so unerreichbar. Diesen Wunsch loszulassen, berührt mich in meinen Grundfesten. Durch diese Trauer scheint sich wieder etwas zu lösen. Das Gejammer ist allerdings noch nicht ganz vorbei. Am Wochenende erzähle ich tränenüberströmt einer Freundin von den jüngsten Ereignissen in meinem Innenleben, bis mich plötzlich die Bemerkung von Alexa stoppt: »Also, ich verstehe das nicht. Beziehung, Job, Freunde, Familie – läuft alles super, aber die Therapie? Vielleicht ist das eine Illusion, hinter der Du da herläufst. Vielleicht wäre es gut, das einfach zu lassen.«

Die ganze Tragweite dieses Kommentars wird mir erst nachts bewusst. Mir geht es eigentlich blendend, aber ich mache ein Riesenfass auf, damit ich wenigstens an meiner Therapie leiden kann. Warum mache ich das eigentlich? Das Grinsen, das sich als Antwort auf diese Frage auf meinem Gesicht zeigt, ist so frech und so breit, dass ich die ganze Nacht vor lauter Kichern nicht mehr schlafen kann. Das Lachen schüttelt mich noch am nächsten Morgen. Die Tyrannin hat doch immer ein paar Tricks mehr auf Lager. Und wenn es der ist, dass ich mich zu meinem eigenen Opfer stilisiere.

Fasziniert von meiner Bereitschaft, es mir schlecht gehen zu lassen, beschäftige ich mich mit meiner Lust am Leiden. Welche Vorteile bringt mir das? Irgendeinen Gewinn muss ich ja daraus ziehen, sonst würde ich es ja nicht so exzessiv zelebrieren. In der Regel kann ich mit ein wenig wohl platziertem Weltschmerz meinen Tiefgang unter Beweis stellen. So kommt man einfach viel ernsthafter rüber. Sozusagen Nölen als Echtheitszertifikat. Außerdem muss ich nichts tun. Ich kann mich bedauern lassen. Am besten von anderen. Dann bekomme ich etwas und muss nichts geben, denn ich bin ja sowieso schon am Ende meiner Kraft. Zur Not reiche ich mir aber auch selbst. Hauptsache ich weiß wie miserabel es um mich steht. Das Ganze verschafft mir die Befriedigung, dass ich das, was mich ausmacht, zurückhalte. Der Gewinn ist das Machtgefühl, darüber entscheiden zu können, dass niemand etwas Wichtiges von mir bekommt. In gewisser Weise werde ich dadurch unangreifbar. Weil ich nie etwas Originelles von mir gezeigt habe, kann ich damit auch nicht scheitern. Ich muss mich nicht dem Urteil anderer aussetzen. Und das ewige Lamentieren hat noch einen weiteren Vorteil. Dieser vordergründige Emotionswust verhindert, dass ich mich von meinen tatsächlichen Gefühlen berühren lasse. Die bleiben schön sicher im Untergrund. So kann dann alles bleiben wie es immer war.

Mindestens ebenso interessant, wie die Frage nach dem Nutzen der Opferpose, ist eine Erkenntnis, die sich aus dem Mailkontakt mit Ingrid speist. Anlass nichtig, Reaktion heftig. Tyrannin ist wieder mal sauer auf sie. Ein paar Tage später will ich Ingrid von den Bewegungen schreiben. Die Wut ist inzwischen verraucht, und ich mache mich an den Bericht. Eigentlich habe ich keinen Bock dazu, alles in wohl formulierten und überaus reflektierten Sätzen von mir zu geben. Wäre es nicht ehrlicher, einfach einen pampigen Kommentar rüberzuschicken? Dann würde die Tyrannin wenigstens mal selbst reden. Ich fordere sie also auf, genau das zu tun. Sie bleibt einfach ruhig. Sich aus der Reserve locken zu lassen, ist was für Anfänger. Da ist es doch viel bequemer und sicherer, andere vorzuschieben. Man ist nicht selbst in der Schusslinie und hat dem anderen trotzdem eins vors Schienbein getreten. Brillant! Da ist sie wieder die Spinnenqualität, deren abwartende, zynische Macht mich sofort in den Bann zieht. Diese geballte Energie ist wirklich verführerisch. Und plötzlich spüre ich ganz klar, dass ich selbst es bin, die Ingrid mit Genuss zappeln lässt und sich an der gelieferten Herzenergie labt. Und wenn der Strom mal zu versiegen droht, schicke ich eben eine Dosis Herzwärme rüber, damit wieder was nachkommt. Man darf das Gegenüber ja nicht entmutigen. Sehr bequem, sehr machtvoll, sehr sicher. Ich kaufe mir lieber das gute Gefühl und bewege mich nicht. Ich gebe nur so viel, dass es reicht, um die Leute bei der Stange zu halten. Jetzt erinnere ich mich, wie oft ich von Ingrid gehört habe: »Fange an zur Tyrannin ›ich‹ zu sagen, denn Du bist sie; das ist Dein tieferer, weiblicher, machtvoller Wille.« Jetzt erst kann ich verstehen, was sie damit gemeint hat. Bisher habe ich das ja immer so gesehen, dass ich im Prinzip guten Willens bin, aber von der Tyrannin behindert werde. Frei nach dem Motto: Eigentlich bin ich ganz anders, ich komme nur so selten dazu. Zuzugeben, dass das Spiel mindestens mit meiner Billigung geschieht, hat etwas Befreiendes. Es hat sogar den Geschmack von Selbstliebe.

Und noch etwas anderes taucht auf. Die letzten Wochen haben die Friedhofsruhe der Tyrannin gestört. In einer meiner Privatsitzungen tigert sie auf und ab und findet keine Ruhe. Sie ist gereizt, und übel ist ihr auch. Langsam wird es wirklich eng. Wie sich zeigt, hat das mit ihrer Angst vor Kontakt zu tun. So kann ich mir nicht einmal in meiner Phantasie vorstellen, mich ganz in eine Gruppe zu integrieren. Ich will es nicht, ich muss mich immer irgendwie wegschleichen. Dabei habe ich einen Großteil meines Lebens damit verbracht, darunter zu leiden, mich von anderen getrennt zu fühlen. Lasse ich die Vorstellung zu, tatsächlich in einer Gruppe aufzugehen, überrollt mich im Herzraum eine riesige Flutwelle der Angst. Genug Futter für die nächste Sitzung bei Ingrid. Allmählich geht es doch ans Eingemachte.

Zunächst stürze ich mich als Tyrannin äußerlich mürrisch, aber heimlich begeistert, in die elegante Spiegelfechterei, mit der ich den Konfrontationen von Ingrid ausweiche. Gerade hat sie mich in die Enge getrieben. Blitzschnell überlege ich, wie ich aus dieser Kiste wieder rauskomme. Das war jetzt ein wirklich geschickter Schachzug. So einen interessanten Gegner findet man nicht überall. Das Spiel nimmt seinen Lauf, bis Ingrid plötzlich fragt: »Was liebst Du eigentlich so an Deiner Abwehr?« »Die Kreativität«, antworte ich nach kurzem Zögern.

»Merkst Du, dass aus Deiner ganzen Kreativität nichts wird, dass nichts daraus entsteht, nur Wüste?« Das kommt an. Der überbordende Einfallsreichtum, die Experimentierfreude, die ganze eingesetzte Intelligenz, die Lust an der Herausforderung, alles nur für die Zerstörung? Das alles soll keine Früchte tragen! Das wird mir schmerzhaft bewusst. Trotzdem sage ich kleinlaut: »Ich fühle mich dann lebendiger.« »Und weichst damit dem Gefühl der Leblosigkeit aus.« Betreten gebe ich zurück: »Ja, alles ist besser als das.« »Aber das Gefühl ist trotzdem in Dir. Du fühlst Dich leer. Du weißt nicht, wer Du bist.« Traurig antworte ich: »Nein, das habe ich vergessen. Ich kenne mich nicht einmal selbst.« »Das kannst Du auch nicht, denn dazu braucht es menschlichen Kontakt«, antwortet Ingrid überraschend einfühlsam.

Und dann ist er tatsächlich da, der Kontakt zwischen Ingrid und mir. Und diesmal darf er da sein. Und noch etwas ganz Erstaunliches passiert: Ich, Tyrannin, erkenne, dass Ingrid die ganzen Monate durchgehalten und so viele Abweisungen von mir eingesteckt hat, nur um mich kennenzulernen, nur um mit mir tatsächlich in Beziehung zu treten. Sie ist immer noch da – trotz aller Tricks, die ich aufgeboten habe, um sie loszuwerden. Jetzt berührt mich diese Erkenntnis in meinem Herzen. Ich weiß, dass ich von ihr ein großes Geschenk bekommen habe.

Nachts träume ich von einem Vorratsregal mit sorgfältig gestapelten Äpfeln. Anschließend überreiche ich zwei Weidenkörbe, in denen sich Gefühle befinden. Pro Korb ein Gefühl. Diese Körbe zu packen, hat etwas Anstrengendes, etwas Zwanghaftes, als hinge mein Leben davon ab.

»Äpfel sind ein Symbol für die weibliche Sinnlichkeit und für die natürliche, saftige Art der Frau. Du stapelst sie sorgfältig in das Regal, eine Aussage, dass Du sie wertschätzt und mit diesen Früchten achtsam umgehst. Du bewahrst sie für später auf«, interpretiert Ingrid den Traum. »Für wann und für wen, davon erzählt der Traum noch nichts. Das Bild mit den Weidenkörben, in die Du einzelne Gefühle packst, erzählt von einer anderen Art. Die Gefühle werden mit Anstrengung konfektioniert. Sie sind nicht mehr natürlich, sondern werden produziert und geliefert. Das muss eine weitere Strategie der Tyrannin sein. Sie erkennt sehr schnell, was die Menschen von ihr wünschen, und das bietet sie ihnen dann, nach dem Motto: Ich gebe Dir, was Du haben willst und genau damit gehst Du leer aus. Ihre direkt gegebenen Gefühle, ihre natürlichen, weiblichen Früchte bekommt niemand.«

Dieser Vorgang kommt mir bekannt vor. Das, was ich gebe, ist etwas, was ich produziere. Es ist nichts von ihr selbst. Niemand wird wirklich satt davon. Im Gegenteil, meine Gaben hinterlassen einen schalen Geschmack im Mund. Das ist Tyrannins Rache, und es fällt niemanden mehr auf, dass sie nichts mehr gibt.

Und damit gehen wir in die nächste Runde. Erstmals taucht ein Rache- und Missbrauchsthema auf. Mir wird schlecht, ich fühle mich angegrabbelt. Männer? Die sollen an meinen Geschenken ersticken – die kriegen nichts mehr! Diese Empfindungen sind gedämpft, ganz kurz werden sie etwas heftiger, um dann in Verzweiflung und Ohnmacht überzugehen. Aber das bloß nicht zeigen! Dass ich mich nicht wehren kann, dass mir etwas weh tut, soll keiner sehen. Dann trampelt wenigstens niemand noch extra auf mir rum und ergötzt sich an meiner Notlage. Lieber stelle ich mich tot. Nach diesem Erleben ist mir das restliche Wochenende übel. Die einmal aufgetauchten Emotionen schwemmen in den nächsten Tagen immer wieder an die Oberfläche. Oft habe ich Bilder dazu: Ich sehe eine Frau, die sich die Kleider vom

Leib reißt und schreit: »Bedient Euch doch, es ist genügend da! Ihr könnt alles von mir haben, aber mich bekommt ihr nicht!« Dann wird die Stimme leiser: »Und wenn ihr Euch einfach genommen habt, was Euch nicht gehört, dann erstickt daran.«

Auch im Kontakt mit Jan kommt das hoch. Als er sich einmal nach meinen Gedanken und meinem Innenleben erkundigt, empfinde ich das als Eindringen in meine Privatsphäre. Als sei sein liebevolles Interesse verwerflich, als nehme er sich das Recht heraus, sich jederzeit an meinen Gefühlen zu bedienen, als müsse ich gar nicht gefragt werden. Ich fühle mich missbraucht und ausgenutzt. Gleichzeitig gerate ich unter Stress. Ich muss Jan in dieser Situation dringend etwas anbieten, damit nicht auffällt, dass ich eigentlich nichts von mir preisgebe. Das Gespräch bekommt, wie schon so viele Male zuvor, etwas Gequältes. Ich merke, dass Jan sich nicht mit meinen Ausweichmanövern zufrieden gibt, und verstumme erst einmal. Es dauert eine gefühlte Ewigkeit, bis ich endlich wieder sprechen kann, bis ich ihm sagen kann, wie sehr seine Fragen mich überwältigen und in mir Empfindungen von Schutzlosigkeit auslösen. Wer möchte so etwas schon hören? Verständlicherweise ist Jan nicht gerade glücklich darüber, und doch bekommt unser Austausch dadurch wieder Intimität, weil wir darüber sprechen, was tatsächlich ist. Eigentlich müsste ich das mittlerweile wissen, dass es besser ist, mich ihm anzuvertrauen. Aber jedes Mal, wenn es um Tyrannins echte Gefühlswelt geht, werde ich stumm wie ein Fisch.

Dann fällt mir der Apfeltraum wieder ein. Meine Äpfel hüte ich, stattdessen präsentiere ich Gefühle in Weidenkörbchen – konfektioniert, kategorisiert, katalogisiert. Ich sehe Bilder von einer Frau, die lange Zeit in unsicherer, abhängiger Position gelebt hat. Für sie war es überlebenswichtig, so zu tun, als ob sie echte Gefühle teile, ohne ihre eigenen zu zeigen. Es ist eine Frau, die einen Weg gefunden hat zu überleben. Eine Frau, von der die Feinde etwas wollten, weil sie etwas eigenes, schönes Weibliches hatte. Woher diese Bilder, die so gar nichts mit meinem Leben im 20. und 21. Jahrhundert zu tun haben, wohl kommen? Ich weiß es nicht. Trotzdem entspannt mich die Begegnung damit. Riesige Brocken Hass lösen sich auf. Ich kann das sogar körperlich fühlen. Mein Solarplexus wird weicher. Doch ich muss aufpassen, kaum glaube ich, mich fallenlassen zu können und nicht mehr so zwanghaft darauf bestehen zu müssen, dass alles genauso läuft wie ich es will, kommt die geschmeidige Gegenbewegung. Tyrannin greift das Gefühl auf und verfälscht es: »Wir machen mit, aber nur zum Schein. Man wird sich wundern, dass das wieder zu nichts führt.« Die Lust am Spiel schaltet sich wie auf Knopfdruck ein.

Sobald ein Rachsüchtiger bereit ist, auf seine Rache zu verzichten, und stattdessen sich selbst zu betrachten, kann die heilsame Selbsterforschung beginnen.

Im Fahrstuhl

Und doch bahnen sich ganz vorsichtig andere Regungen ihren Weg in mein Leben und in den Kontakt zu Ingrid. Er wird freudiger und bekommt eine persönlichere Note. Allein schon, ihr über meinen inneren Prozess zu schreiben, fällt mir unendlich viel leichter. Ich kann es einfach tun, auch ohne mehrtägigen Anlauf. Mein Gefühl ist verändert. An ihr interessiert war ich schon immer, aber jetzt gesellt sich zur Neugier auch das Herz dazu. Richtig aufregend wird es, als sie mich fragt, ob ich an diesem Buchprojekt mitarbeiten will. Ich weiß sofort, dass ich große Lust dazu habe, aber statt das auszudrücken, rette ich mich erst einmal auf die rationale Ebene. Dass mir ein Mensch, der mir wichtig geworden ist, zu verstehen gibt, ich könnte einen wertvollen Beitrag leisten, ist kaum auszuhalten. Zu sagen, dass ich mich genau darüber freue und ich außerordentlich gern bei dem Projekt mitmachen möchte, ist regelrecht bedrohlich. Es gleicht einer Mutprobe, meine Zustimmung und Freude darüber wenigstens im Nachhinein per E-Mail zum Ausdruck zu bringen. Das ist für mich sehr delikat.

Ingrids positive Antwort gibt mir einen Geschmack davon, wie es sein kann, wenn zwei Menschen sich wirklich im Ja beziehen. Erstaunlich, wie leicht das sein kann und wie schön es ist, sich gemeinsam für eine Sache zu engagieren. Auch mit Jan gibt es immer wieder Momente, in denen ich freiwillig über mein Innerstes erzähle, ohne es wie gewohnt in einen sachlichen, sorgsam gefühlsbefreiten Bericht zu verpacken. Langsam, sehr langsam taste ich mich dahin vor, mitzuteilen, was mir am Herzen liegt, und mich damit zu zeigen. Das alles geschieht wie von selbst, auch wenn ich spüre, dass ich jederzeit auf die alten Abwehrstrategien zurückgreifen könnte. Sie sind da, geübt ist geübt. Aber ich muss sie nicht zwanghaft anwenden.

»Du brauchst Dich gar nicht länger als Opfer zu verkaufen!« Einige Wochen später klärt Ingrid erst mal die Fronten, bevor sie sich auf die Tyrannin einlässt. Und tatsächlich, meine Leidensmiene verwandelt sich sofort in die personifizierte Arroganz. Meine Einstellung zur Welt und ganz besonders zu Männern? Pure Abscheu! Egal, was ich ihnen antue, die haben es nicht besser verdient. Die Rache ist mein. Gleich danach fühle ich mich wieder angegrabscht, benutzt und wie eine Sache behandelt. Sobald ich wieder in die Verachtung gehe, verschwindet dieses Gefühl. Die Männer und die Welt rücken von mir weg. Es wird etwas nebelig, und ich verfalle in eine Art Trance. So kann ich mich überlegen fühlen, so verschwimmt alles vor mir zu einer gesichtslosen Masse, die ich fern von mir halte, indem ich sie ignoriere und verachte. Dann breitet sich die Wüste in mir aus. Ich bin innerlich tot. Das ist besser, als mich ohnmächtig zu fühlen. Meine Gleichgültigkeit ist absolut. So kann ich dieser Überwältigung, die ich von Männern kenne, Herr werden. Das Ganze wird von einem permanenten Brechreiz begleitet. Ingrid führt mich schonungslos tiefer in diese Auseinandersetzung mit mir und fordert mich auf, an den Mann zu denken, der mich letzte Nacht im Traum betrogen hat. Panik überrollt mich nach einem kurzen Moment der Interesselosigkeit. Der soll wegbleiben! Der soll mich nicht anpacken! Die Leere schiebt sich zwischen mich und die

Angst. Jetzt fühle ich nichts mehr. Jetzt bin ich sicher. Totstellen ist die erste Antwort auf das nicht auszuhaltende Unglück, das mir als Tyrannin widerfahren ist.

Fahrstuhl fahren ist wohl die richtige Umschreibung für das, was im weiteren Verlauf der Sitzung stattfindet: Ich wechsele munter zwischen den verschiedenen Erlebnisebenen hin und her. Mal hierhin, mal dorthin. Missachtung und Rache, Trance, Nichtfühlen, Panik und Überwältigung. Und immer wieder die Spiellust. Darin bin ich besonders schnell. Sie lenkt mich am effizientesten von meinen Ohnmachtsgefühlen ab und macht mir zudem die beste Laune. Ingrid erklärt mir, dass das die verschiedenen Reaktionsschichten der Tyrannin sind, mit der sie sich von der ursprünglichen Verletzung entfernt hat: »So musste sie ihren Schmerz, ihre Wut, ihre Ohnmacht nicht mehr fühlen. Das muss sie selbst begreifen lernen, um freiwillig in diese verletzlichen, machtvollen Gefühle einzutauchen. Nur so findet sie auf ihren ursprünglichen, weiblichen Boden zurück.«

Mit der Aufgabe, diese Dinge weiter in Bewegung zu setzen, fahre ich nach Hause. Doch zunächst einmal ist es mir einfach ein tiefer Trost, dass diese Gefühllosigkeit, die ich schon seit meiner Kindheit kenne, nur eine Abwehrstrategie ist und nicht der Grund meiner Seele. Das hat sich immer so furchtbar angefühlt, so unmenschlich, als könnte ich nicht wirklich lieben. Seitdem ich das weiß und seitdem ich mehr und mehr von meiner Opferhaltung lassen kann, gelingt es mir immer besser, das mitzuteilen, was mich wirklich bewegt. Überhaupt bevölkert sich meine Welt auf geheimnisvolle Weise mit Menschen, die ich ernstnehmen kann und die etwas zu geben haben. Die Menschen sind größtenteils die gleichen geblieben, aber meine Perspektive ändert sich. Mein Blick wird liebevoller, meine Freundschaften inniger.

Ich nutze die Zeit bis zur nächsten Sitzung, indem ich mir Filme anschaue, die sich mit Gewalt gegen Frauen beschäftigen. Der

Jugoslawienkrieg mit seinen Massenvergewaltigungslagern und die Unmenschlichkeit der Taliban sind weitere Symbole für das Thema der Tyrannin. Auf fehlgeleitete, religiöse Führer habe ich einen besonderen Hass. Sobald ich mich mit diesen Monstrositäten beschäftige, wird mir schlecht. In meinen Eigensitzungen wird die Übelkeit zum steten Begleiter, neben Schluchzen, Verzweiflung und Wut. Nachts werden in meinen Träumen Frauen und Kinder von Männern verprügelt und missbraucht. Außerdem tauchen in ihnen immer wieder tiefe Gefühle der Heimatlosigkeit auf.

Ich träume, dass ich in einem Krankenhaus ein Nachtlager suche. Das für mich vorgesehene Bett ist schon belegt. Mir ist es eigentlich egal, wo ich schlafe. Ich probiere noch zwei Betten in zwei weiteren Zimmern aus. Im dritten bleibe ich. Es war auch für jemand anderen reserviert, aber das interessiert mich nicht. Hier ist es so gut wie anderswo.

Am Morgen schaue ich mich in meiner Wohnung um und frage mich, warum ich hier gestern noch aufräumen wollte. Es ist doch alles so einerlei. Diese Empfindungen bestimmen die nächste Sitzung bei Ingrid. Wir steigen noch tiefer in den Keller mit seinen Schrecken der Vergangenheit. Die Scheißgefühle sind dran. Sehr verhalten lässt sich die Tyrannin von Ingrid an die Hand nehmen und in diese Hölle führen. Wenn sie überhaupt redet, ist ihre Stimme leise und gepresst, die Kehle wie zugeschnürt. Sie kommuniziert eher energetisch. Ingrid übersetzt die schwachen Erinnerungen in Worte. Die Themen haben sich schon in den vorangegangenen Wochen angekündigt. Was in den anderthalb Stunden zu Tage tritt, ist eine Geschichte: der Überwältigung, des Verlustes aller Rechte und Handlungsmöglichkeiten, einer fortwährenden, ungeschützten Lebenssituation, die ständige Wachsamkeit nötig macht, einer tiefen Einsamkeit und Verzweiflung. Dabei kommen äußerst lebendige Bilder eines Überfalls hoch. Auf dem Platz der Tyrannin kann ich den haarigen Arm, der sich gerade nach mir ausstreckt, fast real sehen und spüren, und die Gruppe, die hinter diesem Kerl steht, auch. Dann wird mir schwarz vor den Augen. Das scheint der Moment zu sein, in dem ich mich von mir selbst abgespalten habe. Danach war nichts mehr so wie vorher.

Seit diesem Moment spielten nur noch mein Überlebenswille und mein Hass auf die Männer eine Rolle. Verletzlichkeit habe ich mir nicht mehr leisten können und wollen, und meinen Zorn über diese ungerechte Situation habe ich für mich behalten, denn ihn zu zeigen, hätte alles nur noch schlimmer gemacht. Diese Wut zu bewegen, gelingt nur in Ansätzen. Zu lange habe ich sie zurückgehalten.

Trotz aller schrecklichen Empfindungen hat bewusste Erinnerung an diese alten Grausamkeiten wieder etwas Befreiendes. Am Abend bin ich ungewöhnlich aufgeräumt und gut gelaunt. Und am nächsten Morgen passiert ein kleines Wunder. Es geschieht ohne jede Vorwarnung. Am Platz der Tyrannin fühle ich eine tiefe Freude, Ingrid zu begegnen. Die Energie fließt leicht und weich. Sie ist sprudelnd und prickelnd. Der Kontakt ist einfach und erfüllend. Davon, dass ich etwas bei ihr absauge, kann keine Rede sein. Mein Herz strömt und fließt offen und warm zu Ingrid und von ihr strömt es zu mir zurück. Wir sind beide offen füreinander, und das geschieht ohne geringste Anstrengung. So bin ich eigentlich, so ist meine Quelle. Es ist überwältigend, im positivsten Sinne. Durchströmt von Glück sitze ich mit Ingrid und weine vor Freude. Diesen Boden habe ich immer gesucht. Es ist mein Heimatboden. Nur manchmal schieben sich kurz Bilder von den Horden dazwischen, aber selbst das ist nicht so schlimm. Denn ich habe wiedergefunden, was ich so lange vermisst habe. Es hat mir so gefehlt!

Auch die negativsten Inneren Personen, die gemeinen und gnadenlosen, sind in ihrer Tiefe in ihrem Essenzboden verwurzelt. Darin strömt die Liebe zum Leben und zu den Menschen.

Bevor ich mich auf den Heimweg mache, gehe ich noch im nahe gelegenen Wäldchen spazieren. Es ist wunderbares Maiwetter. Sonnig und frisch. Vor mir schreckt ein Auerhahn hoch. Mitten auf dem Feld kniet ein Bauer und nimmt prüfend eine Handvoll Erde auf. Das hat etwas Umsorgendes und Erdverbundenes. Was für ein schönes Bild für das Zusammenspiel von Mensch und Natur, von einem Mann, der sich mit der Erde verbindet, um sie zu verstehen, damit sie ihm Nahrung gibt. Ich fühle mich in diesem Ereignis bestätigt, denn auch ich finde langsam auf meinen Boden zurück, der alles für mich bereithält, was ich brauche.

Ranja

Natürlich hat sich auch nach diesem goldenen Moment nicht automatisch die ewig andauernde Glücksseligkeit in meinem Leben eingestellt. Aber er kennzeichnet den Wendepunkt, ab dem meine Tyrannin sich wieder mit ihrer Quelle verbunden hat und zu einer schönen Frau wurde. Ziemlich bald danach hat sie ihren richtigen Namen gefunden – Ranja. Das klingt schön, weich und trotzdem klar, wie es einer willensstarken Frau gebührt. Es schwingt so ganz anders als Tyrannin, so offen. In den nächsten Wochen geht es sehr viel darum, noch einmal den Schrecken, die Verzweiflung, die erlebte Ohnmacht und den dazugehörigen Hass zu durchleben. Das ist die eine Seite der Medaille. Die andere liegt in einer tiefen Resignation und Müdigkeit. Eine Zeit lang tauchten diese negativen Gefühle im Anschluss nach besonders schönen Begegnungen mit Menschen auf.

Seit dem Moment, an dem sich Ranja wieder mehr an meinem Leben beteiligt hat, vertiefen sich viele meiner nahen Beziehungen. Wenn ich mit Jan zusammen bin, erzähle ich ihm gerne, was mich bewegt. Ich fühle mich ihm immer wieder sehr nah und herzlich verbunden. Und die Verbindung zu meiner langjährigsten und liebsten Freundin bekommt noch einmal eine ganz andere Herzensqualität. Nach über 25 gemeinsamen Jahren, in denen wir durch viele Höhen und Tiefen gegangen sind, bewegen wir uns nun in aller Schüchternheit aufeinander zu und wagen es, sehr verletzliche Gefühle zu zeigen. Und zwar wirklich zu zeigen, und nicht nur weitgehend gefühlsbefreit darüber zu reflektieren oder zu jammern. Das hat etwas ganz Feines und bereichert gerade dadurch, dass es unerwartet und ohne unsere Bemühung entsteht. Unsere Begegnungen werden zarter und intensiver.

Ja, es verändert sich etwas, und doch läuft das Leben ganz normal weiter. Erstaunlicherweise drehen sich selbst die Beziehungsdiskussionen mit Jan immer noch um das gleiche Thema: Wie nah können wir uns sein? Bisher war ich bei dieser Problematik immer eher auf mein eigenes Abstandsbedürfnis konzentriert. Meine tyrannischen Ausweichmanöver boten genügend Erklärungen für die Frage, warum Intimität zwischen uns immer wieder schwierig ist. Jetzt, wo ich selbst wieder mehr meinen Wunsch nach einer intensiven Verbindung zu Jan spüre und mich danach sehne, stellt sich die Sache anders dar. Eines Abends liegt es dann auf dem Tisch: Ich bin glücklich, mein Herz ist offen, aber Jan fühlt sich nicht mit mir verbunden. Er sagt es mir, als ich ihn danach frage. Er sagt auch, er weiß, dass es an ihm liegt. Dieses Geständnis löst bei mir mehrere Reaktionen aus. Die erste und heftigste: Ich habe es ja schon immer gesagt. Für Jans Gefühle kann ich nichts. Jetzt ist endlich mal klar, dass in dieser leidigen Diskussion nicht die ganze Verantwortung bei mir liegt. Das macht mir unverschämt gute Laune. Die zweite ist die bekannte: Siehst Du, ich habe es Dir ja gesagt! Nähe gibt es nicht. Egal, was Du tust, Dein Ziel wirst Du sowieso nie erreichen. Du kannst schon gespannt darauf sein, was der als nächstes von Dir fordert, was er angeblich von Dir braucht, um sich Dir nahe zu fühlen. Die dritte ist neu: Ich habe die Wahl. Ich muss Jan nicht auf der Stelle entsorgen, sondern ich kann ihm sagen, dass mich das traurig macht. Die vierte und vielleicht wichtigste ist nur einen Hauch zu spüren: Ich habe Angst davor, verlassen zu werden. Das ist der Preis für die Öffnung. Wenn ich mir eingestehe, dass es mein Herzenswunsch ist, in einen warmen Austausch zu treten, bin ich an diesem Punkt verwundbar. Da kann ich nicht mehr so tun, als bräuchte ich das alles nicht. Da trifft mich das tief.

Wäre also alles besser beim Alten geblieben? Ich meine, nein. Denn selbst dieser Schmerz ist immer noch unendlich viel angenehmer und leichter zu ertragen, als diese Abgespaltenheit von meiner Seele, als dieses Totsein. In gewisser Weise ist die Berührung mit der eigenen Verletzlichkeit sogar erfüllend, weil sie wirklich etwas mit mir zu tun hat. Außerdem ist noch gar nicht gesagt, wie die Sache ausgeht, denn es gibt einen ganz entscheidenden Unterschied zu früher: Ich habe keine Lust mehr auf diese Leidens- und Racheschiene. Ich bin das so leid! Jetzt kann ich in Kontakt bleiben und kann schauen, was trotz der momentanen Schwierigkeiten möglich ist. Ich muss mich nicht mehr an irgendwelchen alten Erfahrungen abarbeiten, sondern kann mich darum kümmern, was jetzt ist. Das macht überhaupt erst eine Lösung des Problems möglich. Dann können wir beide das einbringen, was uns tatsächlich bewegt. Willkommen in der Realität!

Die Loslösung vom Vergeltungsmechanismus ist gleichzeitig wie eine Befreiung von dieser Trübheit, die mich bisher begleitet hat, von diesem Gefühl der Unverbundenheit und der absoluten Sinnlosigkeit. Auch dafür hat sich der ganze Aufwand schon gelohnt. Ich fühle mich so viel lebendiger und mit mir verbunden – selbst dann, wenn ich wieder einmal bemerke, dass ich in Ranjas alte Geschichten abtauche. Auch das kommt immer noch vor und wird mich wohl noch eine Weile begleiten. Aber das schönste ist, dass der Weg nach vorne frei zu sein scheint. Das ist mir neulich in einem meiner Selbsterfahrungskurse klar geworden, als wir eine Übung gemacht haben, bei der es darum ging, Vergangenes zu verzeihen. Mir sind einfach keine offenen Rechnungen eingefallen. Was für ein Unterschied zu früher, da hatte ich immer etwas in petto! Ich habe mit Ingrids Hilfe verdammt gut aufgeräumt. Die Altlasten sind abgearbeitet. Mal sehen, was die Zukunft mit Ranja so bringt – ich freue mich drauf!

Oberfläche und Tiefe von Wiebkes innerem System

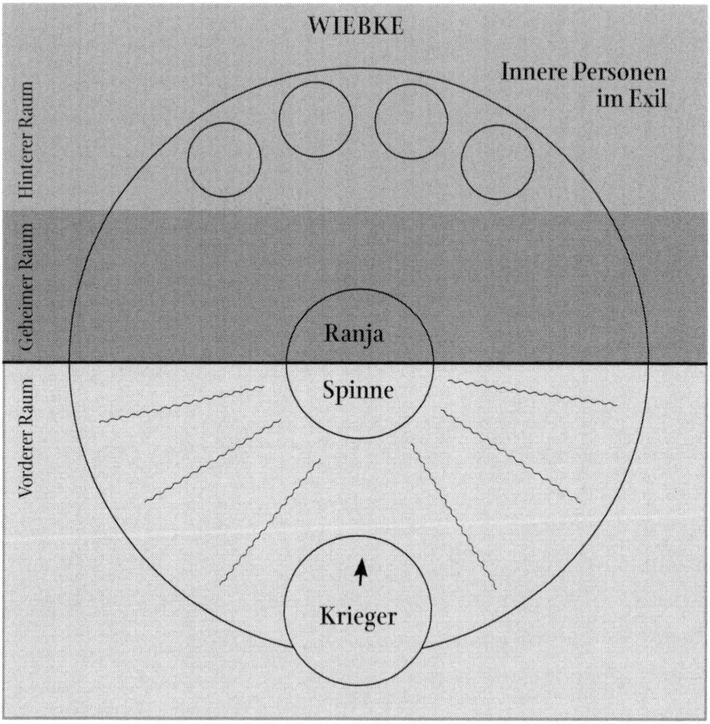

Stand der Dinge

Wiebke arbeitet weiterhin erfolgreich als selbstständige Marketing-Managerin.

Die Idee, eine größere Firma zu gründen, hat sie vorerst zurückgestellt.

Nachdem Wiebke Jan ihren verbindlichen Beziehungswunsch gezeigt hat, trennte er sich von ihr. Zu ihrem eigenen Erstaunen entfachte diese traurige Situation keinen neuen Rachefeldzug. Stattdessen wuchs in ihr die Sehnsucht nach tiefer Begegnung mit Menschen. Ihre Beziehungen zu langjährigen Freundinnen vertieften sich, und die Zeiten des Alleinseins wurden zu Phasen der Ruhe und der Regeneration.

Wiebke nahm an einer Seminarreihe zur Erkundung der Inneren Personen teil, um sich mit Ranja im Miteinander zu üben. Dabei musste sie zunächst erleben, wie sich Ranja wieder lustvoll in ihr Selbstbehauptungsspiel stürzte. Im Verlauf des Trainings lernte Wiebke noch andere Innere Personen aus Kontinent Frau, Mann und Kind kennen. Diese Erfahrung erweiterte ihren Blick für ihr Menschsein und relativierte Ranjas Alleinherrschaft. Ein halbes Jahr nach Beendigung des Trainings verankerte sich Ranja dauerhaft in ihrem berührbaren, willensstarken Frausein.

Informationen zur Arbeit der IndividualSystemik

finden Sie unter:

Institut für Individualsystemik™ Den Menschen verstehen

www.individualsystemik.de

Sie können die Autorin kontaktieren unter:

veeta@individualsystemik.de

Kleine Einführung in die Welt der IndividualSystemik

Ich ist viele

Die IndividualSystemik betrachtet die Psyche des Menschen als ein lebendiges System von autonomen Willensquellen. Jede einzelne Quelle besitzt eine eigene, ursprüngliche Natur und einen wesenhaften Willen. Wie in allen lebendigen Systemen, die sich aus unterschiedlichen Teilnehmern zusammensetzen, entsteht unweigerlich Konflikt: Alle wollen leben – möglichst ganz ihrem Wesen entsprechend.

Ausgestattet mit unterschiedlichen Fähigkeiten, findet jede Quelle ihre eigene Lösung, um sich im Miteinander der Vielen zu behaupten: Je stärker sie ist, umso kraftvoller wird sie sich durchsetzen; je intelligenter sie ist, umso raffinierter wird sie ihren Vorteil suchen; je unabhängiger sie ist, umso entschlossener wird sie auf ein Miteinander verzichten. Mit großer Kreativität entwickeln die Willens-Quellen individuelle Verhaltensmuster: Sie gehen Allianzen ein und werden zu Teamplayern; sie verlassen sich nur noch auf sich selbst und leben als Einzelkämpfer; sie geben ihren eignen Willen auf und werden zu Mitläufern; sie lernen stillzuhalten und geben nicht das Geringste von sich preis.

Egal wie unterschiedlich ihre Lösungsstrategien sind, es eint sie alle das gleiche Bestreben: Sie wollen sich und ihre eigene Art behaupten.

Die Inneren Personen

Woraus bestehen diese Willens-Quellen, wie können wir sie wahrnehmen und erkennen? In unseren Gedanken, Handlungen, Überzeugungen? Ja, das ist richtig, aber es ist noch mehr: Jede einzelne Quelle kann über den Körper, über Gefühle, über innere Bilder und über Schwingungen kommunizieren – und natürlich auch über die Sprache. Alle fünf Formen der Kommunikation – Körper, Emotionen, Symbole, Sprache und Energie – laufen gleichzeitig ab. Diese fünfsprachige Gleichzeitigkeit lässt jede einzelne Quelle wie eine ganze, eigenständige Person erscheinen. Die IndividualSystemik nennt die inneren Quellen deshalb auch »Innere Personen«.

DIE FÜNF EBENEN DER KOMMUNIKATION

Liebeswillen

Jede Innere Person hat ihre eigene, wesenhafte Natur und will sich auf ihre ganz individuelle Art und Weise im Leben ausdrücken. Wie eine besondere Blume will sie aufblühen und sich verschenken. Das ist ihre Art zu lieben. Darin findet sie ihre Erfüllung und Befriedigung.

Aber jeder Liebeswille stößt unweigerlich an Grenzen, wo er auf den Willen einer anderen Quelle trifft, und auf deren ganz andere Art zu lieben. Diese Kollision der Liebeswillen erzeugt Fremdheit, Ablehnung und Schmerz.

Wie antwortet eine Innere Person nun darauf? Instinktiv sucht sie nach Lösungen, die ihr helfen, den Schmerz zu vermeiden und ihre Liebe zu bewahren. Sie entwickelt neue Lebenshaltungen und Verhaltensweisen und trennt sich von dem, was am meisten wehtut – das ist ihre zurückgewiesene und unverstandene Liebe. Nach und nach verliert sie, worum es ihr ursprünglich ging: ihre Liebe. Und was einmal ein Liebeswille war, wird getrennt und zurück bleiben ein Wille, der für seine Liebe kämpft und eine Liebe, die nicht mehr erreichbar ist.

So verwandeln sich die Inneren Personen im Laufe der Zeit – manche sogar in ihr komplettes Gegenteil. Ohne es zu wissen, erschafft ihr Wille immer neue, immer effektivere Lösungen, um seine Liebe in einer feindlichen und verwirrenden Welt zu behaupten. Am Ende ist ihre Liebe unter Schichten von neuen Lebenshaltungen begraben und vergessen. So verdecken und schützen die »Reaktionshaltungen« der Inneren Personen ihre ursprüngliche, liebenswerte, essenzhafte Natur.

AUFBAU EINER INNEREN PERSON

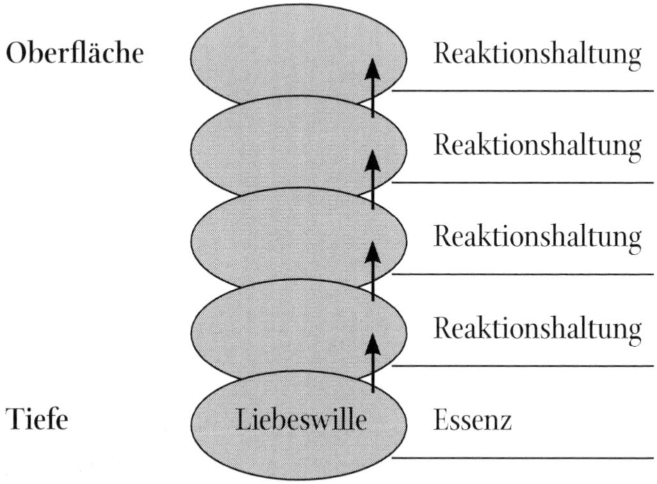

Dialog im Gleich-zu-Gleich

Im Dialog mit den Inneren Personen geben wir ihnen die Gelegenheit, sich selbst zu betrachten: ihre Oberfläche und ihre Tiefe, ihre Reaktionshaltungen und ihren ursprünglichen Liebeswillen.

Wie geht das vor sich? Wir geben jeder Inneren Person – so wie im Rahmen einer Familienaufstellung – einen eigenen Platz im Raum. Wird der »richtige« Platz gefunden, geschieht eine Veränderung: Die Innere Person wird über die Kommunikationsebenen sichtbar und der geschulte Begleiter oder die Begleiterin kann sie, noch ehe sie ein Wort gesprochen hat, über die nonverbalen Kommunikationsebenen wahrnehmen. Und der Mensch, zu dem die Innere Person gehört, kann sie dabei über den Körper, die Gefühle, die inneren Bilder und das Energiefeld erleben.

Dann ist der Begleiter als Dialogpartner gefragt. Er verbindet sich mit einer ähnlichen Inneren Person aus seiner eigenen Innenwelt. Jetzt kann der Dialog im »Gleich-zu-Gleich« beginnen, ein Dialog von zwei ebenbürtigen Partnern. Sie verstehen sich, ohne dass sie unbedingt Worte benutzen müssen, denn über die nonverbalen Kommunikationsebenen fließt ihnen die gleiche innere Realität zu. Der geschulte Begleiter kann die nonverbalen Informationen in die Sprache der Worte und der Logik übersetzen. So kommt ein fünfsprachiger, lebendiger Dialog im Gleich-zu-Gleich in Gang.

Zu Beginn des Dialoges wird die oberste Reaktionshaltung der Inneren Person sichtbar, so, wie sie jetzt gerade ist. Die ganze Aufmerksamkeit liegt auf dieser Oberfläche der Inneren Person. Es geht nicht darum, sie zu verändern, sondern um das präzise, bewusste Erkennen ihrer momentanen Realität. Dann geschieht etwas Merkwürdiges: Wird die oberste Reaktionshaltung auf diese Weise in den Blick genommen, taucht nach einiger Zeit die nächst tiefere Haltung, die nächst tiefere Schicht der Inneren Person auf. Und die kann ganz anders sein, denn sie zeigt eine ältere Strategie, mit der sich die Innere Person in der Welt behauptet hat. Einem Archäologen gleich wird Schicht um Schicht abgetragen, bis endlich der ursprüngliche Wille, der eigentliche Liebeswille, wieder zum Vorschein kommt. Jetzt erst weiß die Innere Person, wer sie ihrem Wesen nach ist. Und sie weiß, welche Haltungen und Verhaltensweisen sie entwickelt hat, um sich zu behaupten. So erlangt sie ein umfassendes Bewusstsein über sich selbst, kennt ihre Geschenke und ihre Grenzen, weiß um die Kraft und um die Beschränkung ihres wesenhaften Willens und um ihren Zusammenhang im Miteinander der Vielen.

Oberfläche und Tiefe der Innenwelt

Nicht nur die einzelne Innere Person schützt ihre Tiefe durch eine Oberfläche, auch die Psyche als Ganzes verbirgt ihre Tiefe vor der Welt. An ihrer Oberfläche leben all jene Inneren Personen, die fähig sind, mit der Welt zu kommunizieren und die Anforderungen des Lebens zu bewältigen. Sie sind es, die dem Menschen sein offizielles Gesicht verleihen; sie sind es, die die Welt sehen darf.

Betreten wir die Innenwelt eines Menschen, treffen wir also zunächst auf diese offiziellen Bewohner. Wenn wir ihr Vertrauen gewinnen, sind sie es selbst, die uns Schritt für Schritt in die Tiefe der Psyche führen. Schließlich kommen wir an eine »Wand«, an der es nicht weiterzugehen scheint. Das ist kein Zufall, sondern gewollt: Hier soll niemand weitergehen! Wir sind an der Grenze der Innenwelt angekommen, die den tieferen Raum vor dem Zugriff der Menschen hütet. Hier leben die Inneren Personen, die keinen Kontakt mehr wollen. Sie haben entschieden, sich von den Menschen und vom Leben zurückzuziehen. Diese Entscheidung können nur die willensstärksten und unabhängigsten Inneren Personen praktizieren, und natürlich haben sie ihre persönlichen Gründe dafür. Sie wissen wie grausam, wie unberechenbar, wie gnadenlos die Menschen und das Leben sein können. Sie wollen nicht wieder zu Opfern werden oder zu den Verlierern gehören. Lieber existieren sie in ihrer selbst gewählten Isolation. Und sie entscheiden darüber, welche Innenweltbewohner sich in Kontakt setzen dürfen und welche nicht. Mit ihrem geheimen Nein zu Beziehung entscheiden sie letztlich darüber, wie viel Kraft und Spielraum einem Menschen für sein konkretes Leben bleiben.

Um mit diesen Geheimen Bewohnern in Kontakt treten zu können, muss sich der Begleiter als waches, unerschrockenes Gegenüber beweisen. Er darf sich weder von ihren raffinierten Ablenkungsmanövern verwirren, noch von ihrem absoluten Nein erschrecken lassen. Er muss ihnen beweisen, dass er ein ernsthaftes Interesse an ihrem Menschsein hat und dass er sie trotz ihres absoluten Neins nicht persönlich bekämpft. Sind sie aber dennoch nicht bereit, mit dem Begleiter in Beziehung zu treten, heißt es, ihre Entscheidung anzuerkennen und den Rückzug anzutreten. Niemand kann einen Geheimen Bewohner zwingen, wieder am Leben teilzunehmen, auch wenn es bedeutet, dass andere Innere Personen darunter leiden. Hat er aber selbst Interesse, sein Nein zu ergründen und stellt sich seinen schmerzhaften, menschlichen Erfahrungen, findet er in seine eigene menschliche Tiefe und in seine seelenhafte Wesensart zurück. Die Rückverbindung in sein ursprüngliches Menschsein erweckt seinen Impuls, sich wieder am Leben zu beteiligen. Und alle Inneren Personen, die durch sein Nein zurückgenommen waren, bekommen wieder Zugang zum Leben.

DAS GANZE BILD

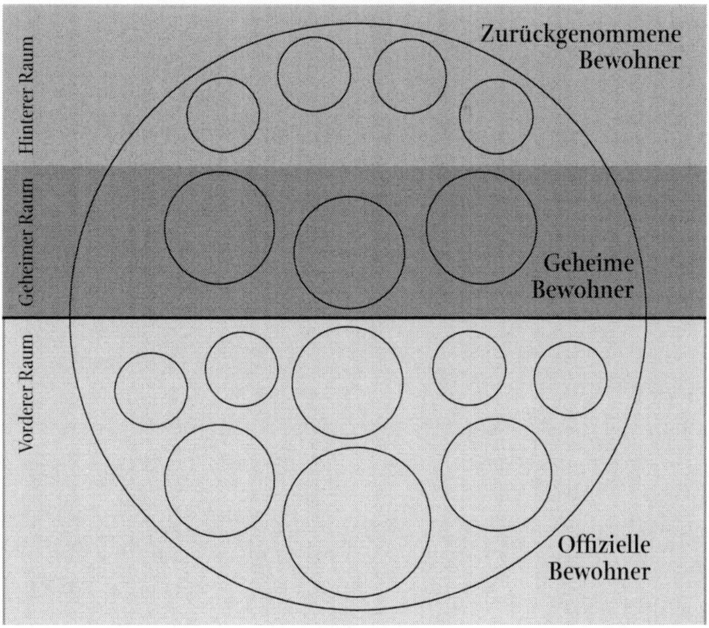

Die Fünf Kontinente der Psyche

Menschsein ist unendlich vielfältig. Die Inneren Personen bringen diesen mannigfaltigen menschlichen Reichtum zum Ausdruck. Wie können wir bei dieser Vielheit den Überblick behalten? Und gibt es eine sinnvolle Einteilung, um sie zusammenzufassen?

Je mehr Innere Personen wir kennen lernen, umso deutlicher wird, dass sie aus fünf archetypischen Feldern menschlicher Erfahrung entspringen. Sie sind entweder weiblich, männlich, kindlich, instinkthaft oder spirituell. Die IndividualSystemik hat die Inneren Personen in die »Fünf Kontinente der Psyche«* eingeordnet, in Kontinent Frau, Mann, Kind, Tier und Gott.

Jeder Kontinent hat seine eigenen Grundbedürfnisse und seine natürlichen Fähigkeiten.

KONTINENT FRAU: Persönliche Beziehung
Einfühlsamkeit, Intuition, Kreativität.
KONTINENT MANN: Übergeordnete Struktur
Plan, Übersicht, Führung
KONTINENT KIND: Verletzlichkeit
Unschuldige Offenheit, Verspieltheit, Intimität
KONTINENT TIER: Vitaler Überlebenswille
Sexuelle Lust, Durchsetzungskraft, Abgrenzung
KONTINENT GOTT: Transzendenz
Bedingungslose Liebe, Ewigkeit, All-Eins-Sein

* vgl.: *Die Intelligenz der Psyche* von Artho Wittemann, 4. Aufl., München 2007, S. 207 ff

In jedem Menschen existieren diese archetypischen, energetischen Felder der Fünf Kontinente, unabhängig davon, ob es dem Menschen bewusst ist oder nicht. Alle Bewohner eines Kontinents repräsentieren diesen in seiner spezifischen, vielfältigen Art. Im Zentrum eines Kontinents befinden sich die zentralen Vertreter und an den Übergängen zu den anderen Kontinenten Vertreter mit Mischformen. Nehmen wir den Kontinent Mann: im Zentrum existiert der Denker, der Vater und der Patriarch. An der Grenze zu Kontinent Frau ist der Künstler anzutreffen; an der zu Kontinent Tier der Berserker; an der zu Kontinent Kind der Muttersohn; an der zu Kontinent Gott der Priester. So unterschiedlich diese Bewohner in ihrer Persönlichkeit sind, eint sie dennoch die Verwurzelung in der gleichen männlichen Erde, die sie zu einer männlichen Gestalt erwachsen und dem männlichen Prinzip von Ordnung und Struktur verbunden fühlen lässt.

Betrachten wir Kontinent Frau, finden wir im Zentrum die Mutter, die Matriarchin und die Aphrodite. An den Übergängen zu Kontinent Mann befindet sich die Managerin; am Übergang zum Tier die wilde Frau; an dem zu Kind die Kindfrau; an dem zu Gott die Heilerin. Sie alle eint die Verbindung zu ihrer weiblichen Erde, aus der heraus sich ihre weibliche Gestalt formt und sich das weibliche Prinzip von persönlicher Beziehung und Anteilnahme erschafft.

Bei Kontinent Kind finden wir im Zentrum das verletzliche Kind, das magische Kind und das verspielte Kind. An den Übergängen zu Kontinent Frau lebt die Prinzessin; am Übergang zu Kontinent Mann das altkluge Kind; an dem zu Tier das Impulskind; an dem zu Gott das Wesenskind. Sie alle verbindet das Element von Verletzlichkeit.

Im Kontinent Tier drückt sich das instinkthafte Erbe des Menschen aus. Im Zentrum davon stehen das Thema Überleben und die instinkthaften Eigenschaften von Egoismus, Gier, Sexualität, Konkurrenz, Besitzstreben, Kampfeslust, Aggression, Dominanz. Kontinent Tier vereint die instinkthafte, vitale Überlebensausstattung des Menschen, mit der er sich im Miteinander behaupten kann.

Mit Kontinent Gott beschreibt die IndividualSystemik das

Göttliche im Menschen. Sie meint damit nicht die universelle, kosmische Göttlichkeit. Im Zentrum des Kontinents Gott befindet sich ein Zustand von ewigem, grenzenlosen All-Eins-Seins und bedingungsloser Liebe. In Verbindung zu den erdhaften Kontinenten nimmt diese universelle Kraft persönliche Gestalt an. So finden wir am Übergang zu Kontinent Frau die Mystikerin; an dem zu Mann den Mystiker; an dem zu Kind das Seelenkind; an dem zu Tier die impulshafte Kreatur. Alle Bewohner des Kontinents Gott vereint die Verankerung im Strom des lebendigen Seins, aus dem heraus alles Leben entsteht und wieder vergeht.

Die Fünf Kontinente sind die energetische Grundmatrix, mit der sich der große universelle, göttliche Strom im Menschen manifestiert. Jede Innere Person ist in ihrer wesenhaften Tiefe in diesem göttlichen Lebensstrom verankert. Darin erlebt sie ihre beseelte Wesensart, die ihr Erfüllung und Befriedigung gibt.

Jeder Kontinent hat wesenseigene Geschenke und naturgegebene Begrenzungen. Kein Bewohner eines Kontinents kann die Bewohner eines anderen ersetzen. Gemeinsam bilden sie ein lebendiges, sich selbst regulierendes System von großer menschlicher Vielfalt und großem menschlichen Reichtum.

Wenn es uns nicht gut geht, wenn wir leiden, wenn wir einseitig leben, sind das deutliche Hinweise, dass die Fünf Kontinente nicht in Balance sind. Durch das Wissen der Fünf Kontinente bekommen wir Hinweise, wo wir nach der Ursache des Ungleichgewichts suchen können. Wir können schnell wahrnehmen, was in einem Menschen am Leben beteiligt ist, und was fehlt.

Die Geheimen Bewohner spielen eine Schlüsselrolle darin, ob der ganze menschliche Reichtum, der in den Fünf Kontinenten angelegt ist, aufblühen und sich entfalten kann.

DIE FÜNF KONTINENTE DER PSYCHE

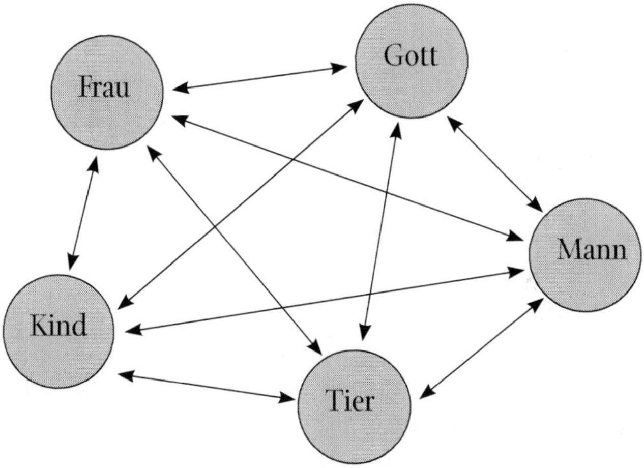

Eine detaillierte Einführung in die Theorie und Praxis der IndividualSystemik finden Sie in dem Buch von Artho Wittemann: Warum wir erst anfangen uns selbst zu verstehen – Die Architektur der Innenwelt, *Kamphausen Verlag, Bielefeld 2009.*

Zum Schluss

Die Begegnung mit den Geheimen Bewohnern der Innenwelt hat uns eine weitreichende Einsicht gebracht: Alles, was wir als Menschen erleben, bleibt in uns vorhanden, wirkt über lange Zeit in unser Leben hinein und gestaltet das Leben auf diesem Planeten mit. Das globale Miteinander fängt also bei jedem Einzelnen an – im bewussten Miteinander seiner inneren Bewohner.

Danksagung

Mein besonderer Dank gebührt Anne, Gertrud und Wiebke.

Durch ihre Zustimmung, ihre persönlichen Erfahrungen zu veröffentlichen, und durch ihre Mitarbeit an der Entstehung der Geschichten, gaben sie mir die Möglichkeit, dieses Buch zu schreiben.

Zudem gilt mein Dank allen unseren Schülerinnen und Schülern, Klientinnen und Klienten, die sich mit großer Ausdauer der Erforschung der Inneren Personen gewidmet haben. Durch sie entdeckten wir den verborgenen Raum der Psyche und die Existenz der Geheimen Bewohner.

Ich danke meinem Mann und Kollegen, Artho Wittemann, für seine tiefsinnige, geistreiche und wahrheitsliebende Begleitung, die er mir in meinem beruflichen und privaten Leben zuteilwerden lässt. Er entwickelte aus den vielfältigen Erscheinungen der Seele ein umfassendes Strukturmodell der Psyche, das meiner Arbeit mit Menschen Klarheit, Sinn und Orientierung gibt.

Weiter gilt mein Dank meiner Kollegin Cornelia Rossa-Comes, die sich durch eine zeitintensive Korrekturarbeit verdient gemacht hat und das Buch mit ihrem Gedicht *Wahrheit* bereichert hat. Bei Stefanie Heigold möchte ich mich für ihre Rückmeldung zu einzelnen Textstellen bedanken. Mein Dank schließt auch die Feedbackpartnerinnen von Anne, Gertrud und Wiebke mit ein. Und bei Monika Gehle bedanke ich mich für ihre freundliche Ermutigung, dieses Buch zu schreiben.

Einen herzlichen Dank an Claudia Haarmann, die mich mit dem Orlanda Verlag in Verbindung gebracht hat.

Besonders danke ich Anna Mandalka, der Verlegerin des Orlanda Verlages, die mich vertrauensvoll als Autorin aufnahm und die mich beherzt in die Verlagsvorgänge einführte. Schließlich möchte ich mich bei meiner Lektorin Bernhild Mennenga bedanken, für die unkomplizierte, kompetente und inspirierende Zusammenarbeit.

Bibliografie

Aliti, Angelika: *Die wilde Frau,* Hamburg, 1993
Bolen, Jean Shinoda: *Göttinnen in jeder Frau,* Basel, 1995
Farrel, Warren: *Mythos Männer Macht,* Frankfurt/Main, 1995
Freud, Sigmund: *Das Ich und das Es,* Frankfurt/Main, 2003
Gorbatschow, Michail: *Mein Manifest für die Erde,* Frankfurt/Main, 2003
Gould, Stephen Jay: *Illusion Fortschritt,* Frankfurt/Main, 1998
Höhler, Gertrud: *Wölfin unter Wölfen,* München, 2000
Jung, Carl Gustav: *Archetypen,* München, 1992
Jung, Carl Gustav: *Erinnerungen, Träume, Gedanken,* Düsseldorf, 2005
Kipnis Aaron und Herron Elizabeth: *Wilder Frieden,* Hamburg, 1997
Küng, Hans: *Der Anfang aller Dinge,* München, 2005
Mary, Michael: *Die Glückslüge,* Bergisch Gladbach, 2003
Moore Robert und Gillette Douglas: *König, Krieger, Magier, Liebhaber,* München, 1992
Perera, Brinton Sylvia: *Der Weg zur Göttin der Tiefe,* Interlaken, 1985
Riemann, Fritz: *Grundformen der Angst,* München, 1987
Rowling, Joanne K.: *Harry Potter und der Gefangene von Askaban,* Hamburg 1999

Schäfer, Thomas: *Was die Seele krank macht und was sie heilt*, München 1997
Sprenger, Reinhard: *Aufstand des Individuums*, Frankfurt/Main, 2000
Schulz von Thun, Friedemann: *Miteinander reden 3*, Hamburg, 1998
Schwartz, Richard: *Systemische Therapie mit der Inneren Familie*, München, 1997
Stone, Hal und Sidra: *Du bist viele*, München, 1994
Wilber, Ken: *Mut und Gnade*. Bern, 1994
Wittemann, Artho: *Die Intelligenz der Psyche*, München, 4. Aufl. 2007
Wittemann, Artho: *Warum wir erst anfangen uns selbst zu verstehen*, Bielefeld, 2009

Bibliografische Informationen der Deutschen Nationalbibliothek
Die Deutsche Nationalbibhothek verzeichnet diese Publikation in der Deutschen Nationalbibliografie.
Detaillierte Daten sind im Internet über http://dnb.d-nb.de abrufbar.

ISBN-13: 978-1508933595
ISBN-10: 1508933596

2. Auflage 2015
1. Auflage 2011 (Orlanda Verlag)

IndividualSystemik AB, Schweden
www.individualsystemics.com

Lektorat: Bernhild Mennenga
Umschlaggestaltung: Alexander Reime Kühn / www.haerzblut.de

6387181R00141

Printed in Germany
by Amazon Distribution
GmbH, Leipzig